CHIEF BRAND LOG OFFICER

首席品牌官日志

徐浩然 刘晓午◎著

中国经济出版社
CHINA ECONOMIC PUBLISHING HOUSE

图书在版编目（CIP）数据

首席品牌官日志/徐浩然，刘晓午著．
北京：中国经济出版社，2014.1
ISBN 978－7－5136－2721－4
Ⅰ.①首… Ⅱ.①徐… ②刘… Ⅲ.①品牌—企业管理—通俗读物 Ⅳ.①F272.3－49
中国版本图书馆 CIP 数据核字（2013）第 197106 号

责任编辑 姜 静
责任审读 霍宏涛
责任印制 马小宾
封面设计 金刚设计

出版发行 中国经济出版社
印 刷 者 北京科信印刷有限公司
经 销 者 各地新华书店
开 本 710mm×1000mm 1/16
印 张 20.5
字 数 276 千字
版 次 2014 年 1 月第 1 版
印 次 2019 年 4 月第 10 次
书 号 ISBN 978－7－5136－2721－4/F·9587
定 价 38.00 元

中国经济出版社 网址 www.economyph.com 社址 北京市西城区百万庄北街 3 号 邮编 100037
本版图书如存在印装质量问题，请与本社发行中心联系调换（联系电话：010－68319116）

序一 中国品牌缺少什么？

中国社科院学部委员、工经所长、中国经营报社长　金碚

一位跨国公司的高管曾与我谈起中国企业近30多年来的进步，尽管对其成就称赞有加，同时，对其不足则也尖锐地指出："中国企业不懂得什么是品牌，他们以为只要通过突击式的策略就可以在短期内打造出所谓知名品牌。"

这是一个切中要害的忠告。品牌与一个国家的工业文明和社会心态有着密切的关系。比如，德国品牌扎实的背后是其深厚的工业文明精神，从社会的理念到家庭、教育观念，与中国有很多不同。可以说，德国的教育是把孩子培养的走上生产第一线，而中国的教育则是把孩子培养的离开生产第一线。

德国有很强的工匠意识和工程师精神，家庭里培养出一个技工会很自豪，社会、教育体系把人才推向实体经济。美国工业文化具有很强的创新精神，"动手"意识也较强。尽管美国具有发展虚拟经济的倾向，但鼓励中小企业的技术创新，仍然是其深厚的社会文化。他们所谓的"美国梦"就包括一个人通过扎扎实实做成一个产品或者实业而实现自己进入中产阶级的目标。

中国尚未形成普遍的现代工业文明精神。中国是一个农业文明的国度。农业的基本特点是"种地生财"，农民最大的理想是成为"地主"。当进入工业化时代，中国自然产生了三种文化：第一是采掘文化，"挖地生财"；第二是地产文化，"占地生财"；第三个是借贷文化，"以钱生钱"。显然这三种文化是农民和地主的经营理念的延伸。而工业文明最根本的是制造文明：需要有技术创新、工艺进步，要有扎扎实实、精益求精、耐心执着的"匠心"，可以叫"以技生财"。

真正有生命力的品牌必须基于以制造文明为核心的现代工业文明之上。

要把自己的产品做好,做产品不能只是为了短期赚快钱,而一旦有了更好的赚钱机会就随时准备转行;稍有钱就赶快从企业家变为资本家(投资家)。这样是难以培育起真正强大价值的品牌的。

只有在把产品作为长期事业来做,在这个基础上实行综合的品牌发展战略,才可能做成强大的品牌。因此,品牌发展绝不能急于求成。而当前中国品牌发展最大的障碍就是整个社会严重缺乏“耐心”!

品牌最基础的东西还是脚踏实地地做出好东西,做出扎实的产品。这还不够,最后得把这个好东西植入消费者的心理,这才是真正的品牌根基。

中国大多数产业在技术和质量上同先进国家都存在很大的差距,这种差距不可能在短期内消除。首先要深刻认识这个事实,不要以大充强,以规模衡量品牌价值,以快造名。同时,品牌发展应成为我们的百年大计,求实不求快。

随着经济发展水平的不断提高和工业实力的不断增强,中国品牌发展的社会条件正在逐渐形成。中国品牌如何走?当前业界缺少一套系统的研究和统一的共识。今天,我很高兴看到徐浩然和刘晓午两位优秀品牌专家进行的品牌案例的研究和分析,《首席品牌官日志》理论联系实际,在实践中总结反思,提出中国的品牌模型和方法,我为他们的品牌研究成果感到高兴,并向读者推荐。

序二 抛弃品牌短视思维

中国企业联合会副会长、远东控股集团董事局主席　蒋锡培

改革开放30年多来，中国经济和中国企业取得了长足的发展，出现了许多优秀的中国企业品牌。但是，与德国、美国等发达国家相比，中国企业品牌还有较大的提升空间。

中国企业界存在着浮躁、短视的品牌思维：一是重量不重质，追求规模的摊大饼式发展，往往以忽视品质为代价；二是重炒作，忽视美誉度、忠诚度的提高。在短期内炒火品牌、争取关注，却不重视长期品牌建设，导致中国企业的平均寿命很短；三是重股东利益而忽视客户利益、行业责任和社会责任，一切以市场占有率为导向。

规模大小不是企业成功的标准，市场占有率也不等于品牌。做品牌需要一颗持久心和平常的心，它是一种长久的战略而不是一时的做法。品牌不等于单纯追求利润，更要获得公众、行业和社会的认可和尊重。

但是，从目前企业经营情况来看，中国企业品牌战略有走偏的风险。品牌导向转为利润导向，而不是真正的客户核心利益导向。由于对短期利益的追逐造成企业社会责任的缺失，几年前，让国人痛心疾首的“三聚氰胺事件”的爆发，让我们不禁对企业提出良心的拷问。目前电缆产业也是触目惊心，很多的产品不合格甚至是伪劣产品，存在严重安全风险。没有质量，谈何品牌呢？

品牌越大，责任也越大。企业如果仅仅考虑自身的生存和发展，而忽视了对客户、社会做出的承诺，企业美誉度将不复存在，企业也就失去了未来。

因此我们要彻底反思导致很多中国品牌短视思维的三个问题：第一，要反思如何从品牌之外回归到品牌之内，做品牌不仅要做外在的文章，更重要的是

产品、企业、组织的立基之本，即“品质”；第二，要反思如何从品牌之媚回归到品牌之美，要谨记品牌真正带给所有利益相关方的体验和价值的什么，即“品位”；第三，要反思如何从品牌之利回归到品牌之义，做品牌不能只为了赚取更多的利润，而忘记了企业存在的根本意义是什么。品牌是价值的承诺，更是责任的承诺。

令人欣慰的是，国家相关部门和有识之士已经意识到这些，不断为中国品牌的发展营造着良好的市场环境，出台政策扶持优秀品牌，建立品牌国标。包括江苏省品牌学会、北京市品牌协会、重庆市品牌学会等社会团体以及几十所高校品牌科研机构已陆续成立，建言献策，建立探索全面品牌管理等有中国特色的品牌理论，为中国品牌良性发展鼓与呼。

这些年来，远东控股集团一直在建立和完善全面品牌管理的模式和经验，我很高兴看到徐浩然、刘晓午两位优秀的品牌专家在全面品牌管理理论的基础上进行的品牌案例研究，在此祝贺他们取得的研究成果。希望有更多的专家投入到这一理论研究和企业实践中去，推动中国品牌良性、健康、持续发展。

目录

CONTENTS

FEBRUARY
2月

一种新品牌观的诞生

2.0品牌时代来了，互联网正在荡平一切，并催生了一种新品牌观。

MARCH
3月

有价值的价值观

卓越和普通品牌的差别在于价值观，中国伟大品牌真的会出现吗？

APRIL

4月

定心，定位，定天下

消费者心智比产品更重要，得人心者得天下。

MAY

5月

不是官的首席品牌官

专业意味价值，打破组织的边界，发挥品牌系统的效率。

JUNE
6月

让无形资产大于有形资产

可口可乐与你的唯一差别就在于无形资产，玩转品牌魔方，做大品牌价值。

JULY
7月

走出去，沉下来

无论是借船出海，还是抱团出海，都需要一个很好的“胃”。

AUGUST

8月

如何卖得好，卖得贵，卖得久

天下没有难卖的东西，关键要与众不同。

SEPTEMBER

9月

品牌的一半是文化

产品的背后是品牌，品牌的背后是情感，情感的背后是文化。

OCTOBER 10月

支撑品牌的是责任

承担多大的责任,就做多大的品牌。

NOVEMBER 11月

当危机来临之时

危机无处不在,学会理解它、预防它、化解它。

DECEMBER 12月

人人都能成品牌

学习柳传志品牌三要素，像奥巴马那样打造个人品牌，人人都能成品牌。

轮番上演的品牌迷局

所有的品牌迷局，都不是输给对手，而是输给自己！

SUN日	MON一	TUE二	WED三	THU四	FRI五	SAT六
		1 元旦	2 廿一	3 廿二	4 廿三	5 小寒
6 廿五	7 廿六	8 廿七	9 廿八	10 廿九	11 三十	12 十二月
13 初二	14 初三	15 初四	16 初五	17 初六	18 初七	19 腊八
20 大寒	21 初十	22 十一	23 十二	24 十三	25 十四	26 十五
27 十六	28 十七	29 十八	30 十九	31 二十		

1 January

JANUARY 1月1日 苹果为傲慢付出了代价

品牌感悟

在品牌竞争中,优势品牌地位总是相对的。要保持品牌的领先地位,必须持续不断地加以巩固,从服务、广告等方面不断强化品牌的领先优势地位。如果懈怠了半分,后来者就会居上。

品牌分析

强者愈强,弱者愈弱,优势品牌的地位也是如此吗?其实并不尽然。从品牌领先战略角度分析,当一个优势品牌获得优势市场和品牌地位后,还要通过服务、广告、传播等多种手段,向公众和消费者不断强调灌输其品牌优势信息,以此吸引消费者的持续关注和信赖。

很多品牌专业者认为,广告传播的核心在于产品,在于产品的独特性。而忽略品牌领先战略的可能是:当有一天,品牌忠实消费者注意到你的竞争对手的品牌成为领先品牌时,他们会怀疑之前的选择。随之,你的品牌黏性将会下降,忠实度随之回落。

苹果与三星竞争的案例就说明了品牌领先战略的重要性。在乔布斯时代,苹果一直在市场上处于领先地位,因此获得了大多数高端消费者的认可。人们对于三星的认可度并不如苹果高。苹果的产品体验是非凡的,吸引了不计其数的"果粉"。因此,苹果非常自豪,一直认为只要产品独特、有竞争力,苹果就永远是领先品牌。

但是近几年来,三星成为苹果强大的竞争对手。凭借差异化的大屏、有竞争力的价格等因素,三星的销售不断接近并超越苹果。2012 年以来,由于苹果在服务、广告、传播等多个方面忽视品牌领先战略,导致在诸多市场出现品牌信誉危机,苹果的市场占有率下降,品牌黏性第一次出现回落,忠实用户开始动摇。

品牌领先地位的打造不仅在于产品的创新,同时还要倡导社会责任和企业公民。品牌责任感与品牌美誉度呈现正相关关系。

消费者选购商品时,除了看产品,还会受到企业的责任意识和品牌形象等方面的影响。对消费者和社会怀有感恩之心,建立良好的公共关系,这些都是影响优势品牌地位的重要因素,而非仅仅只有产品而已。

以中国市场为例,在苹果和三星的品牌领先竞争中,苹果似乎有点漫不经心,而三星则精心准备。苹果给公众和消费者的印象正在发生变化,无论在服务上,还是公共关系上,苹果似乎总是慢待媒体和消费者。换零件强制留旧件、维修换新争议大、修理拖延时间长……售后问题接连发生。

苹果公司的售后服务饱受诟病,并且存在中外售后服务采用双重标准的问题,同时公共关系处理得不到位。2013年央视“3·15”晚会中的苹果曝光只是一个导火索而已。随之而来的是,在2013年第一季度,三星智能手机的市场份额超越苹果iPhone,而苹果公司十年来首次出现季度利润下滑。2013年第一季度智能手机排行榜中,苹果下滑到第六位,市场占有率仅为6.4%。

在品牌领先地位竞争中,苹果每一次失分,就是竞争对手品牌加分的时候。也许就在不知不觉中,苹果已经在消费者心中丧失了优势地位。苹果需要迫切认识到这一点。

品牌指南

品牌领先地位必须不断强化、巩固并传播。

JANUARY 1月2日 茅台啤酒为何成为“鸡肋”

品牌感悟

可口可乐会做啤酒吗?答案很简单——NO!品牌要学会“舍”与“得”,有所为有所不为。要创建品类,明确目标,清晰定位,学会以现有优势资源为依托,才能打造有竞争力的品牌。相反,什么都想做,反而会失败。

品牌分析

茅台白酒长期处于供不应求的状态。2000年,茅台集团斥资2.4亿元从德国引进了啤酒生产线。但是多年来,这条生产线一直处于半开工状态。就2010年而言,茅台啤酒全年销量仅为5万千升左右,只与一个三线城市小啤酒厂的产量相当。目前,茅台啤酒主要走团购渠道,但是销量乏力。食之无味,弃之可惜,有点鸡肋的感觉!

很明显,茅台错估了自己的品牌影响力,误认为自己的品牌在高端白酒市场供不应求,那么在啤酒市场也应当表现不俗。事实上,茅台白酒的成功在于品类的成功,它已经与高端酱香酒紧密地联系在一起。只要提到酱香酒,人们就会想到茅台。但是,为什么茅台品牌跨界,进行品类扩张,却难以复制茅台白酒的成功呢?

这与品牌收缩聚焦定律有关。当品牌集中于一个品类,长期将自己的品牌核心价值植入消费者心中,这个时候品牌的竞争力最强。换句话说,当我们从品类收缩聚焦转向品类扩张,在品类不断扩展的同时,品牌的竞争力也在下降。

"品类"是从顾客心智角度对不同产品的区分。消费者的思维行为特征是"以品类来思考,以品牌来表达"。从品类原理的角度看,虽然茅台品牌已经拥有了广泛的知名度,在消费者心中形成了强烈的品牌印象,但是,这仅仅指的是茅台在白酒市场的地位。白酒和啤酒是两个不同的消费市场,两者为不同的品类。消费者对其在白酒品类中认可,并不代表在啤酒品类中也认可。在啤酒市场中,青岛、燕京、雪花等啤酒品牌已经在消费者心中形成了一定的心理认知。

一个品牌不能跨越两个品类,否则很容易导致消费者认知模糊。茅台啤酒少人问津也正源于此。成功品牌无一不是聚焦战略。宝马专注于操控性好的豪车,中华专注于高档香烟。茅台在白酒领域可谓高端且专业,在啤酒市场却是门徒。茅台面对的是已经成熟的啤酒市场,还有青啤、华润等强大专业的竞争对手,因此很难得到啤酒消费者的心智认可。

定位之父艾·里斯指出,建立品牌、增强竞争力最为有效的方法是收缩品牌的焦点,包括产品线、顾客、渠道等,从而使品牌更容易进入顾客心智。茅台应该放弃盲目的扩张，运用收缩定律聚焦高端酱香白酒。坚守品类优势，继续在高端白酒市场进行深入挖掘，不断细分高端白酒的市场，从纵深获取价值，而不是从宽度获取价值。

最好的办法是彻底关闭茅台啤酒生产线，茅台啤酒的存在只会影响茅台品牌在高端白酒消费者心中的地位。一旦消费者认知模糊，势必稀释茅台品牌。

品牌指南

盲目的品类扩张使消费者认知模糊。

JANUARY 1月3日 奔驰中国之“惑”

品牌感悟

价格本身并不是高端品质的决定因素，但却是高端品牌最重要的定位因素之一。如果没有坚挺的价位，贸然推动大规模的价格战，那么消费者就会看低这个产品，产品的高端品牌形象将随之崩溃。

品牌分析

2012年，奔驰不但在欧洲的市场占有率持续下降，在中国的增长也显乏力，不论是销量还是增速都远远落后于奥迪和宝马。

数据显示，2012年奔驰在中国的销量仅有19.6万辆，同比增长只达1.5%。与之相比，竞争品牌奥迪和宝马的增幅分别为30%和40%。2013年情况更加不妙，前5个月，奔驰在华累计销售7.9万辆，同比下滑3.8%，与竞争对手的差距进一步拉大。百年奔驰在中国风光不再。

“糟糕的销量，糟糕的品牌形象，糟糕的渠道关系，糟糕的价格。”这是一位资深汽车观察人士对奔驰的评价。奔驰中国CEO倪凯也不得不承认：“我们并没有完全理解中国市场。”

这一糟糕的品牌认知根源何在？主要原因是，奔驰在中国的营销没有坚持自己的高端品牌定位，使得消费者认知模糊。在中国，有人这样形容豪车三巨头的品牌形象：奥迪像40岁左右的中年人，稳扎稳打；宝马像30岁出头的青年，充满激情；奔驰则像20岁出头的毛头小伙子，迷惘无助，乱打一气。而在传统的品牌认知联想中，奔驰是一个40岁左右的成功人士，品质卓越，成熟大气。

2012年初，奔驰为了扩大市场份额，率先对S级系列大幅降价，遭到行业竞争品牌的斥责，奔驰的品牌信誉因此受损。降价不仅没有提升品牌的市场份额，反而推倒了奔驰的高端价格，同时推倒了中国坚挺的豪华车价格体系。降价传达给忠诚消费者的并非欣喜，而是拉低了奔驰的高端品牌形象，减少了成功人士座驾的高端魅力。

从价格与品牌关系的角度分析，品牌的价格越稳定，品牌形象和信誉就会越强。稳定产品价格体系才能提升高端品牌形象，价格较大波动对于高端品牌形象的损害非常大。从短期来看，价格战虽然扩张了市场份额，却是一场以牺牲企业高端品牌形象为代价的市场竞争。价格战会降低企业在技术创新、产品更新以及管理、营销等创新领域的投入，使得品牌竞争后劲不足，反过来又进一步影响企业的经营业绩，损害了企业的长远发展，这无疑是自酿苦酒。

根据经验，发动价格战的往往是新兴品牌，以小搏大，降价品牌多数不会是强势品牌或者领导品牌。对消费者来说，他们不会忠诚于一辆不断贬值的高端汽车，这样的汽车只能引起消费者对其品牌形象的怀疑。当产品价格不断下降时，它所寄托的品牌形象也在不断损害。当然，从价格策略来看，新产品在任何市场总是有一个相对较高的上市价格，上市一两年后价格呈现松动的趋势。但是，对于豪华汽车品牌而言，增加更多的配置远比降价更有利于品牌形象。

品牌指南

维护稳定的价格体系，保护品牌高端形象。

JANUARY 1月4日 诺基亚：大卖是一种无奈

品牌感悟

竞争本质是运用差异化手段超越竞争、远离竞争，然而，任何差异化要从品牌定位和联想出发。差异化战略是企业整体品牌战略的一部分，必须要有全局性和适应性，否则不能为品牌带来持久的竞争力。

品牌分析

2013年9月3日，微软以72亿美元收购诺基亚手机业务。这个价格远低于小米手机100亿美元的估值，好像微软捡了大便宜。但是，要是看清诺基亚这样一个品牌定位错位、战略不清的公司后，这个价格还算公道！

我们以一款机型来剖析诺基亚迷失的品牌定位和战略。诺基亚1050可能算得上是2013年最畅销的手机。但就是这款机型的大卖标志着诺基亚已经偏离了正确的品牌轨道，沦落到二流甚至三流手机品牌，与苹果、三星等领导手机品牌划清了界限。

当消费者拿到诺基亚1050这款的时候，可能会有一种回到过去的感觉——充电接口还是多年前诺基亚标志性的细圆插入式。同时，屏幕小而且分辨率很低，不能上网，不能拍照。

这是一款再简单不过的功能机——好用、便宜，却成功逆袭了目前当道的智能手机，大卖特卖，原因何在？

一是功能机市场需求仍然存在，功能机的出货量和智能机平分秋色。二是竞争对手纷纷退出，三星、LG等当年的对手都已经转型为智能机，诺基亚独家享用了最后的晚餐。

从市场角度来看，1050确实是一个成功案例，找准了市场的缝隙，人弃我取；而且差异化非常明显，简单、实用，不能上网。定位人群似乎对准农村人群及老年人群。

从品牌定位和战略的角度来看，逆势大卖实际上是诺基亚的定位失败。这一产品与诺基亚既定的转型战略背离,越是大卖,背离度越大。大家似乎宁愿相信这款机型由中国厂商制造,但是偏偏出自诺基亚。

这是一个巨大的嘲讽,感觉就像一个穿着西装的洋白领在炸油条,诺基亚在做中国公司应该做的活儿。有意思的是,他一边炸着"油条",还一边卖着"红酒"。结果是"油条"卖得供不应求,但是"红酒"没卖出多少,不断亏损,这生意没法做,只有把自己卖给了附近的饭店:微软。

事实也是如此,在诺基亚不断转型的今天,功能机已经成为诺基亚的生存基础。在低端功能机大卖的同时,诺基亚高端智能机 Lumia 系列产品销量不佳,被苹果、三星远远甩在身后。

因此,微软收购诺基亚手机后,需要打起十二分的精神来做整合功课,第一步就是重新重定位诺基亚手机的品牌定位。

我们给微软的建议是,一是保留诺基亚品牌,定位于功能机;二是创造一个全新的品牌,主打智能机市场。通俗的说,饭店微软继续安排诺基亚炸油条,同时还找个"白富美"去卖红酒。

如果品牌定位清晰、整合顺利,相信诺基亚的前景要远好于被谷歌收购的摩托罗拉。说句老实话,炸油条也不是件容易的事,把油条炸得这么好,这么香,全世界的人都吃这种油条,也是需要水平的。要知道全球仍有约 20 亿人没有手机,手机用户中仍有超过半数的人在使用功能机。

品牌指南

脱离品牌定位的大卖也是失败。

JANUARY 1月8日 五谷道场创新的反思

品牌感悟

现在品类创新很流行,但是并非所有的品类创新都会成功。品类创新的原点在于消费者的核心诉求,如果消费者不买账,即使创新再新颖,品类的拓展多半也会以失败而告终。从这个角度来说,品类只能被发现,而不能被创造。

品牌分析

2005年11月,中旺集团以“非油炸”的差异化定位切入市场,打造五谷道场品牌,抢攻油炸面占主流的方便面市场。2006年,五谷道场声称销售额达到15亿元,中旺集团因此获评成长企业100强并居榜首。2007年,五谷道场发誓要将生产线增加到48条,以拿下方便面市场份额的60%。然而,此时命运急转直下,遭遇资金链条断裂。

从品牌差异化定位来看,五谷道场还是有可圈可点之处。如运用“非油炸更健康”的口号,找到著名影星代言,配合密集的广告宣传,在短时间内知名度快速上升,市场规模迅速扩大。对传统油炸市场迅速进行了区隔,可谓是一种颠覆性的创新,形成了一个全新的品类。然而,为什么这一品类创新在市场上会失败呢?

原因在于消费者核心诉求定律。如果品类创新脱离了消费者核心诉求,将成为空中楼阁,不会落地。目前,方便面在中国消费者心中是旅行的代名词,被很多消费者视作“垃圾”食品,消费群体较小,而且消费群体的消费意愿在削弱。虽然五谷道场强调“健康”理念,但是这个诉求不能直接落地,消费者无法直接体会到。

在方便面市场,消费者的核心诉求还是味道和价格。非油炸方便面的味道远不如油炸的鲜美,违背了消费者对味道的最直接诉求。五谷道场的味道并没有给消费者留下深刻的印象,不能凸显其优势。同时,相对于其他品牌而言,由于非油炸方便面成本上升,价格稍高,不具备价格竞争优势。对于主流消费群体来说,他们不愿意购买那些花费更多但味道不佳的新产品。

品类创新必须充分考虑和满足消费者的核心诉求,做到真正站在消费者立场上考虑问题,不是“我能提供什么”,而是“消费者到底需要什么”,“消费者的痛点在哪儿”。只有把握好消费者核心诉求这个根本,才能获得成功。

在日本的方便面市场,非油炸方便面占15%的份额,主要原因是日本国内形成了一批接受稍高消费的群体,以及业内巨头不断创新进入这一非油炸品类。这可能是中国未来方便面市场的一个趋势。从这个角度来看,五谷道场的非油炸品类创新是一个比较好的创新。但是现实是残酷的，国内市场还没有达到日本的发展阶段。因此，在内外很多方面并没有准备好的条件下，品类创新遇挫是必然的。

品牌指南

脱离消费者核心诉求的品类创新会失败。

JANUARY 1月9日 李宁定位之憾

品牌感悟

品牌要定位核心消费人群，在此基础上产生核心价值联想。比如，对于成熟的成功人士，奔驰是一种尊容；对于相对年轻化的高阶层，宝马意味着操控。这构成了品牌独特的价值联想。如果定位没有差异化，哪个群体都想讨好，反而哪个群体都不会讨好。

品牌分析

李宁2012年年报显示，公司2012年收入达67.39亿元，与上一年相比跌幅达到24.5%；同时，公司亏损19.79亿元，是公司上市八年来首次出现年度大幅度亏损。而在2011年李宁盈利达3.86亿元。

财务报告还显示，2012年李宁公司继续实行关店策略。截至报告期末，李宁牌常规店、旗舰店、工厂店及折扣店店铺共6434家，较2011年报告期末净减少了1821家，减幅达22.06%，平均每天关5家店。是什么原因让曾经辉煌的李宁品牌如此迅速地下滑？

其根本原因在于，李宁品牌没有与国际品牌耐克、阿迪达斯以及国内二线、三线体育品牌区分开来，形成品牌定位的差异化。

一是人群定位的失误。2010年6月，李宁推出了新的LOGO、口号和定位，品牌的年龄层定位下移，更加年轻化。口号"一切皆有可能"，改为"让改变发生"。重新定位之后，不但李宁的老消费群体不断流失，而且年轻一代的消费者也不认可。

李宁品牌的定位人群和实际消费群存在较大偏差。年轻消费群“90后”是李宁最看中的核心消费群。然而,品牌创始人李宁最具有标志性的事件是1984年奥运会夺冠,“90后”这一代人并不熟悉。事实也是如此,从市场反馈来看,李宁品牌的实际消费群年龄偏大,基本上为“80后”,“70后”也占据了很大比例。不过,李宁品牌针对这种现实“偏差”采取模糊态度——既要讨好“90后”,又不愿意与“80后”、“70后”“恩断义绝”,最后的结果是两边都没有讨好。

二是价格上的失误。李宁的价格制定比较尴尬。较早之前,李宁品牌价格比其他国产品牌要高,但是比不过阿迪达斯、耐克品牌,高端人群不买账。2010年定位调整后,由于主打年轻化市场,整体价格重心往下移。但是这一定位下调羞羞答答,年轻人对于降价后的李宁品牌不敏感,市场反应并不是很成功;而原来的高端人群认为李宁掉价了,品牌变小,转为舍弃这一品牌。

三是风格定位不当。李宁是中国自主品牌,有很多中国元素。重新调整定位后,李宁在究竟走体育运动风格还是时尚风格上比较模糊,而且它还夹杂着“世界体育品牌”的招牌,让消费者有些无所适从。

其实,李宁完全可以采取另一种解决方案,“让改变发生”——创造一个独立品牌,主打“90后”消费群。李宁品牌对其进行担保,将渠道、价格彻底下沉,形成一个全新的年轻体育时尚品牌。而李宁品牌定位于体育自主品牌的中高端,突出专业化特色。两者互为补充,新品牌主打市场和规模,老品牌主打品牌和高端。

品牌指南

面面俱到,力量反而在削弱。

JANUARY 1月10日 农夫山泉遭遇“标准门”

品牌感悟

危机公关中有一种切割理论。无论出于什么样的原因,当市场主导产品的质量出现舆论危机时，必须坚决地、及时地、毫无保留地进行切割，包括产品切割、原因切割、责任切割和解决方案切割，以扭转消费者的信任，恢复产品美誉度。

品牌分析

2012年，农夫山泉的“标准门”事件沸沸扬扬，堪称一个经典案例。从以往品牌动作和品牌定位上，农夫山泉还是可圈可点的。它开创了天然水这一全新的品类，“以大自然的搬运工”为概念，快速与传统的纯净水和矿物质水形成区分，市场占有率不断上升。

但是，这次“标准门”事件对农夫山泉品牌是一个较大的打击，对农夫山泉品牌的美誉度和忠诚度造成了较大的损失，这一点将在未来的市场中得到体现。

问题的起因和关键点是，媒体报道农夫山泉的四大水源地之一——湖北丹江口水源地出现惊人的污染。随后，“农夫山泉水不如自来水”在网上蔓延。从2013年4月10日到5月7日的28天中，《京华时报》用了六七十个版面，报道农夫山泉执行的标准，以及桶装水产品在北京下架等新闻。到5月6日下午，农夫山泉召开新闻发布会，董事长钟睒睒演出“大战”《京华时报》的大戏。

其实，不管这一事件推动的动力和原因何在，各种力量的博弈都有一定合理性，最关键的是对消费者进行了饮用水安全教育。真理不辩不明，标准不辩不清，这全面提升了消费者对瓶装饮用水的安全意识和对标准知识的认知普及。所以，从这种角度来看，这一事件有利于保护消费者权益，找出标准和监管不足，规范行业健康发展。

这是消费者看待这一问题的根本立场和角度，农夫山泉也应该持有这一根本立场和角度。农夫山泉应该围绕这一立场，坦诚公开说明，进行危机切割。一是，媒体曝光的水源地污染问题原因何在？对于水质影响如何？解决方案是什么？把农夫山泉与媒体所谓的水源地切割开来。二是，对于标准问题，农夫山泉为什么执行地方标准？地方标准和国家标准的关系是什么？如何推进饮用水标准的完善？把农夫山泉与中国混乱的饮用水标准切割开来。

消费者并不关心谁陷害了谁、谁受了多大委屈、谁与谁大战，他们只关心喝的水受污染了没有，喝的水是否达标。可惜的是，作为天然水山泉水品类的开创者，农夫山泉危机公关目标模糊，没有回答消费者的关注点，不进行果断切割，取而代之的是不断打“水仗”。这种做法，有待商榷。

品牌指南

找到危机公关的目标，果断进行切割。

JANUARY 1月11日 别了，摩托罗拉

品牌感悟

面对成百上千的品牌，消费者很健忘。品牌要时刻保持与消费者的联系和互动，进行主动强化。让受众知道品牌的最新创新、战略和创意，强化粉丝认知和黏度。

品牌分析

1949年8月8日，毛泽东发表了一篇《别了，司徒雷登》的文章。其中写道：“人民解放军横渡长江，南京的美国殖民政府如鸟兽散。司徒雷登看见了什么呢？……没有什么事做了，只好夹起皮包走路。”

这使我们想到了曾经著名的手机品牌摩托罗拉，还有那句经典广告词——HELLO MOTO！业内人士戏称，一个手机通讯品牌最悲哀的不是销售额的下降，也不是产品被人诟病，更不是市场份额被别人蚕食，而是被媒体和消费者所遗忘。尤其是当该企业曾经是这个领域的鼻祖或是这个产品发明人的时候，这种悲剧意味就更浓了，似乎预示着离最终的消失不远了。

这句评论虽然尖锐，但也不无道理。一个手机品牌不论遭遇什么困境，关键是能否清醒地认识到现状，并制定措施，走出困境，重塑辉煌，这是一个品牌的基本动作。但是，最近的摩托罗拉除了裁员之外，几乎不受媒体的关注，也没有任何品牌动向。被谷歌收购之后，摩托罗拉似乎准备在等待中被历史遗忘。

对于手机品牌来说,这是最为危险的。须知,消费者最为健忘,今天的手机成为集社交、信息和通信功能为一体的全体验式工具,应该时刻与媒体和消费者保持沟通联系。一旦长期失去媒体和消费者的关注,那么以前多年积淀起来的美誉度和忠诚度将会不断削弱,客户黏性随之下降,原有的位置会被别人替代。

事实也是如此,今天的苹果、三星不断在高端智能手机市场呼风唤雨,以“中华酷联TCL”为代表的中国手机品牌迅速补位,在中低端弥补了摩托罗拉的空缺。

2013年8月2日,摩托罗拉终于在美国发布了最新旗舰手机Moto X。这是2007年iPhone发明之后,美国本土第一次制造手机。美国《华盛顿邮报》称,科技业的制造回流正在成为一种趋势,本土制造的摩托罗拉手机也将获得特殊的竞争优势。摩托罗拉移动CEO伍德塞德表示,在美国本土安装手机,可以让公司创新和解决问题的速度加快。

我们不能苟同《华盛顿邮报》和伍德塞德的观点。一家失去品牌战略和品牌抱负的手机品牌难道把制造车间从中国搬到美国,就可以解决技术创新问题,就可以生产更好地满足消费者体验的手机产品吗?

摩托罗拉移动要获得新生,必须解决品牌发展的一系列问题,包括品牌定位、品牌战略、品牌创新,而不是以高科技回流美国为说辞。长此以往,摩托罗拉移动的市场空间会进一步减少,最终结果可能是成为谷歌收购的一个花瓶,最终被消费者淡忘。

品牌指南

保持与消费者沟通联系,小心被遗忘。

JANUARY 1月15日 郭美美“美”不美?

品牌感悟

在这个时代,要获取注意力并不是一件很困难的事情。但是,要赢得一定的影响力却很难。注意力经济已经成为过去,现在是影响力经济时代。对于品牌,特别是对于个人品牌来说,影响力才是竞争力。

品牌分析

在全面品牌管理理论的个人品牌体系中,有一个“美誉度”定律——牺牲美誉度换取知名度的做法并不可取。为了博得大众不健康的心理需求,做出哗众取宠的行为,盲目追求个人知名度,无法维持太久。脱离主流价值观和道德观,强求出名也是一种臭名,很快会被大家遗忘。

2011年6月,一个名叫“郭美美 Baby”的微博颇受网友关注。这个自称“住大别墅,开玛莎拉蒂”的20岁女孩,在微博上多次晒出其豪宅、名车、名包等照片,被网友指责炫富。而她的认证身份居然是“中国红十字会商业总经理”。这一事件引发了轩然大波,网友纷纷对中国红十字会进行质疑,同时恶炒郭美美。

回顾整个事件,郭美美事件总体来说是一次吸引眼球的炒作。她对整个过程的掌控十分到位,较有章法。比如,在个人品牌知名度的炒作过程中,郭美美运用造势、借力、猎奇等手段,用较小的成本达到了传播炒作最大的效果。

郭美美虽然成功推广了自己的知名度,吸引了眼球,迅速走红,但是美誉度却还在“地板上”,人们对她的印象仅仅停留在了最初的噱头上——炫富,有背景,美女,潜规则。郭美美成为社会公益机构畸形管理的一个缩影,成为中国网络文化的围观吐槽对象。所以,广告商判断她的个人品牌商业价值为负溢价,如有优秀品牌沾上了郭美美,很可能导致消费者的藐视,唯恐躲之而不及。

将注意力转为影响力,是个人品牌商业价值质的跳跃的关键一步。可惜的是,在打造品牌的纵深过程中,她未能完成这一跨越。2011年8月15日,郭美美在其微博中表示,希望通过腾讯微博将一个全新的她展现给公众,并将进军娱乐圈,表示将来会回报社会。郭美美母女进军娱乐圈“勇气可嘉”,她们原本想借助这次微博事件将自己推销出去,没有想到的是,得到的只有一面倒的嘲讽和喊衰声,不少业内人士也都表示抵制。

2013 年,郭美美在自己的微博上公开了几张正在拍摄的新写真图花絮,写真连续换上多套华丽礼服,多为性感撩人的写真造型。这种炒作的边际效应递减,缺乏红十字会的猛料,郭美美的名声不再。

从注意力的角度说,郭美美成功利用红十字会炒作了自己。很遗憾,利用炒作和负面信息出名的她至今也没能再扭转自己的形象。换句话说,她难以实现个人品牌的纵深推进,实现个人品牌价值的持续提升,其个人品牌可谓是“起了个大早,赶了个晚集。”

品牌指南

用牺牲美誉度的方式来换取知名度的炒作,是最为冒险的品牌打法。

JANUARY 1月16日 中国红十字会怎么啦?

品牌感悟

品牌最大的危机来自品牌内部而不是外部。如果品牌里边都脏了烂了,就经不起抹黑。一抹黑,品牌就会倒掉。如果说品牌本身没有问题,即使把我无端地抹脏了,出现舆论危机,我一擦就干净。

品牌分析

据中民慈善捐助信息中心发布的《2012 年度中国慈善捐助报告》显示,2012 年全国接收国内外社会各界的款物捐赠总额约 817 亿元,占我国 GDP 的 0.16%,人均捐款 60.4 元,捐赠总量较 2011 年相比下降 3.31%。中国红十字会接收社会捐赠约 21.88 亿元,仅占 2.68%,同比减少了 23.68%。而 2011 年全国接收国内外社会各界的款物捐赠总额约 845 亿元,比 2010 年下降 18.1%。中国红十字会接收社会捐赠约为 28.67 亿元,同比减少 59.39%。

导致捐赠总额下降的原因很多，当年的"郭美美事件"是一个重要因素。"郭美美事件"把中国红十字会推上舆论的风口浪尖。面对网友的质疑，红十字会总会数次发表声明否认其与郭美美之间有关系，更以郭美美虚构事实、扰乱公共秩序为由向公安机关报案。

但是一切都朝着红十字会预期相反的方向发展，最终陷入民众的信任危机。一直以来，官办的中国红十字会运作不透明，管理不规范，公众对其早有诟病。此次事件后，虽然郭美美在新浪微博反驳，红十字会也多次否认，但也无法减轻公众的愤怒。

在新浪微博"郭美美事件后，你还会向红十字会捐款吗？"的投票中，近7000名参加者中九成以上表示"不会"。为何公众民意如此之快转换成现实，为何一次负面炒作对慈善品牌的杀伤力如此之大？

慈善品牌有个违规成本天量定律，即慈善品牌必须高度规范，切断一切商业性和功利性的不规范行为。如果慈善品牌出现一个污点，整个品牌的信誉将会出现整体性下滑，违规成本非常之大。受众信心一旦被破坏，品牌形象恢复的过程将非常漫长而艰难。

在公众看来，中国红十字会出现问题的根源在体制上，郭美美事件仅是一个导火索。

红十字会是公益组织慈善机构，其价值是通过社会的捐款将资金用到最需要被关注的弱势群体身上。"商业"、"盈利"是红十字会品牌最忌讳的词语。但是，与红十字会相关的某慈善机构运作十年无社会团体法人资格，与相关企业存在大量商业项目往来，加之账目不公开、超标采购等问题，这些都给红十字会带来了有史以来最大的信任危机。

从这一案例可以看出，红十字会的品牌危机栽在郭美美身上，为郭美美一举成名垫了背。但根本原因是内部深层次的管理、运营和体制出了问题。即使没有郭美美，王美美、张美美也会把红十字会的信誉"搞掉"。

品牌指南

慈善品牌的信任是基石，一旦受损，恢复起来将异常艰难。

JANUARY 1月17日 光标：你慢点走

品牌感悟

光标是个好人，他热心于慈善公益，值得我们学习。从慈善品牌传播角度来看，他也是成功的。比他捐款捐物多的大有人在，但知名度没有他高。不过，陈光标个人品牌的背后也有隐忧。

品牌分析

成功的个人品牌首先要充满活力，给人以源源不断的话题感和事件感。一个死气沉沉的人不会有良好的个人品牌。没有活力和事件，也就无法形成个人品牌的注意力和影响力。一个充满活力、动感的个人品牌才能不断给人新鲜的期待和持续被关注的价值。

陈光标个人品牌的特殊性在于高调慈善，他因此被关注，成为中国企业界的一个话题人物。其个人品牌的传播切入角度非常独特，而且有价值。他的每次慈善行为不仅具有话题性，而且把高调慈善的一场大火烧了起来，掀起了一场慈善道德大讨论。

奔赴汶川地震灾区的慈善义举使陈光标个人品牌进入大众视线。2011年，在支援云南盈江地震灾区时，他与村民举钱合影的照片在网上引发争议。从此，陈光标的高调慈善一发不可收拾。

资助原体操冠军张尚武，奔赴日本地震灾区，砸奔驰，开演唱会，低价卖房，扮雷锋……陈光标通过一系列的高调行为使其个人品牌得到快速推广，尽管他的高调慈善一度被贴上了“暴力慈善”的标签，但通过一系列传播，他在公众心中形成了根深蒂固的慈善品牌标签。

决定个人品牌在人们心目中地位的因素，主要是该品牌是否能有效地满足人们的价值需求。展现的相关性越多，个人品牌就会越响。陈光标很好地迎合了现代社会两极分化下人们对富裕阶层投身慈善的盼望。在目前中国富豪善举较少的现实条件下，陈光标仅仅只是用了“高调”这一举动，便达到了较大的

景下，蓝色经典启用了蓝色风格，显出产品定位的差异化，一炮打响。

双方品牌如果都不能在更高层次的品类创新和产品创新上迈开一步，死守抢占传统正宗“红罐”这一定位，当矛盾不可调和之时，也就意味着中国凉茶品类已经进入一个死局，没有谁是赢家。

品牌指南

欲把对手置于死地，也意味着两败俱伤。

JANUARY 1月22日 品牌之王的遗憾

品牌感悟

品牌管理者不能过于迷信广告。任何品牌营销和广告应该建立在消费者习惯和情感基础之上。如果认为广告无往而不胜，只要营销就能创立一个成功的品牌，那么他们离失败已经很近了。

品牌分析

一个新品牌的问世，首先要明确以下问题：为什么要生产？为谁生产？满足消费者的哪些核心诉求？与竞争对手相比，具备哪些优势和劣势？如果这些问题没有分析清楚，就急于推出大量广告和营销计划，往往会事倍功半。

激爽作为宝洁旗下的一大沐浴品牌，自2002年6月上市以来，曾被宝洁公司寄予厚望。到其退市的2005年，宝洁公司3年为其投了10亿元广告，堪称大手笔。

激爽作为宝洁第一个专门针对中国本土市场创立的沐浴品牌，定位为“清爽加振奋”，主打“清凉牌”，以六神为主要的竞争对手，试图从其占据的夏季沐浴露市场分得一杯羹。由于产品价格低于本土品牌，激爽迅速进入全国各大超市。但此后，激爽未能更进一步发展，市场份额始终在3%偏下徘徊。巨额广告投放没有得到应有的销售量，这令宝洁有些尴尬。

“品牌之王”宝洁三年多的品牌努力，终于黯淡收场。宝洁无奈地宣布：“出于长远发展的战略考虑，决定从 2005 年 7 月起，停止激爽的生产。”激爽的定位、营销及退出，引发了品牌营销界的深思，为何品牌之王败走“激爽”？

就当时中国的市场情况而言，20 世纪 90 年代初期沐浴露刚刚兴起，在 21 世纪初也才普及过半。沐浴露市场处在推广和普及早期阶段，因此，当时消费者对于沐浴露的价值需求更多在于功能需求，如清洁、清凉、止痒、除菌、滋润等。

激爽失败的一个原因在于其品牌定位的超前性，提出“振奋精神、舒缓精神”的沐浴概念，显然，这并不是当时消费者所追求的利益点。对于激爽所宣扬的高端心灵体验，国内消费者当时还无法产生共鸣。

虽然类似于“振奋精神、舒缓精神”的沐浴概念在发达国家已经十分普遍，但想要被国内大众消费者普遍接受还需要一个过程。宝洁企图通过广告改变消费者消费习惯的做法并不合适，显然有些一厢情愿。

与此同时，六神作为第一个专门针对中国夏季清凉市场定位的本土沐浴品牌，是激爽的强大竞争对手。六神的中药功能性已经在消费者心中根深蒂固。宝洁品牌市场号召力非常强大，仍然不足以撼动中国消费者的普遍认知——六神清凉的效用。

换句话说，宝洁似乎过于自信。当时最好的品牌战略是并购一家中药沐浴清凉品牌，而非单独创立一个全新品牌。这种过度自信造成了宝洁的遗憾，也成全了中国第一例本土品牌成功阻截宝洁的案例。

品牌指南

强势广告并不是万能药。

JANUARY 1 月 23 日 柯达的纠结

品牌感悟

品牌建立在产品和服务的创新基础之上。技术和产品创新是品牌持续保鲜的源泉。要建立强势品牌，必须持续创新，甚至自我革命，创造令消费者印象深刻的产品和服务。

品牌分析

在中国人记忆中，柯达是一个传递温暖和感动的品牌。柯达胶卷“分享此刻、分享生活”的广告词令人难忘。

黄黑相间标志牌的柯达冲印店曾遍布国内大小城市。1998年，柯达收购了除乐凯以外的中国国内感光材料行业的所有企业。2003年，柯达与乐凯胶卷达成合作协议，从而占据感光材料50%以上的市场份额。

然而，时过境迁。2012年1月19日，柯达宣布已在纽约申请破产保护。这个拥有131年历史的摄影器材品牌，在寒冬中坍塌。昔日的“老大”，如今却落得申请破产保护的厄运，柯达品牌的悲剧，让人感叹不已。

在胶卷时代，柯达曾经占据全球三分之二的市场份额，几乎成为摄影的代名词。鼎盛时期的柯达，全球拥有近15万名员工，与今天的苹果、谷歌实力相当。在数码相机已成为主流的今天，由于创新停滞，柯达不可避免地走向了衰退结局。

生于胶片，死于数码。如今“扼杀”柯达数码相机的，既不是竞争对手，也不是消费者，而是柯达自己，是柯达止步不前的创新。

1975年，柯达在实验室发明了数码相机，但当时技术不成熟，数码相机成像效果非常粗糙，像素极低。再加上电脑和互联网没有普及，实用性不高，柯达很快便放弃了数码相机的研发，将研究资源集中在传统感光材料上。

这一技术路线决定使得传统胶片业务巨头柯达无法自拔。柯达没有看清未来数码发展趋势，在很长一段时期内仍专注于胶片工业，对传统业务投入大量资源，压缩了对数码业务的投入。

是柯达没有创新意识吗？不是！原因在于胶卷业务一直是柯达的最大利润来源，公司高管担心胶卷销量受到影响，一直不敢大力发展数字业务，而专注于如何防止胶卷销量的下降。柯达在1935年推出的彩色胶卷，到2009年才停止生产，可见这种创新和现实的矛盾博弈之长，心理纠结之深。

在这种矛盾纠结下，柯达处于“一直在转型而又一直未转型”的状态，但是互联网的技术创新和普及一日千里，远远将柯达的转型甩在了身后。

其实，柯达技术创新能力非常强，在数字成像技术方面更是一马当先，许多开拓性的创新都由柯达创造。但遗憾的是，由于柯达不能规模地进行数码相机技术的研发，并将其转化成可持续的商业模式，推动市场化。所以，柯达的技术优势被时代所淘汰，被市场所抛弃，被自己的保守所淘汰。

品牌指南

没有创新，再大的品牌也会没落。

JANUARY 1月24日 “三聚氰胺”改变了谁？

品牌感悟

优秀品牌要有自己的责任底线，那就是必须合法且有道德。否则，企业发展越大，赚取利润越多，对社会、产业和消费者来说就越是一种灾难，最后摧毁的也是自己的品牌。

品牌分析

三鹿“三聚氰胺事件”是2008年国内乳产品行业的最重大事件。它改变了行业格局，甚至给国家造成恶劣的影响。蒙牛几个批次的奶粉和液态奶产品在国家质检部门的检测中被发现含有“三聚氰胺”，蒙牛作为行业领导品牌也遇到了较大的打击。

“三聚氰胺事件”发生后，牛根生出现在了2008年10月的一次企业家聚会上。参加聚会的还有当时在联想的柳传志和中海油的傅成玉等。大家围绕着三聚氰胺引发的乳业危机进行了讨论，气氛比较凝重。

他们不断反复问一个问题：你老牛对此事到底知不知情。牛根生回答大家，蒙牛正面临前所未有的危机，在遭受牛奶下架、股价暴跌的不断打击之后，抵押给大摩的股份也大幅缩水，可能被外资恶意收购，牛根生说到动情之处也不禁抹泪，场面相当悲壮。

发生这起事件有多方面的原因，不全怪蒙牛。但是，危机已经发生，而且是品牌危机中最严重的危机——责任危机。这需要总结和反思。

主要问题还是在于中国乳业企业对品牌的理解问题。什么是品牌？利润和规模就是品牌吗？

答案是否定的。品牌是利益相关方的总和，品牌要处理好与消费者、员工、合作伙伴、社会和政府的关系，这样企业才能可持续发展。

在“三聚氰胺事件”之前，迫于外资投行和行业竞争的压力，对蒙牛高管团队来说，如何快速发展成为第一要务。蒙牛是一个充满传奇色彩的企业，开创前三年，平均每天就能超越一个同类企业；开创六年之时，其销售额增长200倍，投资收益率大于5000%；不到八岁，蒙牛就成为世界同行中的领头羊。在这短短的几年时间里，蒙牛从无到有，发展速度令人惊叹，可谓突飞猛进。

蒙牛快速发展的推动力是品牌营销。当速度快速增长、规模快速膨胀时，如果蒙牛加强质量管控，严把奶源关，蒙牛就能规避“三聚氰胺事件”，并能实现跨越式的发展。

品牌的社会责任分为两个层面，一是法律层面，二是道德层面。从法律层面来讲，企业要提供安全、有质量保证的产品。生产假冒伪劣以及危害他人生命安全的产品，就穿越了法律责任底线。从道德层面来讲，企业要为社会创造更多的价值，支持公益事业。

企业道德责任的基础是法律责任。一个企业如果无法给消费者提供安全的产品与服务，即使在其他方面再好，也无法在公众的心里形成一个真正的责任品牌。

品牌指南

量越多，质越重。能力越大，责任越大。

一种新品牌观的诞生

2.0品牌时代来了，互联网正在荡平一切，并催生了一种新品牌观。

2 February

SUN日	MON一	TUE二	WED三	THU四	FRI五	SAT六
					1 廿一	2 廿二
3 小年	4 立春	5 廿五	6 廿六	7 廿七	8 廿八	9 除夕
10 春节	11 初二	12 初三	13 初四	14 情人节	15 初六	16 初七
17 初八	18 雨水	19 初十	20 十一	21 十二	22 十三	23 十四
24 元宵节	25 十六	26 十七	27 十八	28 十九		

FEBRUARY 2月1日 产品等于品牌吗?

品牌感悟

优秀的品牌建立在产品基础之上,无一不是产品专家。但是,也有很多出色的产品并没成长为优秀的品牌,形成富有影响力的品牌价值和联想。因而,品牌思维不是产品思维,也不是技术思维,它有自己独特的规律。

品牌分析

在结合远东控股集团等企业的长期实践基础上,我们提出来一个全新的品牌定义——品牌是利益相关者反映的意义体验,不仅能满足或创造价值需求,而且能被感知和长期认同。这一定义不仅关注产品的功能需求,同时更加注重品牌价值文化认同。

我们通过微信随机对消费者作了一个品牌联想感知度访问:提到了宝马品牌,他们想到了豪华轿车,驾驶的乐趣;提到联想品牌,他们想到了PC,国际化的联想;提到远东品牌,他们想到了电缆,责任和品质;提到了格力品牌,他们想到了空调,核心科技。

但是提到了华为,消费者没有多少产品可以联想。许多消费者想到了"冬天论",想到了美国市场的封杀。我们曾经提示华为正在做手机,出货量很大;而且技术能力强,属于国际水平,是中国最大的高科技民营企业之一。面对这些提示,很多消费者很惊讶,这与他们的购买意愿和行为无关。我们进一步提示华为的口号是"不只是500强",对大多数消费者来说,意义深刻,但却无法产生联想。

对于华为这样一个转型终端的跨国500强来说,有什么比不能让消费者产生联想更为糟糕的状况呢,现在就是如此吧!

从历史来看,在B2B时期,华为面向运营商推行了以客户为主导的品牌战略相当成功。华为品牌观认为,品牌不是宣传出来的,而是打出来的。因而,在中国顶级公司中,华为的新闻传播最为低调。一切围绕客户需求,提高产品性能,组织客户交流,全心服务运营商。华为在运营商心中建立了良好的口碑,性价比高，质量不错，服务到位。通过这种品牌口碑，华为在中国市场和全球市场不断收获大单。

但是进入B2C时期，客户从运营商转向消费者，产品从电信设备和服务解决方案转向终端智能手机和终端解决方案，华为品牌观和品牌战略必须相应作出重大调整。

华为必须认识到，技术、产品与品牌并不完全相关。现在，产品消费时代已经进入品牌消费时代，品牌应赋予产品人格化的特征。消费者根据产品功能做出选择的频率正在降低，转为更多地根据产品的象征意义做出选择。因而，只有那些被消费者联想并认同的产品才能称之为品牌，这些联想、感知和认同感越深，品牌竞争力就越强，产品就越有竞争力。

品牌指南

品牌存在于消费者的感知、联想和认同中。

FEBRUARY 2月2日 与利益相关方同在

品牌感悟

从专注于客户到专注于品牌的利益相关方，需要巨大的品牌魄力。同时，这也是一个区分成熟品牌的标志。企业越大，利益相关方管理的防火墙就必须越高、越厚。利益相关方管理最大益处不是锦上添花，能给公司带来多少利润，而是能雪中送炭，保证危机时风险可控。

品牌分析

品牌价值以满足所有利益相关方的价值需求为目的，品牌价值与利益相关方同在。品牌与利益相关方的互动关系，就像一张无形大网，支撑品牌发展。

利益相关方管理是品牌发展的基石和品牌价值创造的源泉，应成为指导企业品牌管理的出发点。站在利益相关方视角下创造的品牌价值，超越了在单一视角下创造的品牌价值。

在上述认知下，为了打造坚实的品牌利益管理体系，品牌管理者应该构筑起品牌利益相关方层级防火墙，并调配相关的财力、人力资源。品牌利益相关方管理系统需要一个专业团队或者聘请外脑支持，建立起各利益群体的数据库，专人跟踪维护，建立针对不同危机情况下的评估系统和反应系统。

这种资源完全脱离于营销广告之外，很多老板认为这种投入是成本，不能带来效益，所以在审批上毫不犹豫地砍掉。他们不知道，虽然防火墙给企业直接带来的利润很难测算，但是，它能让企业和品牌规避风险。当企业越大，这种利益相关方的防火墙越高越厚，抵抗风险能力就会越强。

二十多年来，与远东同时代创业的企业非常多，大多数民营企业倒在创业路上，但是远东却越做越大，重要原因在于其厚实的品牌利益管理防火墙抵御了多种风险。

远东控股集团全面品牌管理下的品牌利益管理防火墙，包括品牌和谐生态的三大方面和五个平衡要素。品牌和谐生态指“内部人际关系的和谐、外部社会关系的和谐以及自然关系的和谐”。五个平衡要素则是指“让客户满意、让员工满意、让股东满意、让政府满意、让社会满意”。多年来，无论市场和政策环境如何波动，远东始终发展稳健，品牌美誉度不断上升，这与品牌利益相关方管理密不可分。

在整体并不宽松的环境下，如何处理与政府的关系，如何处理与国有企业的关系，创造一个相对宽松的发展环境，这是远东品牌利益相关方管理一直在重点解决的问题。为此，远东进行了五次改制，包括戴上红帽子推行乡镇企业体制，还曾经与四大国有企业联姻，成立混合所有制企业，通过外力推动了远东的跨越式发展。

在远东控股集团当家人蒋锡培看来，民营企业也要“讲政治”。“作为民营企业，不是说企业要去搞政治，去当官。而是紧跟党和国家的大政方针。在中国这样的条件下，如果不加强政治学习，很多企业做到一定规模的时候，可能两眼一模糊，就容易犯错。”

品牌指南

品牌需要构筑利益相关方的防火墙，从而保护好你的品牌。

FEBRUARY 2月3日 营销 ≠ 品牌

品牌感悟

很多企业在讨论品牌的时候会陷入一个误区：营销部门或者市场部门就是品牌部门。做品牌就是搞营销，立竿见影把销量搞上去就可以了。这种短视的品牌思维不可持续。

品牌分析

我们与张锐、张燚教授等人主创的全面品牌管理系统，包括六大类及十三种品牌工具，即品牌目标与任务、品牌目的与愿景、品牌伦理与文化、品牌战略与规划、品牌创意和设计以及品牌管理组织，品牌营销只是其中的一个组成部分。

凯勒把全面营销的战略品牌管理过程，具体划分为四个步骤：一是识别和建立品牌定位和价值；二是计划和实施品牌营销项目；三是评估和说明品牌表现；四是发展和保持品牌资产。

所以说，品牌营销是一种市场行为，以广告公关投入为手段，吸引受众，提高销量；而全面品牌管理是一门系统管理工程，要建立科学的品牌管理系统和平台，管理企业品牌体系，提升品牌管理效率。如果把营销等同于品牌，那就大错特错了！

1995 年 11 月 8 日，秦池以 6666 万元的最高价击败众多对手，勇夺 CCTV 标王。秦池在中国一夜之间由无名小辈变成公众品牌，知名度大增。

然而，勇夺标王的秦池至今已无音讯。在 20 世纪 90 年代末期，酒类消费稳定而且强劲，外部环境较好，直到今天，我们还在叹息秦池品牌为何如此脆弱？就算销量再少，在整体行业长期景气增长的列车上，只要秦池本分、坐稳、抓好，又为何会掉下列车？

如今再看秦池，我们只能说，成也营销，败也营销。秦池经营模式是典型的“广告营销等于一切”的战略。广告营销为王，广告投得多，终端销售就好；没有广告，销售直线下降，患上严重的广告依赖症。

这种模式要形成良性循环，首先是投入大量广告，进行推广，将受众转变为现实的巨大市场购买需求；其次是自身产品研发、经营管理要跟上，产品和服务过硬，能够迅速填补实现这种市场需求；最后是要不断做大市场规模，降低单位产品广告成本，提高利润率。一旦这一过程相关链条环节发生中断，大量投放的广告营销没有产生预期的效果，企业的现金流将面临巨大挑战。

秦池在1996年的广告铺天盖地，品牌知名度直线上升，但与其他名酒大厂相比，秦池酒缺少扎实的产品基础和管理基础，没有强劲的资本支撑，资金杠杆较高。

换句话说，一旦市场形势不好，销售业绩下跌，回款就慢，秦池的广告投放就减少；广告减少，销量就会受到冲击，又导致现金流紧张，形成恶性循环。

可以说，秦池的市场业绩是通过资金杠杆，用广告炒作出来的，而不是消费者一杯一杯喝出来的，不具有可持续性。一旦银根收紧和市场环境波动，公司业绩就会受到较大冲击，品牌将经不起风吹雨打。

品牌指南

广告，可以促销，但不能构成品牌的核心能力。

FEBRUARY 2月4日 品牌驱动企业

品牌感悟

在传统的战略管理理论中，品牌在企业的位置偏低。品牌居于经营战略、营销战略、产品策略之下，其重要性甚至不如人力资源管理、生产制造、仓储管理重要。现实也似乎对此，品牌总监一直在发牢骚。现在，这种观点需要修正了。

品牌分析

在传统战略理论框架下，战略大师迈克尔·波特、罗伯特·卡普兰等对品牌与战略的关系界定并不清晰,没有把品牌放到企业的战略高度,也没有指出品牌战略与企业战略的关系。这导致了当前品牌管理等得不到应有的重视,更不可能在资源配置中得到足够的支持。

定位之父艾·里斯说,抢先进入顾客心智要胜于抢先进入市场,市场营销是一场争夺认知而不是产品的战争。莱波拉提出,品牌要建立在客户的价值观上;公司品牌居于所有行动和部门的中心,品牌的塑造必须通过全公司的统一意志和行动。

这些研究成果奠定了全面品牌管理理论的核心战略——品牌驱动经营战略。这一战略颠覆了传统的企业经营战略方法,在新的竞争格局下,应当用品牌愿景来指导公司愿景,用品牌战略来指导经营战略。

品牌驱动经营战略的特点是站在消费者等利益相关方的立场和角度,将品牌与各利益相关方平衡协调,并以此为基础持续推动公司发展和品牌价值提升。

中国汽车品牌的发展说明了品牌驱动经营战略的适应性。过去十多年来,中国汽车市场实现了大发展,但是在这场盛宴中,外资品牌与合资品牌吃肉喝汤,中国汽车的自主品牌却很悲催,仅剩下几根骨头啃,而且技术、品牌竞争力差距越拉越大。

仔细分析,中国汽车自主企业凡是从品牌出发、精准定位、实施正确的品牌战略,就能罕见地获得成功;凡是没有从品牌出发,闭门造车,对外资研发和产品步步跟随,这样的自主品牌就会掉队。

如长城汽车,长期在中低端SUV市场摸爬滚打,在这一细分市场获得了较强的品牌竞争力;另一个例子是江淮汽车,多年集中资源做中低端的多功能商用车,赢得了中国农村市场的良好口碑。相反,很多自主轿车品牌虽然投入较大,愿望很好,但多年来在外资品牌与合资品牌的阵地上被打得很惨。

原因何在?品牌高于一切。消费者的认知是根深蒂固,难以改变的,尤其是对中国和国外汽车品牌的认知。一直以来,普遍植入消费者心智的是发达国家汽车技术好、品牌大、安全,对自主品牌的认知则完全相反。

在这种环境下,自主品牌汽车企业想要发展,首先必须选好市场缝隙。根据自身实际情况进行品牌定位，选好品类，集中优势资源在自己的一亩三分地上打歼灭战，在自己的细分品类里改变消费者的认知，只有如此才能有出头之日。

品牌指南

品牌是企业各项竞争力的综合反应，未来一切皆品牌。

FEBRUARY 2月8日 特斯拉：汽车界的苹果如何创新

品牌感悟

在互联网浪潮下的创新模式有三种：第一种是技术的创新，如新技术的发明，导致市场膨胀；第二种是品牌的创新，开辟新品类，精准细分人群，植入新的认知；第三种是市场的创新，如实现低价格，甚至免费，颠覆原有市场格局。

品牌分析

美国汽车行业的历史已经超过百年，市场竞争非常激烈，在高度同质化竞争的成熟产业中，创新一直是个老大难。实现颠覆式创新，更是天方夜谭。但是，特斯拉的出现改变了这一格局。

微信公众号 iliuxiaowu 曾经做客中央人民广播电台“天下公司”栏目，剖析特斯拉的创新故事。特斯拉实现了两种创新，一是技术的创新，二是品牌的创新。正是这两种创新，形成了对传统成熟汽车业的巨大影响。

首先，从技术上看，特斯拉运用电动车技术，实现了轿车空间的解放。传统轿车里面占空间的是发动机、传动系统、变速箱和冷却系统；特斯拉的主体部分是电池，都放在底部。由于没有发动机，没有传统的传动设备，这种设计使得特斯拉有着巨大的前备厢和后备厢。正是因为减少了传统设备，成本也相应大幅减少。

其次，更为重要的是品牌体验和价值创新。特斯拉自生产起，就不被定义为传统的轿车，而是定位于类似于苹果的汽车体验工具。

我们知道,传统的轿车以代步为目的,强调安全性、实用性,销售群体为大众。而特斯拉进行了全新的品牌定位,销售对象集中到新兴高阶层,如娱乐明星、体育明星等。

这些新兴高阶层的顾客的需求与大众客户的需求完全不一样,特斯拉找到了这个需求差异,并创造了一种新的价值体验——极致操控感受和科技体验。

很多汽车发烧友追求操控感,这对于传统汽车来说是一个永远无法满足的体验。原因是传统汽车技术上的限制,必须有时滞,如踩油门、换档、加速等过程。

但是,特斯拉剔除掉了这些多余的流程,没有启动按钮,没有换档,直接开门、踩踏板,汽车就行驶了。而且起步时就可以提供最大的扭矩,实现了极致的推背感。这种操控在汽油发动机的轿车上难以实现。

同时,与陈旧的汽车电子设备相比,特斯拉采取了全新电子信息设备,车内中间没有仪表盘,只有17寸大的中控屏,实现人机信息交互,使得汽车更为自动和轻松,如天窗自动感应。

不过,由于处于发展早期,特斯拉也面临三大问题:一是是安全性,这是电动汽车的最大的硬伤;二是里程,如果充一次电,开到半路上没电了怎么办,这需要大规模的充电站支撑;三是便利性,充电的时间不能太长,这需要改善电池技术。

品牌指南

颠覆式创新时代正在到来。

FEBRUARY 2月9日 品牌到底是谁的?

品牌感悟

做一个测试问题,品牌是谁的?相信对这个问题,每个人会有不同的回答。我们的初步调查显示,超过50%的人认为品牌是企业家的,但这种答案并不完全正确。

品牌分析

品牌仅仅属于企业老板吗？从全面品牌管理理论来回答这个问题，答案不完全对。

品牌并非属于一个利益体，而属于消费者、员工、供应商、经销商、政府和社会，品牌属于企业价值链条上每一个环节和每一个成员。

全面品牌管理，也称全体人员或全员品牌管理，是指在品牌的创立与建设过程中，企业整个价值利润链上的所有人员，如顾客、股东、管理者、员工、供应商、经销商、政府、社区等利益相关方，都需要被纳入到品牌系统内，共同参与建设并分享成果。

只有所有品牌利益相关方共同参与品牌建设，才能成为优秀的、令人尊敬的品牌。因而，品牌属于全价值链条上的所有利益相关方。当然在利益相关方的排序和组合上，不同的企业有着差异性。

著名企业华为最需要认真思考并回答这个问题。华为进入手机市场多年，早前只是为运营商代工。近几年来，随着电信设备市场需求大幅下降，华为手机终端战略开始启动，华为开始从B2B向B2C转型。

目前看起来，华为是国产手机“中华酷联TCL”的中坚力量，但是要跨越B2B，华为终端要做的工作非常之多。首要就是品牌转型和提升，弄清楚在消费者心中，华为手机的定位和价值是什么，华为手机如何摆脱过去传统封闭的品牌形象，华为终端如何与外界媒体互动，更加开放。

在B2B时代，华为的品牌观较为单一，品牌最大而且最重要的利益相关方就是客户:运营商。只要能研发性价比较高的产品，把大客户搞定，服务好运营商，公司利润和规模就能增长。

对媒体、公众、投资者等利益相关方，华为有些漠视，这显示出华为品牌管理体系的欠缺。但是华为高管不以为然，甚至认为这种单一品牌观逃离外界的干扰，可以使公司更专注、聚焦。所以，这一品牌管理体系即使在2010年华为进入全球500强后，也没有得到很大改观。

“华为不只是500强”是华为的口号，也可以说是品牌价值观，存在较大的遗憾。这种品牌定位较为模糊,似乎不知所云。对于终端消费者而言,他们关心产品体验、性能和价格;对于运营商来说,他们关注产品的质量和服务的高低;对于媒体和公众来说,这句口号没有带来强烈的品牌价值的联想和情感。

我们建议,在终端转型战略下,华为品牌管理体系应该进行大刀阔斧式的革新,建立以消费者体验为核心的全面品牌管理体系。勇敢地走出去,与外界交流沟通,平衡品牌各利益相关方的关系,持续提升华为终端品牌竞争力和影响力。

品牌指南

品牌并不仅属于老板或企业,还属于品牌的全价值链。

FEBRUARY 2月10日 “三品四度”体系

品牌感悟

很多企业投入大量广告后,消费者认知和联想仍然模糊,品牌美誉度仍然较低,事倍功半。要创建强势的品牌,首先要建立科学的品牌管理体系和方法论,否则会陷入盲人摸象的误区。

品牌分析

远东的全面品牌管理具有“三品四度”体系。“四度”即知名度、美誉度、满意度和忠诚度。知名度是品牌在社会中的知晓程度,美誉度是包括消费者、供应商在内的各界人士对企业及其产品的良好赞誉,满意度体现了消费者对品牌的认可,而忠诚度说明了消费者对远东品牌的持续认可。

品牌由三个“口”字构成,三个“口”形成三个“品”,即品质、品格、品位。品质、品格、品位三者互相联系,深度逐渐增加。

品质是品牌的保证,对消费者来说,优秀品质的物质载体是信得过的产品,能够实现客户的价值;品格体现了品牌意义的延伸,它不再是物质的代名词,已经上升到了人格的高度,体现了企业对社会的关怀、对社会的奉献,它以实现客户、社会价值为追求,从而体现自身的价值;而一个有品位的品牌,则能征服客户、社会,从而获得广大消费者永远的忠诚。

通过创建一个有品质、品格、品位的品牌,对外可以最大限度地提升企业的知名度、美誉度和忠诚度;对内能激发广大员工的积极性、主动性和创造性,提高企业的凝聚力和向心力,为企业可持续发展提供坚实的保障。

在“三品四度”体系指导下,远东首先是以质量为先导、以技术为动力,做强做优远东的产品;其次是构建强大的企业文化和责任体系,文化和责任理念充实了远东品牌内涵。

一个品牌只有拥有自己的个性、主张和价值理念,才能使品牌具备恒久的生命力。远东在创业之初就奉行“和谐文化”、“文化管理企业”的理念,并在发展过程中逐步形成和提炼出远东品牌的精髓——“和与灵”文化,赋予远东品牌深厚的文化内涵。

远东还积极承担企业应尽的社会责任。“我18岁的时候,把一年赚5万元定为人生的最高目标,但有了5万、50万元后该怎么办,对社会的使命感、责任感就在这个时候产生了,看到周围有那么多老百姓的生活仍然很苦,怀着投资一方热土、造福一方百姓的朴素理念,就创办了远东集团。”远东控股集团董事局主席蒋锡培说。

远东是中国安置身障人士最多的民营企业。2007年5月,远东出资8296万元成立了中国第一家以资助身障人士就业培训为目的的慈善基金会——远东慈善基金会。在过去的几年里,远东慈善基金会为社会做了大量的公益事业,树立了良好的社会责任和公益品牌,远东因此被媒体称为“用责任衡量财富”的企业。

品牌指南

构建“三品四度”体系,实现品牌跨越。

FEBRUARY 2月11日 三大品牌共进系统

品牌感悟

中国的企业家往往重视产品品牌，忽略企业品牌和企业家品牌。事实上，在品牌创建过程中，企业家品牌、企业品牌和产品品牌往往呈现出一种相互促进的关系。正确地认识和把握三者的关系，构建三大品牌共进系统，可以发挥“1 +1 +1 >3”的整体效果。

品牌分析

产品品牌战略是以企业产品为对象，使普通品牌成为著名品牌所作出的长远战略规划。企业品牌战略是以企业作为对象，为打造著名企业品牌形象所作出的长远规划。企业家品牌战略则是以企业家个人作为品牌提升对象，对企业家个人品牌进行品牌定位、战略、包装和传播。

强势的企业家品牌可信度高，投入回报性价比高，同时可以构建广泛高端的人脉，带动企业品牌和产品品牌。

联想创始人柳传志是一个典型案例。专业团队通过对柳传志企业家品牌个人定位，不断在公众平台上曝光，反复传播联想企业文化和价值观，传播创业经历和管理经验，获得“中国企业教父”的定位，使得柳传志的个人品牌对联想多元化的多项业务进行了隐性担保。

中国企业的品牌战略重点以产品品牌为主，直接拉动销售。对企业家品牌和企业品牌重视不多，认为这是在砸钱，回报却较少。实际上，品牌的利益相关方是多维度的，消费者是其中重要的一环，品牌的利益相关方还包括员工、股东、合作伙伴、政府和社会等。所以只重视一方利益的品牌战略并不全面。

事实上，许多企业前期以产品为中心，围绕产品定位，进行广告营销创建产品品牌，带动企业品牌和企业家品牌的发展。当企业产销规模突破百亿大关，企业增长速度平滑趋稳后，产品广告投放的边际效益在收敛，后期应该以企业品牌、企业家品牌为主导，带动产品品牌的发展和系列产品的销售，有效地实现企业品牌、企业家品牌、产品品牌的相互促进,产生较好的整体传播效果。

万科是一个三大品牌共进的案例。王石是一个企业家品牌塑造较为成功的个人品牌,与其他房地产老板不一样,王石跳出行业商业利益,塑造了较好的公众形象。针对房价和地价不断上涨,他提出"万科不做地王";针对房地产土地交易灰色地带较多,他鲜明地提出"万科敢保证不行贿","万科要做到透明、规范"。

由于这些"天条",万科在土地招标拍卖上经常拿不到好地,输给其他默默无闻的企业,但是靠着良好的产品口碑和物业管理,万科把地段偏远的房子卖得供不应求。

许多公司愿意与万科合作,共同开发,甚至很多公司第一次与万科谈判,就确定了合作的强烈意愿。这些企业家说:"和万科合作,放心,规范。"万科对合作方的要求只有两条:第一公开透明,第二要交税。

这就是企业品牌和企业家品牌的强大力量,让合作伙伴、股东和消费者在文化价值观上认同万科,使万科在同质化竞争中脱颖而出,率先突破千亿大关。

品牌指南

"三品"共进互生,打造全面品牌。

FEBRUARY 2月15日 站在结构的中心

品牌感悟

生意就是品牌,建立全面品牌管理系统的一个巨大挑战是,组织内的每一个人都要理解产品和品牌,而非仅仅是产品品牌经理。

品牌分析

在偏离品牌的传统公司结构,我们做了个调查,许多参加调查的人都提到一个共同问题,即在他们所在的职能部门内部,大多数人都不知道公司的产品和品牌的差异化在哪儿,这相当糟糕!

原因是,在传统的组织结构里,产品与品牌部门与研发、设计、生产、物流、金融、人力部门一样,是一个单独平行的机构,品牌价值管理链条断裂,其他部门以部门绩效为导向,无须知道自己是什么样的品牌。

全面品牌管理提供了一个全新的品牌组织系统和模型——以消费者为导向,产品与品牌部门的位置将从平行位置转移到中心位置。

公司所有职能机构都围绕着产品和品牌,推进品牌战略的落地。由于每个管理过程、每一个人都要对品牌负责,所以不再存在单独割裂的品牌部门。在这一品牌部门周围,紧密围绕着其他组织,如服务、研发、财务、投资等,所有这些职能机构都共同承担品牌责任。

这种品牌组织结构转变的大背景是互联网的风行,传统制造业和零售业的环境正在发生天翻地覆的变化。消费者的消费行为正在快速变化,一是移动化,以前到商场购物,然后是坐在 PC 端下单,现在可能是随时随地移动下单;二是碎片化,随着成本上升,人们购物效率提升,更加直接快捷;三是个性化,“90后”消费者具有强烈的个性和创新意识,对真正触及内心情感的产品和品牌,他们会毫不犹豫地点击购买。

一旦品牌处于整个公司结构的中心,它就不只是一个附属物——仅会花钱的广告工具而已,而是消费者导向的引导者和协调者。这将消除许多企业内部产生的永无休止的矛盾和冲突。在结构中心,应该让消费者紧挨着品牌管理部门站在组织的中心。

事实也如此,以 2.5 亿美元收购《华盛顿邮报》的亚马逊(Amazon)创始人杰夫·贝佐斯一直强调,亚马逊董事会上总有一把空着的椅子,那个位置是留给顾客的,顾客也是亚马逊董事会的一员。

李宁们需要学习 ZARA 的产品和品牌快速反应链条机制。ZARA 在刚开始设计产品时,并不由设计师一个人说了算,必须和信息员、店长、经理一起共同讨论消费者的偏好和兴趣变化。ZARA 店的经理身带 PDA,店员收到消费者提供的各种意见和反馈后,会在当天分两次传递给总部设计人员,由总部产品品牌部门快速决策后传递给生产线,进行产品样式优化。

在 ZARA 设计销售流程中,产品和品牌决策部门处于结构的中心位置,要求这一流程上的所有人员以消费者为导向，快速响应消费者的需求，使得库存周转达到惊人的12次左右。

品牌指南

以消费者为导向，就是以品牌为中心。

FEBRUARY 2月16日 对手即是朋友

品牌感悟

经验表明，一个有效率且充分竞争的行业最好有两到三个品牌同时存在。在品牌竞争中，很多品牌主希望自己的市场规模越大越好，进一步消灭对手，一家独大。但是，一旦市场只剩下你一家品牌，这个产业也将面临缩小的风险。

品牌分析

因为同时存在可口可乐和百事可乐，可乐市场不断做大，产品遍及全球许多国家；在豪华汽车市场上，奔驰、宝马、奥迪等同时存在，撬开了全球市场；在智能手机领域，苹果和三星不断创新竞争，掀起了全球智能手机时代的到来。

有时候，竞争品牌就是你的朋友，竞争品牌越强，你的发展空间或者发展动力就越强。再也没有比竞争更能提升效率、满足需求了。如何处理竞争与共生的关系，是中国品牌必须面对的重要问题。

中国品牌已经看到了品牌竞争所带来的好处，如凉茶市场，加多宝和王老吉之间竞争激烈。伴随较量的升级，凉茶市场迅速被打开，销量不断提升。

零和思维仍然占据竞争者的头脑。他们假定市场规模不变，客户需求不变，科技水平不变的前提下，如果对方多一份订单，就意味着我会少一份订单。这是一种僵化的竞争思维，将行业竞争引入不公和恶性的环境，而不是公正和良性的环境。

国内工程机械两大巨头三一重工与中联重科同在长沙，隔湘江而望，历经近20年的竞争，见证了中国工程机械行业发展史。两家企业都由小企业起家，并脱颖而出，交替领先，成为目前业内两大巨头，占据了混凝土泵车市场约90%的市场份额。两大品牌竞争形成集群效应，带动湖南本省的上下游产业链，使湖南省成为“世界工程机械之都”。

应该说，他们早前的竞争一直处于良性，随着中国经济增长，两家企业不断做大做强工程机械市场。但是，自2012年以来，由于经济增速的回落，中国工程机械从高增长期转为低成长期，市场增速放缓，两家企业的竞争开始变味。

“既生瑜何生亮”，两大品牌的竞争进入零和思维。近几年来，两家企业从市场上你争我夺，舆论口诛笔伐，到高管对骂，都是见怪不怪。更有甚者，上演商界无间道，派遣销售人员混入客户队伍打探商业情报，甚至运用监听跟踪等非常规性的情报战。

事件的高潮是，三一迁移北京，恨别长沙。2012年11月21日，三一董事长梁稳根宣布三一有关迁往北京的决定。虽然同城记变为双城记，但是斗争仍未结束。从2013年上半年的事态看来，恶性竞争还在继续，双方继续坚持你死我活的竞争逻辑。

可以预期，三一迁厂之后，两家企业还是处于重合度较高的市场上，一些违背商业伦理和法律的不正当竞争还会继续升级，这给双方和整个产业健康持续发展带来隐患。

品牌指南

避免恶性竞争，推动产业升级。

FEBRUARY 2月17日 向德国品牌学什么？

品牌感悟

中国有真正的世界品牌吗？很可惜，虽然包含台湾地区在内，2013年中国上榜世界500强公司的总数已经达到95家，中国上榜企业的总收入达5.2万亿美元，占到了500强企业总收入的17%，而且上榜数量一年比一年多，但是中国并没有产生一个令人尊敬的品牌。这是我们对中国制造和中国品牌前30年的一个基本判断。

品牌分析

改革开放30年为3个 十年。第一个十年供不应求,只要产品出来,就不愁卖;第二个十年供需平衡,同质化竞争激烈,开始打价格战,要有营销和创意,才能卖出产品;第三个十年是供过于求,利润越摊越薄,企业靠房地产和投资盈利,制造业空心化,谈何品牌?

在欧债危机下,欧洲只有德国经济一枝独秀,德国经济的基础在于闻名世界的德国制造和德国品牌。目前德国制造和德国品牌已成为全球"质量和信誉"的代名词,可谓"众厂之厂"成为仅次于中国的第二出口大国。

与中国制造和中国品牌比较,德国制造和德国品牌在全球的美誉度更高,品牌附加值更高,技术含量也更高。凡是贴了德国制造的产品,就意味着可靠、安全和有保障,这就是品牌的力量。

中国向德国制造和品牌学习什么?最重要的就是专注。一直以来,德国将主要资源专注于制造业产品质量与技术水平的提高上,这种制造业战略不仅让德国保持了较高的就业率,扶持了大量中小企业制造,同时促进了产品科技创新能力的提高。

德国制造和德国品牌不仅仅包括奔驰、宝马、奥迪这些高端汽车品牌,还包括各类产品中的隐性冠军:中小企业。这些国际市场上技术领先的家族无名企业,不会进入《财富》500强的排行榜,不从横向占领整个行业,也不从纵向进行产业链上游、下游的延伸。这些中小企业长期专注研发生产单一的专业产品,却努力将这种产品的工艺和技术做到最好,然后销售到全球,应用到无数行业中去。

比如德国伍尔特公司,只生产螺丝、螺母等金属配件和紧固件产品,这个家族企业却做到全球领先。伍尔特公司认为,质量决定价格。伍尔特公司从来不加入价格战,与此相反,公司总是选择更贵的渠道和网络,并在产品包装箱上打上伍尔特商标,让客户第一眼认出,他们使用的是高质量和高品质的产品。

在发展过程中,伍尔特不仅没有扩张产品品类和领域,相反,却尽可能缩小纵向的生产范围,伍尔特与保时捷等知名客户形成了长期定制的合作模式,保证了其产品的高附加值。

当然,品牌的背后是文化,德国有着成熟的工业文化和文明,这与中国完全不一样。德国教育引导人才流向制造业,盛行工程师文化和蓝领文化,他们在社会受到尊敬。

中国企业应该学习德国企业,专注实体经济,回归品牌,构建自己的工业文化和制造文化,从世界组装车间转向中国创造和中国名牌,精耕细作,做出品牌,做出价值。

品牌指南

坚持坚守好实体经济,才能创造出中国乃至世界名牌。

FEBRUARY 2月18日 星巴克还是一家咖啡店吗?

品牌感悟

品牌已经迈入互联网时代。人们的生活方式和消费习惯正在发生巨大的变化,互联网式生活会更加普及,电子商务的渗透率也会提升更高。在这种巨变的背景下,传统企业和品牌需要面临一次全新的升级,拥抱互联网。

品牌分析

当今世界已经处于数字化时代,移动互联网不仅改变着人们的生活方式和消费习惯,也在极大地影响着企业的品牌管理和营销传播模式。

提起星巴克,你会想到什么?第三空间体验,咖啡味道弥漫的地方,可以不用点餐也能免费享受服务的地方,一个有品质的社交场合。这只是过去。现在,星巴克正成为一家新型的互联网零售公司。

是的,越来越多的人认识到星巴克不仅仅是一家纯粹喝咖啡的地方。随着互联网时代的到来、成本的上升,传统星巴克的营收和毛利率受到挑战,这种形势驱动它主动转型拥抱互联网。星巴克的定位正在从一家传统的咖啡店转变为一家互联网零售公司。

2008年，星巴克创始人霍华德·舒尔茨重新担任公司CEO，全新定位星巴克，大规模地建设IT基础设施，开始了令人惊叹的转型。2012年3月9日，星巴克任命首席数字官(CDO)，全面发展星巴克网站、手机、社交媒体、数字营销、Starbucks Card和电子商务以及WiFi技术。

转型效果已经显现，从2013年起，美国7000家星巴克门店开售Square刷卡器，全面启动移动支付。在最近的一个财季，星巴克美国地区的店内销售有超过10%来自移动支付。

在中国，星巴克引入"第三空间"理念，打造家庭和办公室之外的休闲空间，赢得了全球第二大市场。现在，互联网是星巴克的下一站，星巴克正在以惊人的速度打造以移动互联网为平台的"第四空间"，"第四空间"由智能手机APP、微博和微信等各类社交媒体和消费者粉丝共同组成。

"顾客去哪儿，星巴克就在哪儿"。星巴克这次掀起的不是产品的革命，而是一场品牌和营销的革命，目的在于满足消费者的互联网体验。

早在2010年秋，星巴克在北美启动星巴克数字免费WiFi计划，黏合了当今流行的数字信息渠道与平台。顾客在星巴克门店内，可以通过免费的WiFi网络，免费阅读《华尔街日报》、《纽约时报》等付费内容，收看ESPN的赛事。此后它又与雅虎合作，在其数字网络上链接多种免费电子书籍、新闻、音乐和电影。

星巴克目前在Twitter上拥有超过400万粉丝，星巴克中国的微博粉丝达78万。此外，刚刚发展的微信平台也积累了30万的粉丝。

当传统零售公司的客户纷纷离开实体店，走向网购时，星巴克的客户不仅没有流失，反而扩大，互联网技术使得星巴克与客户的关系更为紧密。2012财年星巴克总营收133亿美元，运营利润20亿美元，在全球拥有1.8万家门店，星巴克品牌打开了巨大的互联网空间。

品牌指南

远离互联网就是远离未来。

FEBRUARY 2月22日

打穿品牌与消费者之间的墙

品牌感悟

在2.0版的营销时代，用户体验会更加精准，消费数据会更加及时。过去工业时代的大规模标准化制造、管理和品牌传播都面临升级的要求，以跟上市场需求。

品牌分析

目前市场环境发生了巨大的变化，产能扩大导致供过于求，市场竞争更加激烈。这种变化在品牌与消费者之间催生了一面厚厚的墙。

如何打穿这堵墙，需要一次营销的革命。让消费者从被动接受到主动体验，深入到产品和品牌价值链中。

在移动互联网时代下，微信升级到5.0，二维码成为移动互联网的接口。与各大电商平台对接后，微信平台上的扫一扫功能及支付等服务可能成为未来移动生活中的主要支付和购物工具，甚至会超过淘宝。这给品牌营销带来颠覆性的影响。

很多旅行者有过切身的体验，因为未能提前半小时办登机牌而误机。航空公司一直没有关注并解决这一问题。2013年1月，南方航空推出自主研发的微信值机服务。用户可以通过南航微信平台办理选座业务和获取电子登机牌服务，这极大地提升了服务效率。

还有交手机费，通过微信可以直接关注电信运营商的公众账号，查询话费，并通过微信支付缴费，这省去了到电信营业厅或者上网缴话费的环节。

传统银行是垄断行业，盈利模式是利差，只需要等客上门。所以造成服务低下，老大难是排队，这严重地削弱了服务质量，在银行与客户之间树立了一面墙，阻碍了交流和互动。

招商银行在尝试运用互联网打穿这面墙。招商银行信用卡中心设立了微信公众账号，把还款业务、促销活动业务、积分业务等移植到微信。微信与招商银行信用卡的每个持卡人的个人信息一对一绑定,用户可以在微信中查看自己的账单、积分、额度,设置还款等。

同时,微信开始取代短信,绑定了招商银行信用卡微信后的持卡人,在消费后可以在微信中获得同步的信息。相比短信,微信推送的资讯内容更加丰富,图文并茂,更为互动。招商银行每年可以省掉20多亿条短信,这种微信服务可能颠覆现有电话客服为主的服务模式。

互联网金融正在大步走来。民生银行正在筹建民生电商,尝试打通银行的资金流和电商的交易信息流,把银行的后台业务和电商的前端交易结合起来。也就是把线下的业务移植到线上,提高银行系电商平台的线上流量、热度,使得服务更加快捷。

在未来的2.0版品牌营销中,线上和线上融合更加紧密。消费者不再只是产品和信息的接收方,而成为商业的参与者;通过消费体验和消费数据测算出消费者习惯,进一步提升产品的针对性;同时,通过互动交流,更容易感知消费者的偏好和需求,赢得消费者的认可。

品牌感悟

立刻行动,掀起2.0版的营销革命。

FEBRUARY 2月23日 小成本也能有大传播

品牌感悟

作一个比喻,传统的销售好比找好鸟在的地方,直接用枪打鸟;营销和广告则是在地上撒一些食儿,引来鸟儿,然后用网捕鸟;现代品牌营销已经上升为2.0版,注重体验和互动,筑起鸟巢,让鸟儿主动过来,一起玩耍。

品牌分析

无工厂、无实体店、无电视广告,小米公司三年时间销售突破百亿大关,以"山寨版"苹果的定位跻身一线手机厂商,令人称奇。仔细研究小米的成功,很重要的一点是互联网营销。

9月5日小米发布了小米3。其中有一项对消费者颇有吸引力的功能：WiFi密码共享。

当小米用户进入覆盖有WiFi的公共场所(如咖啡厅)，可以选择一键“分享网络密码”，其他小米用户便可直接连上加密WiFi。然而，这一功能发布两天后，由于存在安全争议，小米又突然关闭此功能。

从WiFi密码分享功能产品传播的角度来看，小米有可能是自己炒自己。如果说是竞争对手在引导舆论抵制小米WiFi密码分享功能，那么可以说，竞争对手直接给小米3付了一大笔广告费。

小米3是2013年小米的非常关键的一部机型。在中低端市场，由于更多竞争对手的加入和追逐，小米已经从智能手机市场的挑战者转为被挑战者，小米的性价比优势不断缩小。

在此背景下，小米2做得差强人意，故障率大升，经常死机，用户体验不太好，导致小米手机的粉丝不断流失，小米迫切需要 -款能证明自己是“发烧手机”的机型。小米3承担了这一重任。

所以，小米对WiFi密码共享的功能有过详细市场分析和调查，不可能随意推出如此重要机型。也不可能对其带来的网络安全问题省过忽略，也不可能不了解官方对这一功能的相关态度和规定。

有报道称，新浪微博一位认证为“映画咖啡老板娘”的网友nikomiu在9月6日发布了“抵制小米WiFi共享”的微博。

“我是咖啡店主，我的店带宽只有4M。有人蹭网会让我的顾客享受不到应有的上网服务。”“如果小米3的推出使蹭网行为变多，我只能每天更换密码……”

这有可能是小米自己一手策划的马甲——“自己反对自己”，以此吸引舆论和用户的关注和讨论。因为，越来越多的人到商家去，不管是蹭网，还是闲坐，都是一种人气，商家欢迎还来不及，为何还要反对？

当有一天你路过星巴克咖啡店，想进去休息片刻又不想喝咖啡时，你可以找服务员要上一杯白水坐上一时片刻，同时免费上网，星巴克完全欢迎。只有愚蠢的商家才反对客户来蹭网。

越禁止，越大卖。雷军一贯模仿乔布斯式的“饥渴营销”，通过各种限量策略或限时策略，以充分引起消费者的关注和重视，激发消费者的购买欲望，从而实现消费者需求的大爆发。

这次雷军把这一招做到了极致。WiFi 密码共享不仅成为一个手机功能，同时上升为一个公众事件，涉及网络安全，发引全民关注和讨论。美中不足的是，两天时间没有等到官方叫停就直接关闭了，省掉了炒作的高潮。

剩下的那些手机公司，就只能看着小米天天打免费广告了。

品牌感悟

互联网营销玩法无定势。

FEBRUARY 2月24日 专业的人做专业的事情

品牌感悟

让专业的人做专业的事情。品牌管理和运营在国外已经高度专业化，但是在国内，企业对品牌的理解、品牌管理体系的构建、品牌管理平台的搭建以及品牌系统的运营仍然处于初级阶段，专业化水平需要进一步提升。

品牌分析

当前，部分企业家对品牌管理的理解程度不够，造成企业的品牌管理组织不够完善，使得品牌管理缺乏统一的战略规划，缺少一个系统平台和机制推进。

很多企业会说，我们公司有产品和品牌经理，一直在做品牌，投入很大。但是产品品牌经理只是品牌战略的执行者而不是制定者，他们对公司品牌整体规划和战略的影响力十分有限。他们更为关注单一的广告传播，局限于一个策划创意好不好、一次投放是否合理，在事务性的工作中转圈圈，忽视了品牌平台和系统的管理运营。

从局部来看，虽然单个营销项目做得不错，但是整体品牌系统管理效率难以提升,不具备可持续性。更有甚者,企业老板甚至直接参与到单个项目的策划和创意中,这给专业化的品牌管理平台出了一道难题。

这是中国企业界的品牌管理通病——粗放管理,专业性不够。在全面品牌管理体系下,随着产品经理制度升级为首席品牌官制度,传统的粗放的品牌营销模式将转变为专业化的全面品牌管理模式。

全面品牌管理是一项复杂的系统工程,上到品牌定位和战略决策,下到品牌策划创意和市场活动,几乎涉及企业经营管理的所有环节,单靠少数几个人的力量无法圆满完成。所以,未来的品牌管理组织需要更多地依靠专业团队和专业策划来完成这一复杂系统的工作,

全面品牌管理对品牌管理团队成员提出了较高的专业要求。一是统一对专业品牌管理的认识,理解品牌的真正内涵;二是制定品牌定位、愿景和战略规划;三是构建品牌管理组织系统和制度;四是进行品牌资产运营和增值;五是打造强势品牌文化。要做到以上五点,必须具备专业的品牌人力资源基础,同时充分运用外脑的力量,以此提升品牌管理能力。

我们与国内许多一流企业的首席品牌官和品牌总监交流了外脑的重要性,受访的大多数品牌官认识到闭门造车的效率较低,让专业的人做专业的事非常重要。

品牌外脑和顾问机制是企业品牌建设的一个学习平台和作业平台,许多品牌工作可以置入这一平台。品牌管理团队不仅应该广泛吸收本行业的优秀人才,更要以积极的姿态与外部咨询机构的专家顾问和外脑进行沟通互动,并以此来实现最佳的品牌人力组合。

品牌指南

专业、专心、专注,才能创造品牌价值。

有价值的价值观

卓越和普通品牌的差别在于价值观，中国伟大品牌真的会出现吗？

3 March

SUN日	MON一	TUE二	WED三	THU四	FRI五	SAT六
					1 二十	2 廿一
3 廿二	4 廿三	5 惊蛰	6 廿五	7 廿六	8 妇女节	9 廿八
10 廿九	11 三十	12 植树节	13 初二	14 初三	15 初四	16 初五
17 初六	18 初七	19 初八	20 春分	21 初十	22 十一	23 十二
24 十三 / 31	25 十四	26 十五	27 十六	28 十七	29 十八	30 十九

MARCH
3月1日

加多宝缺什么？

品牌感悟

当一个品牌进入成熟期后，品牌战略的侧重点应该从功能性转向情感性和精神性，在情感价值上创造更多的诉求功能，特别是从价值观层面来演绎和传递。这样更容易建立起品牌与受众的情感沟通机制，成为一个精神品牌。

品牌分析

如果品牌管理者只将着眼点停留在产品的功能价值上，不触及产品蕴含的灵魂，则永远不能成为一个优秀的品牌。

所谓产品的灵魂，是通过品牌抓住人们的情感需求，在价值层面上与消费者进行心灵和情感的沟通，使人们可以在产品消费中完成情感诉求。在这方面，加多宝品牌的认知是欠缺的。

提起加多宝品牌，人们会想到凉茶，而且是凉茶领导者，能去火的饮料。但是更深层次的品牌价值观联想几乎没有，这是加多宝与可口可乐品牌的差距——缺少灵魂。

加多宝的第一次品牌定位较成功。2002年时加多宝销售额仅在1亿元左右，当时凉茶只在广东和广西地区流行，其他区域相对空白，受众较小，一直存在品牌和销售的天花板。

面对市场困局，加多宝发现，“上火”这一概念存在于大部分中国消费者心中。于是，将产品定位为“预防上火的饮料”，并在当时提出“怕上火喝王老吉”的广告语。这一功能性定位，直接使凉茶突破了地域市场的天花板，将凉茶这一品类推向全国，获得了快速发展。2010年中国凉茶饮料销量达到2500万吨，超过可口可乐的全球销量。

在“上火”品牌成功定位后，由于商标之争，“王老吉”商标被广药集团收回。加多宝面临广药王老吉的强力挑战，新的市场竞争对手开始不断进入，产品出现同质化。正宗好凉茶、凉茶领导者的品牌认知受到王老吉品牌的强力稀释，加多宝品牌进一步提升遇到瓶颈。

加多宝现在需要做的是第二次品牌定位，从功能性定位向情感性定位升级。正如可口可乐的品牌发展路径一样，最初的可口可乐更多是一种感冒药饮，以功能性撕开市场的口子，不断发展壮大；但是，后来的可口可乐是一个品牌，代表着美国精神和文化，激励着美国人前行，这种强势的品牌价值和文化内涵已经植入全球消费者心中。

中国各个产业迄今为止没有出现像可口可乐这样伟大的品牌，除了规模产量原因外，还在于品牌价值观和文化没有积淀，不能成为中国主流价值观和文化的重要组成部分。饮料巨头娃哈哈呢？从前几十年的发展来看，娃哈哈更像是一个赚钱机器，为生存而战。

加多宝已经不自觉地表现出品牌升级和再定位的感觉，但需要进一步明确和强化。如在慈善和公益上，汶川地震捐款1亿元，玉树地震捐款1.1亿元，“4·20”芦山地震加多宝再捐1亿元，在这三次大灾难中，成为中国捐款最多的品牌。

在情感定位上，加多宝更应该向《中国好声音》学习。加多宝巨资独家赞助了《中国好声音》，这是一档让亿万中国青年人难忘的青春音乐励志节目。在中国梦复兴的大背景下，好声音与有梦想的中国观众同呼吸、共奋斗，与其他选秀节目形成了鲜明的对比。

品牌指南

正确的价值观，是伟大品牌的基础。

MARCH 3月2日 一场战争造就了一个品牌

品牌感悟

你可以撼动一个帝国，却撼动不了它的宗教。当品牌被建构成一个信仰图腾之后，品牌强烈的个性特征能够激发消费者的心理共鸣。宗教感可以提升消费者的认同度，使其成为品牌的忠实拥趸。

品牌分析

品牌是一个具有生命力的综合体。如果把品牌比作一个人的话,品牌的物质依托是肉身,而品牌的价值观就是这个人的灵魂。

奥格威指出,最终决定市场地位的不是产品微不足道的差异,而是品牌的独特性格。消费者在品牌消费的过程中,某种程度上就是选择了他所认同的品牌价值观。

除了功能性利益之外,品牌更多地承载了消费者的精神诉求。在品牌上赋予与其产品属性相匹配的个性特征,并与其品牌属性形成良好的联动效应,会大大提升品牌的溢价率。消费者愿意付出更多的成本,去获得一种文化和情感体验。

提到可口可乐品牌,最早的消费者会想到它是一种感冒药饮,之后会认为它是美国最早的可乐,也是最正宗的可乐。但是现在,它象征着美国文化和精神,与美国的英雄和偶像联系在一起,它是巴菲特一辈子喝的饮料。这种品牌联想推动着全球消费者畅饮可口可乐。

可口可乐原总裁伍德拉夫曾表示,可口可乐99.61%是碳酸、糖浆和水。如果没有品牌,那还有谁会喝它?

强大的广告传播是可口可乐成名的工具,但品牌价值观和精神才是经久不衰的核心。第二次世界大战以前,可口可乐的影响力远没有现在这么大,其国际化主要集中在加拿大等少数几个国家,在国内还受到百事可乐等饮料的冲击。如何脱颖而出,成为时任可口可乐公司总裁伍德拉夫的难题。

于是,伍德拉夫想着是否能与美国政府合作,将可口可乐和美国政府采购相联系,打造象征美国精神的可口可乐品牌,以此撬动销售。

第二次世界大战伊始,当美国遭到日本偷袭珍珠港卷入大战后,伍德拉夫马上宣布:“无论美兵身到何处,可口可乐公司都将会在当地以每杯5美分的价格供应。”于是,不少可口可乐公司的员工走到战地上,做后援支持,全力来实现这个品牌承诺。

时任美国总统的艾森豪威尔看到“可口可乐”饮料能帮助士兵们摆脱战争

的孤独和苦恼，在稳定军心、提高士气方面起了极大作用，便亲自写信到亚特兰大可口可乐公司总部，主动要求其每月给前线战士生产600万瓶可口可乐饮料。随后，可口可乐一发不可收，销售持续增长。

一场战争造就了美国精神——自由、平等、牺牲、战斗，也造就了可口可乐品牌。随后，可口可乐公司针对这种品牌联想推进了持续的营销推广，将可口可乐与美国精神紧密联系在一起，成为美国主流价值观的重要组成部分。这种品牌价值观联想不断被大众认同，获得了消费者的持续支持。

品牌指南

建立品牌的信仰图腾，激发消费者的心理共鸣。

MARCH 3月3日 雷军的反思

品牌感悟

理想很美好，现实很残酷。树立远大的品牌梦想和愿景固然很重要，但要与市场环境和发展趋势相符合。否则，逆势而为，方向反了，就会付出梦想落空的代价。

品牌分析

人们对联想总有一种技术情结，希望联想挑起核心技术研发的担子。但联想创始人柳传志对技术创新一直很谨慎，强调“技术创新应先把碗里的饭吃到嘴”。

作为一个IT企业，联想没有过分强调技术创新，而是选择“贸工技”（贸易—生产—科研）的路线突围，不断逼近核心技术，发展壮大。

与联想相反的是金山。在20世纪90年代初，金山在中国IT界已经是大佬，旗下聚集了以雷军为首的一批软件人，创造了WPS Office、金山词霸、金山毒霸等优秀产品。

金山的愿景很简单，就是做世界一流的软件公司，这是所有金山人永远不变的梦想。但金山人一路走来感受到：这个梦想很美好，也很沉重。

金山的创始人雷军是一个有理想的软件人，专长是编程。他这样评价金山——“金山最大的不一样就是非常专业，我们非常喜欢写软件这件事情，是这种热爱和热忱使我们坚持了十多年做软件。”

金山曾经开发出 WPS Office，堪称中国软件业的一面旗帜。但是 WPS Office 生不逢时，微软 1992 年进入中国，为了普及和推广自己的技术，起初对盗版视而不见。当时的金山 WPS 风靡一时，几乎装备于中国的每一台电脑上，但随后受到盗版 Word 的冲击。1997 年，微软祭出价格利器，Word 97 的价格仅定在 97 元人民币，很快冲垮了金山 WPS 软件。

生存的现实压力就在眼前，是放弃 WPS Office，还是坚守梦想，金山走到了一个十字路口。

当时，年轻的雷军做出了一个大胆的决定——坚持 WPS，继续强力研发、升级软件，以图与微软抗衡，夺回失去的市场。为此，金山左冲右突，开发了词霸、毒霸、游戏三大业务。赚来的钱源源不断输入 WPS 团队，以支持雷军的软件梦，扛起中国软件业最后的一面红旗。

事后回顾，这一梦想使金山丧失了互联网机遇。1998 年腾讯创立，成为现在的互联网社交巨头；1999 年李彦宏创办百度，成为中文搜索巨头；1999 年末阿里巴巴成立，现在发展为中国最大的电商。当时的金山已经是一个知名 IT 公司，远远超过前三者。完全可以顺势进入互联网领域掘金，创造新的商业模式。但是雷军认为输给微软是暂时的，还可以赢回来，执意坚守软件战略，而放弃了互联网。

2007 年金山上市，雷军宣布退休，开始复盘反思。“我们坚持 WPS，但却错过了整个互联网。”雷军说，“当年把所有优秀的人才都派去做 WPS，所有以战养战赚来的钱全部用来养 WPS，背了一个巨大包袱在长征。”

“坚持做 WPS 让金山跟互联网擦肩而过，而金山后来所有的艰难痛苦，跟这个决定密不可分，包括后来金山杀毒软件面临 360 免费挑战时的困境。”

品牌指南

梦想也要落地。

MARCH 3月4日 冯氏票房神话不再的背后

品牌感悟

有一个管理学的段子，虽然简单，但很有意思。如何让猪上树？方案一：给猪美好的愿景，告诉他你就是猴子，简称画饼；方案二：把树砍倒，让猪趴在树上合影留念，简称山寨；方案三：告诉它如果上不去，晚上摆全猪宴，简称绩效。

品牌分析

在上面的三个管理选择中，通常经理人会选择第三种，员工选择第二种，而老板会选择第一种。在品牌管理中，第一种管理方法中的画饼，就是我们说的品牌愿景和蓝图。

成为一个令人尊敬的品牌的第一步，不是管理的问题，也不是商业模式的问题，而是品牌愿景的问题。

华谊兄弟的票房冠军导演冯小刚是一位优秀的电影导演，也是一位有梦想的导演。他与作家王朔一起推动了冯氏喜剧电影的到来。冯氏电影很简单，通过接地气的话语系统和叙述方式，非常直接地给观众带来了快乐。

冯氏喜剧电影第一次将电影艺术拉下神坛。冯小刚没上过大学，不是电影艺术科班出身。这使得他不像其他导演一样高高在上，千方百计体现艺术和品位；而是低头向下，关注大众的品位和兴奋点，所以冯氏喜剧电影很亲民，老百姓愿意看。

冯小刚总有一种心结，因为不是科班出身，被人称为“屌丝”导演。尽管票房口碑不错，但仍然不能与张艺谋、陈凯歌等“高富帅”导演同台而论。于是，他开始脱离群众转型大片，以证明自己。

《夜宴》是冯小刚的电影转折点。从平民路线到商业大片，冯小刚也玩了一次大制作，改编了一把莎士比亚名著《哈姆雷特》，从此名正言顺地跻身于中国大导演之列。但可惜的是，他离观众和市场越来越远。

2012年冯小刚导演的《1942》风光不再，由于投入成本较大，该片不仅未盈利，反而亏损，华谊兄弟因此片市值4天内下跌13个亿，与同档期的《泰囧》形成鲜明的对照。

更糟糕的是，冯小刚的心态已经发生了变化，对电影的感觉也从热爱转向受罪。他说，“拍了三个多月，每天风里土里，咬不完的牙着不完的急，渐渐度日如年。对电影的爱越来越淡，对这样的生活也开始感到厌恶，也许真的到了要和它说分手的时候了。”

冯小刚甚至在微博上表示：“想想还有近两个月才能收工，想想合约里还有四部影片要拍，怎么挨过去？拍电影如果没了企图心，就像没有欲望还要做爱，就剩受罪了。”

想想当年凭借贺岁片三部曲《甲方乙方》《没完没了》《大腕》红遍大江南北的那个冯小刚，镜头里有的都是鲜活的老百姓生活，鲜明的人物形象，这种“接地气”的影片带给了观众阵阵欢笑，同时也源自导演心中对电影的热爱。

再看看现在冯氏所谓的大片，失去了愿景和梦想的力量，有的只是单一的技术和庞大的场面，以及冰冷的台词和空洞的内容，观众无法透过银幕触摸到来自导演的梦想与心跳。这就是冯小刚票房神话不再的原因。

品牌指南

愿景，是品牌前进的原动力。

MARCH 3月8日 《快乐男声》并不“快乐”

品牌感悟

电影、电视产品是一种心理、情感产品，要与时代对接，走近观众的心窝子，挖出他们的苦与乐，而不是自谈自唱，与这个时代隔离。

品牌分析

2013年夏天，《中国好声音》与《快乐男声》两档火爆的娱乐电视节目互相PK，随着节目纵深发展，《快乐男声》处于下风。

于是,《快乐男声》决定邀请明星范冰冰加盟,希望大幅提高收视率。范冰冰曾经加盟《泰囧》,让"王宝强"代表亿万屌丝亲吻了女皇范冰冰,此举将影片推向最高潮,掀起讨论和围观风暴。范冰冰加盟《快乐男声》可以达到同样的效果吗?答案有点疑问!

2005年的《超级女声》曾红极一时,它开创的平民选秀节目模式在内地刮起一场风暴,引起了青少年群体的狂热追捧,掀起了娱乐民主的社会大讨论。

但是,近十年后,作为复制超女模式的《快乐男声》在今天遭遇了尴尬,娱乐影响力不断被分化、削减、衰退。以至于有网友评论说:"看了《快乐男声》,但我并不快乐,我很麻木。"

为何曾经红极一时的选秀节目今天不被观众关注?首先,今天偶像明星的塑造和接受机制已经发生变化。以前只要艺人形象好,包装一下,造一个概念,就能被大众广泛接受。现在人们和偶像明星的距离拉近,观众对偶像明星的期望越来越高。人们对偶像也不再是一种简单被动的接受、盲目的仰视和崇拜,花拳绣腿的视觉冲击和普通的唱功已经远远不够。

过去的十年是偶像明星失去的十年,偶像开始分散化、碎片化。在局部市场上有一些"偶像"明星,但是能燃起燎原大火的公众"偶像"明星已经不在。相反,由于社会和舆论环境的开放,只要你有惊人的专长,更特别,更有差异化。人人都是可以成为偶像,人人都可以有影响力。

很多"80后"的偶像是韩寒,"90后"小女生的偶像是郭敬明,甚至房地产界的任志强也成为一部分青少年屌丝的偶像,这些都不是电视台的人造偶像,而是靠作品和口碑积累起来的。

如果过去所谓的人造偶像的模式不变,那么未来将迎来偶像失去的又一个十年。《快乐男声》应该看到这一点,偶像牌的热潮已经一去不复返了,人造偶像的节目定位应该进行大刀阔斧式革新。

其次,我们不得不承认的是——社会心理背景和结构的大变迁,大多数人的感受是"我们进入了一个不快乐的时代"。如果说"60后"、"70后"算是一个带有理想色彩的群体,那么"80后"及部分"90后"则是一个"压力山大"的群体,高房价、高物价、高成本及贫富分化差距拉大,让他们遇到父辈们从未遇到的物质和心理压力。

这一群体诞生出许多细分受众，如屌丝、剩女、小三、蚁族，等等。这些细分受众并不需要人造的偶像，更需要情感的按摩，能与自己进行沟通交流的真实人物和故事。换句话说，他们太需要释放压力，转移现实的注意力，进入虚拟的情感世界，稍作休息，麻醉一下自我。

再来看看《快乐男声》的定位和基调，离这个社会时代的心理需求较远，离受众现实的心理情感较远，“压力山大”一代似乎并不太关注，所以收视率输给《中国好声音》也在情理之中。

品牌指南

情感品牌要走进受众的心灵，并与之对话。

MARCH 3月9日 让所有人都成为发动机

品牌感悟

优秀的企业家是火车发动机的复制者，他通过愿景的提出和传导，燃烧自己也点燃别人，让更多的部门和人才成为发动机，带动全体员工协同共振，朝着一个方向前进，这就是品牌的“动车理论”。

品牌分析

普通列车只有一组动力，即车头。动车除了车头，每节车厢都有动力，在车头的带领下，每节车厢形成强劲的合力，推进列车前行。这一原理可以运用于品牌管理中。

品牌愿景由企业领导者提出，然而并不意味着只是领导者的愿景，而是与品牌利益相关方（包括消费者、员工、股东、合作伙伴、政府、社会公众、媒体等）都紧密相联，需要领导者驱动公司上下发动愿景讨论、形成共识。

传统的观点认为企业家是列车的车头，是企业动力的总来源，但品牌动车理论告诉我们，光靠车头还不行，必须各节车厢都有动力，才能推动品牌持续前进。

所以，一个品牌愿景的构建要有很多步骤，包括愿景陈述，与员工和客户讨论愿景，修正愿景，重新讨论制订到最后的落实。而不是老板拍脑袋，一个人说了算。

顺驰是一家发展迅速的房地产公司。早期，顺驰创始人孙宏斌比较激进，为了快速发展，在天津开创了一种“现金—现金”模式的房地产开发模式。

这一模式的核心是利用较低的自有资金启动项目，快速投入土地开发，然后以销售回款来支撑项目的后期建设与城建配套等，再用获得的毛利作为新的自有资金来启动新项目，如此循环，极速滚动。

这一模式直接打破了房地产开发平均周期为18个月的规律，使得顺驰迅速成长为天津房地产一哥。2002年，顺驰销售规模仅不到10亿元，而2004年则已经接近百亿元。

但是，在发展过程中，顺驰一开始没有明确的品牌核心价值诉求，没有清晰的品牌愿景和使命，有的只是快速扩张、争取做全国房地产业老大的愿景。老板个人第一目标导向已经取代品牌价值观导向。在这个单一目标愿景体系下，公司所有发展战略和管理体系都围绕目标导向极速转动，弦绷得太紧。

快速扩张的顺驰用一年时间拿下了将近千万平方米的土地，其中仅需要支付的土地款就高达100亿元。高价拿地、快速扩张的代价是顺驰房价明显高于周边其他项目，管理成本也居高不下，产品净利润率明显低于行业平均水平。

2006年9月，已经拥有大量土地面积却没能熬过资金链危机的顺驰，以仅仅1亿元卖给了香港路劲基建集团，黯然收场。这在过去二十多年强劲的房地产增长周期中，创下了一个罕见的纪录。

2012年，孙宏斌卷土重来，吸取了教训的他，抛弃顺驰模式。他二次创业的融创中国跃居行业第十二位，谈及往事，他说：“现在融创没有特别的目标，我们是被推着走……发展的快慢已经不重要”，他表示“不会被同一块石头绊倒两次”。

品牌指南

快，不是真正的品牌愿景。

MARCH 3月10日 让消费者跟着你走

品牌感悟

把品牌体验上升到心灵体验的层次，是一个品牌的最高和最终归属。初级营销做产品，中级营销做品牌，高级营销做文化，超级营销做宗教。达到最高层次的商业性品牌属于顶尖品牌。

品牌分析

当代日本著名佛学大师阿部正雄在《禅与西方思想》一书中指出，心灵体验是人对最本质的生命问题的关注而产生的体验。在这一层次的品牌体验更多是一种哲学或宗教层面上的体验。

宗教性品牌是最高层次的品牌，商业性品牌可望而不可即。其特征是：神秘感、崇高感、敬畏感，与人的心灵体验直接相通。在他们面前，人会受到某种无形的统摄力作用，此时人体验更多的是真、善、美。

千年等一回，在商业领域中，乔布斯做到了这一点。果粉对于乔布斯和苹果的崇拜可以说达到了一种前所未有的宗教式的忠诚。这缘于乔布斯的信仰充满了神秘感，在生活、产品和研发中，都与佛教联系起来。

据说，在乔布斯两百多平方米的办公室里没有办公设备，在房间中间，仅剩打坐的坐垫。在重大产品决策前，他会让属下将相关产品设计一起放到垫子的周围，先闭目修禅静坐，然后最终决定选择哪种设计。

乔布斯一生参与设计了一百多项苹果专利产品，从Mac电脑到iPod、iPhone手机。他凭借非凡的直觉和创意，给客户创造了极致的体验，将苹果缔造为创新、艺术与时尚的宗教品牌。对果粉来说，乔布斯就是一个神。

乔布斯说："认同我价值的人，就是我的消费者，请跟着我走。"乔帮主用自己的价值观来领导消费者。在乔布斯时代，消费者不再是上帝，苹果的价值观才是上帝。以至于在做产品设计时，乔布斯说："靠用户调查来设计产品太难。很多时候，要等到你把产品摆在面前，用户才知道想要什么。"

除了苹果产品本身具有的极致体验，在品牌营销方面，苹果一直在培养粉丝宗教般的热情。苹果一个至高无上的企业文化是保密，乔布斯本人也一直秉持这种神秘的作风。保密文化也创造了产品的神秘性，使其极致的用户体验不至于因信息提前泄漏而衰减，这是苹果营销方式的重要一环。

当产品发布的那一刻，人们会期待着苹果带来的惊喜。正如乔布斯所言，不要活在别人的观念里，让消费者亲身去感受产品体验，最后消费者也确实得到了惊喜。

对果粉而言，与产品的神秘性相配合，苹果产品的品牌标志、色调、材质、造型、用户界面无一不具有宗教式的符号意义。这些都牢牢抓住了果粉的心，在苹果产品使用过程中形成了强烈的心灵膜拜。

不过，由于乔布斯的离去，苹果宗教式的品牌已经衰退。现在的苹果没有新的产品，没有新的体验，没有新的神秘，只能活在过去的辉煌之中。苹果宗教品牌已经一去不复返，而且未来很难再复制。

品牌指南

超越物质，达到产品的心灵膜拜。

MARCH 3月11日 “剩女”的品牌逻辑

品牌感悟

品牌价值体验是一个金字塔模型，最底层的是功能性价值，中间的层面是情感价值，最顶端的是价值观认同、心灵归宿。品牌价值层次越高，获得的品牌溢价就越大。品牌需要不断打造这一价值体验链。

品牌分析

品牌带给消费者的价值体验是一个完整的链条，从最基础的功能作用开始，经过品质保证、加工信息、简化决策、增强安全、带来愉悦、表达情感、表现成就、表现个性、展示价值观，甚至达到寄托精神和归宿心灵的最高目的。

在这一价值链条中，上一层的价值是下一层价值的升华，而品牌带给消费者的价值不断由低向高升级。保持与消费者良好的、持续的价值体验关系，是创建品牌的重要手段。

在2012年的广告招商中，江苏卫视的《非诚勿扰》以近20亿的广告招商额，超过了湖南卫视的《快乐大本营》，仅次于《新闻联播》和《焦点访谈》，一举成为中国当今最吸金的娱乐节目之一。《非诚勿扰》的成功之处是品牌价值定位准确，保持了与“新一代女性”这一特定观众密切的互动和交流。

看过非诚勿扰的观众会觉得，台上的女嘉宾个个能说会道，似乎不是来相亲的，而是来进行自我展现的。确实，《非诚勿扰》女嘉宾们绝非一般“女辈”，每一期女嘉宾都经过精心选择。她们的共同特征是独立，有着较高的学历和出众的容貌及谈吐。

与传统的中国贤妻良母的女性形象不同，她们对爱情、婚姻要求非常高，有着自己的追求，强调思想情感交流，我们称之为“新一代女性”。说穿了，“新一代女性”可能就是“剩女”一族，于是收视群体出现了。

随着经济发展，“剩女”现象越来越突出。中国的北京、上海、深圳和广州等大城市的“剩女”比例呈现趋势性上升，成为一种社会现象。如今的“剩女”与中国传统心理和价值观难以对接和融入。“剩女”在做什么？在想什么？她们的内心世界到底如何？他们如何看待世界和社会？这些本身就是非常火爆的话题，能吸引大家的关注和互动。

所以，观众收看《非诚勿扰》后，觉得与其他相亲节目不一样，议题非常火爆，交锋非常激烈。原因在于节目从一开始就弱化了功能性价值——相亲，而强化了情感性价值——价值观的互动、交流。换句话说，《非诚勿扰》是打着解决“剩女”相亲的幌子，提供了一个“剩女”互动、交流的平台。

事实上，《非诚勿扰》的相亲征友成为一个由头，新一代女性的情感交流和价值展示成为重点。《非诚勿扰》每周挑选这一群体的代表上台，通过与男嘉宾、主持人的互动，走进每个女性嘉宾的内心情感世界，与台下成千上万的“剩女”形成广泛而深刻的价值和情感互动。同时也打开了这一高收入群体背后的品牌商的钱包，这就是它的品牌商业逻辑。

品牌指南

超越功能性需求,满足受众情感价值需求。

MARCH 3月15日 自上而下的定位

品牌感悟

顾客对于品牌的认识过程与品牌塑造过程路径相反,品牌价值是顾客最后感知的。然而,在品牌塑造过程中,品牌的核心价值必须最先确立。

品牌分析

品牌的内涵包括三大层次,即价值承诺、识别差异和功能定位。一个品牌应体现出六个不同方面的特征,即价值、文化、个性、用户、利益和属性,从上至下呈现金字塔模型。

从顾客认知过程来看,这往往是一个自下而上的过程,顾客首先对品牌的属性、利益体验和功能定位有所了解,然后才意识到品牌在用户、文化、个性上的独特性,最后领悟到品牌的核心价值。例如,消费者是在感受到奔驰汽车的高性能之后,才认同它的市场定位,产生品牌文化和个性联想。

但是,品牌塑造是一个逆向的自上而下的过程。品牌决策层和经理人必须首先做出价值承诺,建立品牌价值观和文化,树立品牌个性,定位目标市场。在此基础上,最后设计品牌属性,提供功能利益。这是一个品牌核心价值统率品牌的塑造过程。

2012年,在中国白酒业遭遇塑化剂事件及公款消费受限背景下,茅台、五粮液等品牌受到了较大的冲击,习酒却逆势增长。这得益于习酒的君品价值观战略。

在中国传统文化中,“君子”是儒家所倡导的一种理想人格典型,是上千年来读书人人格的心灵归宿和情感寄托。儒家主张内圣外王之道,修炼自身品行,拥有多方面的知识与能力,还要不懈地去践履善行、造福社会和他人。

不过，在过去几十年中，由于社会转型与商业经济冲击，中国传统儒家的君子文化受到影响，君子价值观和文化越来越淡薄。社会不断呼唤中国传统优秀价值观和道德观的回归。

正是在这种背景下，在品牌战略上，习酒跳出白酒品牌的功能性定位套路，绕过口味、价格等因素，直接从情感和文化入手，进行价值观定位。提出了以“君品文化”为核心的品牌价值观和文化建设方案，尝试以君子品行来打动消费者。

“博闻强识而让，敦善行而不怠，谓之君子。”在君品价值观指领下，习酒对于企业、酿酒者、卖酒者和饮酒者提出了全新的“君品”规范和标准，统一以“君品”品牌统领企业经营管理和营销传播，选准定位，以较少的品牌营销传播投入获得了消费者价值观的认可，撬动市场快速增长。

可以说，习酒在中国白酒市场的转折时刻开了一个好头——放弃传统的粗放式发展，从文化和价值观角度来定位品牌，精耕品牌，倡导文化，培养消费群。

但是，打造一种品牌文化和价值观是一个长期的工程，提出理念后，必须坚定执行和落地。目前大多数消费者以为习酒仍然与政府采购关系紧密，以为习酒是一种官酒。看来，习酒品牌价值观的创建和维护依然任重道远。

品牌指南

自上而下，从价值观征服消费者。

MARCH 3月16日 复制与输出

品牌感悟

作为品牌管理者，要学会利用价值观的力量进行管理。价值观是柔性的，可以渗入制度管理所不能触及的角落。一个清晰的价值观和文化可以增强不同部门员工的凝聚力，激励员工不懈地为企业创造价值。

品牌分析

品牌管理者重要的职责是向利益相关方传递品牌的价值观念，为品牌注入强大的精神动力。柳传志时常说的一句话是:“联想是我的生命，我像热爱生命一样热爱联想。”这种热爱与执著使他不会因为蝇头小利而放弃自己的品牌价值观，这深深地影响了全体联想人，也形成“公司利益第一”的核心价值观。

创业以来，联想集团的组织结构做过几次重大调整，但一直没变的是联想的核心价值观和企业文化，并且努力做到落地而不是挂在墙上。联想在企业管理方面有一个非常有用的管理方法——“入模子”，新员工入职前要经过联想价值观和文化的培训，培训合格后才能正式入职，成为联想人。

在联想控股推进多元化的过程中，联想的价值观和企业文化主要来自于IT制造业，它能够适应多元投资控股公司吗？它是否适合投资、房地产、零售、农业等其他行业？很多人在联想多元化的时候都有这样一个疑问。

对此，联想经过调研论证，得出联想的核心价值观有其普适性，可以复制和输出。同时，联想控股也希望投资的企业不仅仅只有资产的关系纽带，更有共同的价值观作为纽带，这样的合作才会更紧密。

事实也证明，多元化发展过程中，在投资、房地产和农业领域，“事为先，人为重”的联想价值和文化被有效复制和输出，提高了控股子公司的管理水平和效率。即使带有强烈联想价值观和文化的联想团队进入陌生的私募投资等行业时，他们也仍然保留传统的联想价值观，并取得了较好的业绩。

在国际化进程中的价值观的输出上，联想也有教训。联想在并购IBM的PC部门后，2008—2009财年出现了巨额亏损。国际化整合困难，品牌的文化价值观的差异及隔阂是导致亏损的重要原因。

品牌价值观的冲突导致了并购后企业难以整合，内耗加大，执行力降低，对市场反应迟钝，甚至造成决策失误。最后，柳传志亲自出山担任联想集团董事长，主抓核心价值观的建设。首先，统一高层认识，确立大家都认可的企业核心价值观；其次，明确宣传贯彻核心价值观的方法，同时要与业务结合；最后，企业的领导人以身作则，坚决执行。

在强力的品牌价值观和文化的输出执行下，联想的国际化融合顺利推进，市场份额不断提高，最终成为全球第一大电脑公司。柳传志在总结联想国际化经验时，认为最宝贵的经验就是“文化价值观的输出”。

品牌指南

品牌价值观输出复制成功与否决定并购效果。

MARCH 3月17日 世上没有两粒相同的沙子

品牌感悟

独特的核心价值观定位是强有力的竞争手段。一个能够让消费者、员工、经销商和社会等利益相关方认可，并形成强烈认知的价值观可以迅速形成品牌差异化，激发消费者的购买欲，提升品牌的竞争力。

品牌分析

企业价值观分为四个层次：一是长远的、有差异的核心价值观；二是未来的目标价值观；三是无差异的、最低标准的基本价值观；四是自然形成的附属价值观。

在这一价值观体系中，独特性的核心价值观能够激励员工，使顾客享受独特的价值体验，产生情感共鸣，从而在同质化竞争中独树一帜。

正如世上没有两粒相同的沙子，虽然每个企业可能销售类似的产品，但其核心价值观并不相同。例如，沃尔玛的核心价值观是超越顾客的期望；迪斯尼的核心价值观是崇尚想象力和乐趣；宝洁公司的核心价值观是追求一流的产品；惠普公司的核心价值观是尊重员工；远东控股的核心价值观是爱的价值观以及“和与灵”。

企业的核心价值观有助于品牌为顾客提供情感性和自我表现的价值。同样是快餐，很长一段时间麦当劳属于美国儿童，肯德基则属于美国卡车司机；同样是可乐,可口可乐属于传统与经典,百事可乐则属于“新一代的选择”;同样是商超,家乐福让老百姓觉得平价,沃尔玛让主妇买得心安。每个强势品牌因为拥有自己独特的核心价值观,而提升了品牌的竞争优势。

同样是咖啡,究竟是星巴克咖啡好喝,还是雀巢咖啡好喝?这个问题并不难回答。星巴克咖啡和雀巢咖啡的核心价值观截然不同。如果说星巴克的目标消费群体是那些收入较高的城市白领、商务人士的话,那么雀巢咖啡则拥有大量的学生客户群,他们用雀巢咖啡来应对考试、工作的巨大压力。两种咖啡都成为世界品牌,但两种咖啡铸就了不同的品牌价值观。

星巴克咖啡的核心价值观是“为客人煮好每一杯咖啡”,消费者无论走到哪儿,都能品尝到熟悉的口感一致的星巴克咖啡。星巴克不仅是消费者的餐饮伙伴,也成为了他们的“第三个办公地点”。

雀巢咖啡的核心价值观则是“味道好极了”,方便大众,主打产品是快捷的速溶咖啡,进入超市百货。但雀巢咖啡的母公司进行了大规模的品牌延伸,进入牛奶、调味品、饮用水等领域,不一而足。这种扩展造成了雀巢咖啡核心价值观的弱化,竞争力稀释。

答案最终出来了。确实,从口味上看,大多数人无从比较星巴克咖啡和雀巢咖啡的口感优劣。但这两个品牌卖的绝对不仅仅是咖啡,从核心价值观的竞争力来看,由于星巴克咖啡胜过雀巢咖啡,因此大部分人认为星巴克咖啡更好喝。

品牌指南

产品再相似,品牌的灵魂一定要不同。

MARCH 3月18日 避免船桨划向不同的方向

品牌感悟

预见和解决品牌与利益相关方之间的矛盾是品牌管理者的职责。品牌就像一条划行中的船,如果船桨方向不一,船会被不同的方向牵引,最终无法到达任何一个地方，这需要品牌价值观来管理这些冲突。

品牌分析

各个品牌利益相关方都有自身强烈的价值需求，这些需求有时相互联系，有时也相互冲突。

员工的需求在于激励、奖酬和工作满意度；消费者的需求在于好的产品、服务及性价比；股东的需求在于业绩、市值，股票的上涨；同业竞争者的需求在于公平公正的竞争环境；社会和政府的需求在于就业、税收及和谐稳定的环境。

事实上，这些品牌的利益相关方的需求很难统一。比如说，当投资者要求企业扩大市场规模、快速赢利、推动股价上涨时，消费者却认为品牌需要精耕细作，必须质量为先，利润增长为辅。面对这样的品牌利益诉求格局，企业家有时也莫衷一是。

要成功地管理利益相关方的各种需求，品牌领导者需要借助强有力的品牌价值观来团结并联合他们，在所有的利益相关方之间达成一致的品牌承诺。换句话说，使品牌价值观成为各利益相关方的共同关注点和交汇点。

丰田汽车是一个品牌利益需求管理失败的案例。过去，丰田汽车创造了丰田精益管理模式，成本管理和质量管理非常严格，打造了日本制造的品质。进入21世纪以来，丰田公司快速扩张，成为全球汽车老大的欲望难以扼制。

自2003年丰田汽车的销量超过福特后，争夺全球销量老大就成为丰田的“战争”。这一仗打了五年才初见结果，2008年丰田的全球销量首次超过通用，以897万辆的销量成为全球销量冠军，并一直保持到2010年。丰田似乎是赢得了“战争”。

但是成为全球第一后，丰田开始付出代价。2010年，丰田汽车的“刹车门”在美国引起巨大轰动，进而引发丰田品牌的全球质量危机事件。丰田质量事件有多种原因，但根本原因在于丰田公司在追求全球销量第一的过程中，对于品牌利益相关方的诉求并没有进行有效的管理。

丰田汽车公司社长丰田章男反省说：“丰田历来奉行的优先原则是：第一，安全；第二，质量；第三，产量。但是我们逐渐混淆了优先的顺序，以至于无法像从前一样停下脚步，仔细思考，做出改进，甚至没能坚守传统，悉心聆听消费者的声音。”

一直以来，丰田对于销量第一、规模扩大的追求，以及投资者对于企业业绩高速增长的需求，盖过了消费者对丰田品牌的质量、安全需求。一旦产能不断扩大，规模无节制地扩张，质量管理和监控滞后于规模扩张，迟早会出现质量事件。这次质量事件后，丰田品牌的声誉遭受重大打击，股价也一跌再跌，得不偿失。

品牌指南

管理和平衡好品牌利益相关方的诉求。

MARCH 3月22日 万科的传承与挑战

品牌感悟

改变深植于消费者心智的价值观将会付出较大代价，品牌价值观执行时间长短与品牌资产的高低呈正相关关系。一个好的品牌、长久的品牌，价值观必定是持续聚集，而且长期一致。

品牌分析

巴菲特信奉价值投资理论，在他看来，人生就像滚雪球，最重要的是发现很湿的雪和很长的坡。

雪球定律同样适用于品牌管理，首先要找到一个广阔的市场，这里有很湿的雪和很长的坡，然后持续聚集品牌价值观，保证品牌朝着一个方向稳步前进，在不断积累中越滚越大。

常青品牌都在滚雪球。1937年，狄克·麦当劳与兄弟迈克·麦当劳在洛杉矶东部开了一家汽车餐厅。后来，克罗克找到麦当劳兄弟，成了全美唯一特许经营代理商。他开创了麦当劳QSCV核心价值理念，即Quality（质量），Service（服务），Cleanness（卫生），Value（价值）。时至今日，麦当劳的领导者已经换了多任，但这一价值观一直延续至今，品牌价值不断放大。

一直以来，王石时代的万科追求专业化和精细化，对品牌和质量的追求相当严苛。在王石看来，选择万科，就是选择一种生活方式和一种价值观。让建筑赞美生命，王石将对生命和生活的理解，融入整个万科管理体系及产品体系中。

2009 年 6 月 27 日，上海闵行区莲花河畔景苑楼盘高楼“脆生生”地倒下，在一片乱局中，万科挺身而出接管该楼盘，万科以强势的品牌价值观力量轻而易举地挽回了消费者信心。在当时看来，能有这种价值观力量的企业极为罕见。

万科追求管理规范和公开透明，强调拿地不行贿，因而万科的楼盘常在城市偏远地区。但是，万科通过过硬的质量、优秀的物业及品牌影响力，吸引了大批忠实的消费者。在王石时代，万科形成鲜明的品牌差异化特色，品牌认知度较高。

然而，在后王石时代，由于房价猛涨，房地产公司普遍采取激进的扩张战略，万科的规模面临被超越的境地。此时，在公司发展战略上，公司高层内部出现了分歧，王石认为质量比规模、速度更重要，万科要有做第二的准备。然而，一部分高管认为，房地产景气周期强劲，应该尽快拿地，实现规模进一步的扩张。

在万科高管新旧交替下，万科品牌出现了南辕北辙——万科的品牌价值观“让建筑赞美生命”没有变化，但是经营战略发生了悄然的变化。万科也步入“地王”、“天价”的同质化竞争态势，这导致了 2012 年以来万科一系列质量事件，如“安信地板事件”、深圳“纸板门”、“设计门”等事件，给万科品牌带来较恶劣的影响。

很多万科品牌的拥护者认为，质量事件纯属偶然，舆论在拿放大镜看万科。但是，偶然背后有必然。随着品牌价值观的移位，公司战略的偏移，万科虽然实现了规模的快速扩张，但付出了巨大的代价——无法控制产品的外包质量，品质和信誉下降，品牌美誉度和忠诚度下滑。这给万科品牌带来挑战。

品牌指南

品牌价值观需要持续集聚。

MARCH 3月23日 “狼性品牌”的悲哀

品牌感悟

现在很多品牌喜欢比“狼性”，言下之意要消灭对手，吃掉对方，外界称之为“狼性品牌”。随着经营环境和社会结构的变化，品牌不能再比“狼性”，还要比“人性”。

品牌分析

狼行天下，自华为始。20世纪90年代华为任正非提出了“狼性文化”，继而在中国企业流行。2012年，百度CEO李彦宏发给员工的公开信中指出，百度要“呼唤狼性，淘汰小资”。在李彦宏看来，“淘汰小资就是呼唤狼性，呼唤狼性就是要胡萝卜加大棒。要让所有员工更明确，如果想找一个稳定工作，不求有功但求无过地混日子，请现在就离开，否则我们这一艘大船就要被拖垮。”

为什么中国企业会如此推崇“狼性文化”？主要是因为它对内能提高战斗力和危机意识。狼是具有强烈攻击性的动物，以结成狼群的形式来应对生存挑战，为了达到目的不择手段且残酷无情。

在过去的野蛮生长年代，民营企业没有资源，面临生存危险，所以大打“狼性”牌。随着市场经济不断成熟，这种“狼性文化”和价值观是否值得提倡，有待商榷。

由于长时间强调“狼性文化”，这种“狼性”被深深地印在华为品牌的所有利益相关方的心智中，包括员工、客户、竞争对手和政府等。糟糕的是，不管华为如何进行品牌再定位，如何进行更广泛的营销传播，华为给利益相关方的品牌形象总是“土狼”、“消灭对手”、“员工自杀”、“心理极端”等负面词汇。

现在的华为已经很少再提“狼性”，转为强调“人性”，但是华为品牌也经历着前所未有的“狼性文化”后遗症的痛苦调整，可见“狼性品牌”对于华为的影响之大。

今天的品牌竞争，不能再做“狼性品牌”，而要做“人性品牌”，倡导以人为本的价值观。麦当劳看起来是一家不只为挣钱,而是“销售快乐”的餐厅。消费者从儿童到老人都能响应麦当劳的广告语“为快乐腾一点空间”。在这个快乐空间里,麦当劳员工的幸福感也不断提升。从科学的激励员工机制到对同性恋员工的尊重与宽容,快乐的价值观让这个品牌持续发展了近一个世纪,品牌价值不断提升。

远东控股集团的经营管理层认为,组织对于员工的激励,不仅有物质和薪水的激励,同时也要进行精神上的心灵对接,实行“人性”管理。

在远东,员工的心理资本比知识资本更重要。一个人生活乐观还是悲观、工作主动还是被动、学习积极还是消极,直接关系到他本人的生活质量和工作业绩,影响到所在团队及组织的竞争力和战斗力。

为此,远东引进专业心理咨询师,创办远东心灵驿站,关爱员工的心理健康,开展员工压力、情感、情绪及态度的管理,实现员工心理咨询和心理辅导的常态化,着力提升员工的幸福感。

品牌指南

摒弃“狼性”,培养“人性”。

MARCH 3月24日 企业幸福的“加减乘除”

品牌感悟

经济危机下,很多企业的幸福感降低了,很大的原因是价值观的问题。预期和现实不匹配,加上经济不确定性大大增加,觉得很郁闷。在这样一个不确定的时代,打造一个幸福品牌,保持一个好的经营心态很重要。

品牌分析

经济危机下,保持心态很重要。打造一个幸福品牌,就要会做幸福的“加减乘除法”。

“幸福”的“加”,是幸福企业的表现。“幸福分值”是企业每一个人幸福感之和的平均值,让企业内人人都感觉到幸福才能使整个企业的幸福指数提升。

企业的幸福感应该具备“兼济天下”的儒家思想,正所谓“己欲立而立人,己欲达而达人”。每个人的需求不同,幸福感也不同。企业家应该树立幸福的价值观,来提升企业幸福感。

“幸福”的“加”,表现在对于事业目标的追求上。联想的柳传志说:“在人生存的基本条件满足以后,不断设立新的追求目标,这个追求的过程和达到目标后的愉快,都会让我感到幸福。联想在1984年成立的时候,想设立一个自己品牌的电脑,但是离我们的目标逼近一步的时候,那真的是一种非常愉快的感觉。”

2012年是搜狐董事局主席张朝阳痛苦的一年,焦虑、孤独使他陷入抑郁,不得已离开董事会寻求心理的平衡。经过一年调整,张朝阳2013年再次重出江湖。

“以前我认为生活享乐太有意思了,我还想能不能什么时候退休算了,搜狐交给别人来打理,我就整天坐着大飞机,去巴黎喝咖啡。”

但是出关之后的张朝阳心态完全变了,“人心总要有个依处,工作是人生快乐的一部分,我现在面对工作是更淡定的状态。”

“幸福”的“减”,是提升企业幸福感的真理。少就是多,经济危机下,企业经营会遇到瓶颈,这时不如做减法。不再追求做更多的事,而是将精力放在一件事上。

万科原来是典型的多元化企业。1994年,万科进行了战略大调整,王石主动做减法,开始转型为以住宅楼为主的房地产开发公司。学会了减法,万科不赚其他领域的钱,只专注于住宅类房地产,反而赢得了十多年快速持续增长的幸福时光。

“幸福”的“乘”,是复制、传输幸福感。幸福企业的核心是企业文化。曾被中国主流媒体评为“中国最具幸福感的企业”的远东控股集团一直坚持“以人为本”的理念,注重员工激励机制的设置,关心员工的生活与发展,感染人、影响人、塑造人、成就人。

于是品牌通过人的乘数效应,将企业的幸福理念进一步传播出去,吸引了更多渴望幸福的人才进入远东,同时也打动了社会公众,提升了远东品牌的美誉度。

“幸福”的“除”,是一种归零心态。企业如人,一家幸福的企业和员工要具有一颗平常心和敬业心,保持良好平稳的心态。学会包容,学会舍得,我们无法改变这个充满不确定性的时代,却可以在不确定中保持专注的心态。危机一过,品牌会再次闪亮。

品牌指南

做好加减乘除法,幸福属于你我他。

定心，定位，定天下

消费者心智比产品更重要，得人心者得天下。

SUN日	MON一	TUE二	WED三	THU四	FRI五	SAT六
	1 愚人节	2 廿二	3 廿三	4 清明	5 廿五	6 廿六
7 廿七	8 廿八	9 廿九	10 三月	11 初二	12 初三	13 初四
14 初五	15 初六	16 初七	17 初八	18 初九	19 初十	20 谷雨
21 十二	22 十三	23 十四	24 十五	25 十六	26 十七	27 十八
28 十九	29 二十	30 廿一				

4

April

APRIL 4月1日 提供独特的品牌联想

品牌感悟

最有力的竞争是远离竞争，这也是竞争的最高境界。每一个成功品牌都可以根据自身的特点，为其目标消费者提供独特的联想和价值；与此相反，所有失败的品牌都难以做到这一点。

品牌分析

创建品牌的实质是建立品牌独特概念的联想，由此进入消费者心智，让消费者喜欢并忠诚于你。成功品牌和失败品牌的差别就是消费者对他们的联想度和辨识度的高低，前者能够提供独特、清晰、令人深刻的品牌联想。

独特的品牌联想和识别是品牌差异化战略的原点，品牌附加值的源泉。不夸张地说，独特的品牌联想是品牌的核心竞争力，品牌符号、品牌营销、品牌战略和品牌架构的形式都可以复制，但是唯有进入消费者心智的品牌联想难以复制，而成功的强势品牌做到了这一点。

中国品牌开始建立消费者的独特联想，对品牌和产品进行定位。比如格力电器，大家认为它是空调专家，生产的空调质量好、科技领先，当然价格也比较贵。这与其他中国家电品牌联想形成鲜明的对比——如廉价、质量差、没有核心的技术。格力空调是如何改变消费者对中国家电的认知和联想的呢？

在第一阶段，格力电器提出“好空调 格力造”，通过专业化、销售渠道的全面下沉，提升市场占有率。在这一阶段，竞争对手较弱，行业产品参差不齐，格力通过“好空调”这一简单的品牌定位进入广大消费者心中。

进入第二阶段，市场竞争激烈，竞品质量和品牌提升较快，“好空调”的品牌联想不足以让新消费者心动，也不足以支撑格力空调的领先战略。于是格力提出“掌握核心科技”概念，通过传播、营销和广告长期向消费者、员工、投资者、社会和政府等各个利益相关方灌输这一联想认知。

业内专家对格力的压缩机技术是否真正处于国际一流水平仍有争议，然而在消费者心智中,格力空调与核心科技紧紧联系在一起,他们认为格力空调掌握了核心科技。这个共识比什么都重要。

新大陆科技集团以前是一家高科技企业,在中国成百上千的高科技企业中,它没有什么特殊之处。经过品牌定位,新大陆成为中国物联网的领军企业,掌握了全球二维码核心技术,是罕见的真正掌握高新领域核心技术的中国企业,这一技术推动了O2O模式的到来。今天,这一品牌联想深深植入公众、客户、投资者和合作伙伴的心智之中。

红富士是一家传统的家纺服装企业,也是家纺超市大王,还是上海市的名牌,但在成本上升、电子商务的冲击下,红富士销售增长缓慢,利润率下滑。怎么办?传统竞争已经成为红海,如果继续走下去,很难看到改变。

红富士进行了大胆的品牌再定位,依靠自身在中国少有的印染、纺织一体化产业链,红富士提出生态安全家纺的品牌概念,一举实现品牌突围。

品牌指南

创造并保持独特的品牌联想,让消费者记住你。

APRIL 4月2日 没有差异化是对品牌最大的危害

品牌感悟

品牌想要强大,就要学会与众不同。差异化是品牌的第一属性,如果产品同质化,就不会有品牌的存在。所有的品牌都应以差异化为原点进行建设。未来的品牌不一定是大而强,更多的会是小而美。

品牌分析

差异化是使自己的产品有别于竞争对手的产品,从而创造竞争优势。差异化不仅是品牌的起点,而且是品牌战略的本质特征。通用电气公司前CEO杰克·韦尔奇说:“没有差异化是创建品牌最大的障碍。”

对于没有差异化的品牌,有一个形象的比喻,这就好像把乒乓球放在皮球上一样，当乒乓球没有自己的立足之地时，很快就会滑落下来。但是，如果你在刚开始时将乒乓球放在缝隙中，找到自己的定位，你或许就能拥有一个稳固的市场。

商家寻找的这个“缝隙”就是品牌的差异化。在同质化现象严重的品牌市场上，经验表明，消费者也许只能记住某一品类的7个品牌，这是杰克·特劳特提出的七定律。如何进入这TOP7？要建立品牌卖点的差异化、功效的差异化和销售服务的差异化，找到市场“缝隙”。

与家电类、3C类还有服装电商比较，目前生鲜类电商也开始兴起，如中粮我买网、顺丰优选、亚马逊海鲜频道、淘宝生态农业频道等具有一定的实力。相较于家电、3C电商来说，这类电商没有形成较大的规模，对传统生鲜店的影响并不大。根本的原因在于，大而全的生鲜电商多，而小而美的生鲜电商少，没有差异化，缺乏竞争力，难以吸引网上订单。

由于生鲜电商市场没有打开，所以它们的竞争对手不是其他的电商平台，而是社区本地化的超市、菜市场和社区店等实体店。与实体店相比，生鲜类电商在很多方面处于劣势，网上经营难度超出其他行业。

安全问题考验了生鲜电商供应链、冷链物流的管理能力。首先，必须要有安全优质的生鲜产品供应；其次，生鲜电商的冷链成本较高，要求较高的专业化能力。用户需要的是安全、快速、优质、平价的生鲜产品供应。加上生鲜采购者都是精明的家庭主妇，生鲜电商要想打动她们，需要一个口碑积累的过程。

所以，生鲜电商来需要在规模和安全两个方面作一个抉择。生鲜电商不能大而全，什么都做，如做水果的还要做海鲜，做海鲜的还要做红酒，最后消费者不知道电商的优势特长是什么，就会更加没有竞争力。

相反，如果小而美，突出差异化，反而会更有竞争力，同时服务质量更有保障。做水果的就不要做海鲜，做海鲜的就放弃红酒，收缩品类，精耕细作，小而美的品牌美誉度会越来越高，越来越强。在资源条件许可的情况下，再进入其他相关品类。

品牌指南

做出差异化，创造小而美。

APRIL 4月3日 “机海战术”淹没 HTC

品牌感悟

大小通吃的时代已经结束，产品越多，品牌竞争力越会被削弱。品牌需要集中优势资源打造一个强势系列产品，以此强调定位，营造口碑。如果面面俱到，什么都做，定位就会飘忽不定，消费者也就难以认知。

品牌分析

提到苹果，我们想到了 iPhone；提到三星，消费者会想到 GALAXY 系列，消费者认为它们是高端智能手机品牌；提到小米，消费者会认为它是屌丝手机，性价比高，实用，是年轻人喜欢的机型。

提到 HTC，消费者只知道他是一家智能手机公司，机型很多，并不知道有什么重点机型。这就是大品牌的通病，品牌似乎很大，但是没有相应的强势产品落地，大而不强。

这导致了 HTC 的定位模糊。它很高端吗？似乎如此，但比不过苹果和三星；它是中低端品牌吗？也不是，联想手机、小米手机比它更便宜。上不上，下不下，HTC 在这种尴尬的位置被国产手机和高端手机冲击得七零八落。

这就是 HTC 糟糕的品牌现状，典型的非强势品牌——没有强势产品，定位认知模糊。

事实也是如此，HTC 遇到了巨大的挑战。HTC 在 2003 年第一季度的净利润锐减了 98%，净利润降至历史最低点。根据 IDC 在 2013 年的第一季度数据显示，HTC 在全球智能手机市场的份额已经从 2011 年第三季度的 10.3% 下滑到了 4.2%。同期，苹果和三星的智能手机出货量增加了一倍多。

HTC 作为世界上生产第一台 Android 手机的厂商，美国市场上的畅销手机厂商,为什么衰退得如此之快?

表面原因是苹果、三星的切割,联想、华为等国产手机的冲击。更深层次的原因还在于它的品牌战略——机海战术的失败。

一直以来,HTC希望通过机海战术推出多种机型覆盖高中低端消费者,希望以多取胜,获得尽可能大的市场份额。如此一来,HTC没有强势机型,失去了自己的定位。虽然HTC的产品品类繁多,但始终找不出一款产品能够真正代表HTC的品牌定位。

HTC有价格不足千元的低端智能手机,也有价格高至四五千元的中高端手机,这样的产品分布让我们对这一品牌无所适从,增加了消费者的记忆成本和选择成本。

对比HTC的机海战术,苹果和三星的聚焦式精品战略更加有效。苹果和三星通过专注于一款或者一个系列的手机产品,提高了品牌的影响力,市场份额也不断扩大。面对苹果和三星极富竞争力的高端手机机型的聚集型冲击,HTC犹如散点式防守,一战即败。

2013年4月,HTC在美国发布了新旗舰产品HTC One,这款机型是其树立全球品牌形象的关键。目前看来,大家对于HTC One仍然知之甚少。

我们认为,HTC需要重新塑造其品牌定位和形象,彻底放弃原有的机海战术路线,以简单代替复杂,集中精力打造一款或一系列核心产品,通过高品质代替高数量,建立起强大的品牌形象。

品牌指南

集中优势资源,打造强势产品。

APRIL 4月7日 并购之难在于重建消费认知

品牌感悟

心智和联想比产品更加重要。在消费者心智中,外资品牌奶粉的联想是“安全”、“优质”,而国内奶粉品牌是“不安全”。由于心智的力量,导致无论现在国产奶粉的产品和质量与过去相比有多么大的不同，但就是卖得不好。

品牌分析

在品牌竞争中，品牌的产品、符号等在消费者脑海留下一个影子，这个神秘的影子是驱动消费者的购买与否的动力，我们称之为心智认知。品牌管理者所做的一切，都是在管理这个影子。如果这个影子消失或者变形，产品销售将会遇到大问题。

2013年6月，蒙牛发出公告，以每股3.5港元的价格向雅士利所有股东发出收购要约，这一并购交易最终涉及金额将超过110亿港元，创出了国内乳品企业并购的最高纪录。蒙牛此举是想借道进军国内奶粉市场，蒙牛会成功吗？

我们认为，难度较大，蒙牛此次并购前景面临挑战。因为，目前国内奶粉市场面临的不是产量问题，不是技术问题，不是单个公司的问题，而是消费者认知和信心问题。2008年三聚氰胺事件对中国奶粉市场进行了重构，国内品牌销售直线下滑，国外奶粉持续领先，中国婴幼儿奶粉市场前三名已经全部被国际品牌占据。

在此消彼长的过程中，国内品牌受到了较大的冲击。国内品牌在一家媒体发起了一项在线问卷调查，其中，有63%的参与者认为，“洋品牌乳品比国产乳品强”；67%的人表示“不愿意让孩子喝国产奶”，70%的人则认为洋奶粉涨价的底气在于“国产奶质量差不能选”。

不安全、质量有问题成为国内奶粉的代名词，这给消费者带来极大的负面影响，已经深深嵌入消费者的心智。尽管2013年新西兰巨头恒天然奶粉出现质量安全事件，引发了国际奶粉的品牌危机。但是，消费者不会因为外资奶粉出现问题，而选择相信国内奶粉。

考虑到蒙牛在2008年三聚氰胺事件影响，并购后，蒙牛将通过董事会进行管理，雅士利会独立运营。雅士利的生产和经营并不会因此受到影响，其生产销售团队将全部保留。蒙牛还将把自己的奶粉业务也转交给雅士利管理，由雅士利的平台来统一操作。

雅士利的独立运营体现了蒙牛的谨慎。并购解决了蒙牛的奶粉的产能和规模问题,市场占有率会上升,但是对于品牌的提升和改善,蒙牛的办法并不多。消费者不会认为,蒙牛并购了雅士利,国内奶粉不安全的口碑会出现改善,他们也不会因此去多买一些雅士利奶粉。

问题的关键是国内奶粉品牌糟糕的消费者心智认知。如果这一前提不能改变,再多的并购,再多的事件,再多的广告,都只能是治标。

蒙牛及其他国内乳业公司需要认清这一点,在奶粉品牌的心智之战中,他们处在同一个战壕,属于合作伙伴。他们的共同竞争对手是外资奶粉,而不是你我。要撕开外资奶粉的口子,必须通过多种方式改变消费者的认知。

重建消费者认知非常艰难,过程漫长,但是没有捷径。

品牌指南

心智比产品更重要。

APRIL 4月8日 占领消费者的心智

品牌感悟

每个品牌都在强调自己的差异化,但很多时候,差异化成为“同质化”。品牌的情感价值具有强大的感染力,能更容易区分其他品牌,拉近品牌与目标顾客之间的距离。品牌情感经营是征服消费者心智的“玫瑰”。

品牌分析

根据艾·里斯和杰克·特劳特的观点,定位就是要在预期顾客的心智中给品牌产品定位,不是对品牌产品采取什么行动,而是对预期顾客的心智采取行动,就是要将品牌产品定位在预期顾客的头脑之中。

如何占领消费者的心智?这需要清晰、极强个性的品牌联想。品牌联想和体验可以有效地使本产品与竞争对手区分开来,形成真正的影响力和销售力。宝马的品牌联想是“驾驶的乐趣”,奥迪在中国的品牌联想是“政府用车”,而奔驰的品牌联想是“成功人士”。

提起远东控股，大家会想到它是中国电缆业龙头老大，负责任，讲品质，这就是客户心中的“远东影子”。远东如何占领品牌相关利益方的心智？

远东打的是品牌的情感牌和责任牌。从企业规模来说，远东没有千亿级企业大，但是从企业文化和品牌特色来比较，远东的差异化迅速凸显出来：远东品牌是一个有诚信、讲感情、讲责任的品牌。

很多时候，大家总以为远东是一家千亿量级的企业。能把一个几百亿级别的品牌做到千亿级的品牌影响力，秘密就在于发挥了品牌的效应，聚集情感，掌握心智。

天下熙熙，皆为利来，追逐短期效益的品牌太多。因此反其道而行之，提升品牌的品格和品位，突出品牌的情感因素显得弥足珍贵，也成为品牌差异化定位的重要途径。

零点调查的研究结果显示，中国有一半消费者的消费是不具有品牌黏性的消费行为。原因是品牌铜臭味和炒作味太浓，导致消费者不信任，最后分散消费者心智认知。面对这样的心智环境，品牌情感价值尤其值得挖掘。

一直以来，远东是安置身障人士最多的中国民营企业，推行亲情文化，重视亲情、感情、友情和乡情，创造企业内部和外部和谐的环境，使员工愉快地工作着。

“一进远东门，永远一家人。”尊重员工，把员工当人看，是远东人本文化的重要体现。远东的员工跳槽率较低，这与员工融入远东企业文化密不可分。每逢节假日，远东都会组织开展形式各样的文体活动，让身在异乡的外来员工感受到大家庭的温暖，大大增强了员工的归属感和企业的凝聚力。

“一握远东手，永远是朋友”是远东打造和睦的客户关系的理念。员工幸福开心了，就能把远东品牌精神和文化传递给客户等利益相关方。在与客户的沟通交流中，员工们也牢牢把握住了品牌的情感因素，与客户进行友好的互动和交流。

同时，远东始终坚持履行社会责任，关爱身障人士这一弱势群体，回报社会，使远东品牌充满了情感和责任，使得客户信任远东，形成良好的黏性效应。

品牌指南

挖掘情感价值,占领客户心理高地。

APRIL 4月9日 找到缝隙

品牌感悟

每一个市场就像一个圆圈,当品牌开始进入市场的时候,眼前布满了圆圈。定位就是在圆圈中找到缝隙,并将自己扎到缝隙中。如果你找不到缝隙,与别人的圆圈重合。别人是个大圆圈,你是个小圈,你就会被吃进去。

品牌分析

品牌定位就是在市场中找到产品、品牌、传播的差异化。大卫·艾克认为:“品牌定位是品牌识别与价值主张的组成部分,旨在积极地同目标受众进行沟通,并展示本品牌相对于竞争品牌的优势所在。”

企业如何找到自己的准确定位?我们总结了一套缝隙定位理论——市场上到处都是别人的圆圈,但一定有缝隙。找到缝隙,一针见血,你就成功了。相反,重合在别人的圆圈里,就会被别人吃掉。

步步高连锁董事长王填是一位有着浓厚毛泽东情结的企业家。他仿照毛泽东的革命路线,给步步高连锁制定了“农村包围城市”的战略,这一旗帜一扛就是近20年。

1995年,步步高连锁超市从毛泽东的老家湘潭起步,逐步巩固周边的县、区,并向相邻的株洲、娄底等二三线城市发展,渐进式扩张。在1995年成立后的数年间,步步高始终坚持不“进攻”省会城市长沙,不碰大城市。

王填认为,第一,农村包围城市战略建立在低成本基础之上,城市市场固然好,但是各项成本高,而且会出现趋势性上升。步步高避开市场很大但经营成本很高、竞争更为激烈的市场,在中小城市寻求自己的发展空间,以实现曲线突围。

第二，在地、县等中小型城市，特别是县级城镇，原来的国有商业名存实亡，一大批宝贵的商业资源有待于重新开发。同时，中小城市原有的商业组织形式相对初级落后，商业业态极不发达。有市场、有资源，但是没有人去做，这是一个巨大的市场缝隙。

第三，抵御电商。近几年来，电子商务快速发展，改变了传统的零售格局，许多大城市的零售业态受到巨大的冲击。但是，步步高连锁避开大城市，立足于三四线城市市场，对网购形成天然壁垒。

"星星之火，可以燎原。"步步高连锁立足于中小城市，密集开店，"双核"多业态发展。目前，步步高连锁门店已遍及湖南、江西各地州市，并已战略性地进入四川、重庆、广西、贵州等省份。2008 年 6 月 19 日，步步高商业连锁在深圳证券交易所上市，成为"中国民营超市第一股"。

汽车企业长城汽车也经历了一个找准市场缝隙，精准定位的过程。1995 年，长城汽车发现，在国外流行的皮卡在国内并不受重视，竞争对手较少，国内生产的为数不多的皮卡由于价格较高难以形成气候。于是，长城汽车在 1996 年推出了自己的经济型皮卡，持续在这一缝隙市场精耕细作。

2002 年，家庭汽车市场升级，国内 SUV 产能紧张，价格居高不下，经济型 SUV 成为一个缝隙市场。于是长城顺势进入 SUV 领域，推出了赛弗 SUV，首开中国经济型 SUV 先河，打破外资 SUV 一股独大的局面，将 SUV 价格拉下。

品牌指南

找准缝隙，精耕细作。

APRIL 4 月 10 日 占据首席定位

品牌感悟

在品牌定位方面，无论是个人还是企业，要尽量找准竞争火力相对弱的地带，发现竞争盲区。品牌处于首席定位时才最安全，获得最大利益。

品牌分析

跑马圈地的时代基本结束,精细化的市场运作时代已经来临。任何一个强势品牌都不能涵盖其他所有品类产品。

既想坐在这把椅子上,又想坐在另一把椅子上,你就很有可能从两把椅子中间滑下去,因贪多求全而失败的品牌比比皆是。

品牌定位有个著名的"首席定位"理论——人们只会记得第一个登上太空的人,而不会记得第二个人是谁。品牌一旦占据领导性地位,便会产生聚焦作用和磁场效应,从而区隔其他同类品牌,凸显自身的品牌地位。所以,要想办法在自己的领域里成为第一的代名词。

品牌定位的关键在于找到第一,进行首席定位,比如第一事件、第一意见、第一位置等。有别于传统茶,碧生源推出产业化的"功能袋包茶",以"茶疗"定位开辟了独特品类。碧生源的产品并不多,主打产品是针对年轻女性的"减肥茶"和"常润茶"两大类。在首席定位推动下,市场销量快速增长。

中国民营企业的第一位首席品牌官——远东控股集团高级副总裁兼首席品牌官徐浩然本人在打造个人品牌的时候,也牢牢抓住了这个首席定位的法门:他是国内首位取得北京大学博士后学位的金话筒主持人,他创办了国内首家省属品牌学会——江苏省品牌学会,他担任了国内首个"企业品牌评价"国家标准的主要起草人,他还创办了国内第一个品牌管理的产、学、研基地……

2012年12月7日,在商务部和中国轻工联合会领导下,由中国轻工业信息中心、国际商报社联合主办的"中国轻工国际商务研讨会第六次会议"在北京召开。会议同期成立了中国首家品牌学习交流的平台——"中国品牌学习俱乐部"。中国品牌学习俱乐部是中国第一家以首席品牌官和品牌经理人为主体的学习型组织和品牌经理人社交平台。

中国品牌学习俱乐部发起创始人为魏建玲、刘晓午等,发起品牌成员单位包括中国银行、中国工商银行、汇丰银行、帅康集团、威立雅环境服务、中航工业投资公司、大自然家居、阿迪王、海星集团等著名品牌的首席品牌官和品牌经理人。

这一品牌学习机构由于独特的定位，一经成立，便引起业界的广泛关注和好评。目前中国品牌学习俱乐部的品牌会员已经全覆盖中国轻工百强成员，海尔、联想等一大批中国优秀品牌进入中国品牌学习俱乐部，该俱乐部已经成为中国品牌学习组织的著名机构。

品牌指南

发现竞争盲区，占据首席位置。

APRIL 4月11日 第一比做得更好更重要

品牌感悟

在发展较成熟的产业，创新至关重要，开创一个新品类比跟随一个原有品类的战略更有效。开创一个新品类意味着占领消费者第一认知。新品类是宝贵的资源，第一个占位新品类资源的品牌将会获得更大收益。

品牌分析

在常规思维中，大家有些过度强调产品思维，与竞争对手不断在技术和功能上进行赛跑。然而，当我们的竞争对手是索尼和三星彩电时，这种产品跟随思维让中国彩电企业始终被动处于中下端产业链，因为我们没有技术，没有品牌，只有价格优势，只能跟跑。

过去二十多年的中国电视品牌发展历程告诉我们，格局决定出路，选择比努力重要，第一比做得更好更重要。

今天，互联网行业快速发展，电视产业面临新的变革。传统电视正在步入寒冬期。新终端的发展，如平板电脑、智能手机对传统电视造成巨大的冲击，导致传统电视媒体的受众流失，开机率、广告份额等指标衰退。年轻、高端人群更加青睐网络视频，因为网络视频方便观看，而且可以分享互动。

例如，YouTube对传统电视形成了较大的分流。谷歌的执行董事长施密特说，YouTube的未来就是现在，互联网视频取代电视的趋势已经出现。一项数据显示，美国18～34岁人群观看YouTube的时间比收看有线电视的时间更长。电视意味着覆盖和单向，而YouTube意味着参与和互动，YouTube目前正专注于全球性覆盖和用户的参与。

艾·里斯在《品牌之源》指出，打造新品牌的最佳方法就是开创一个新品类。正如进化一样，新物种取代旧物种，促使人类社会进步。面对已有的传统电视媒体，所要考虑的应该是如何开创一种新媒介，在现有市场格局下实现品类分化。

在电视产业，开创一个新品类比跟随已有的品类战略更重要。电视的革命已经发生，互联网电视或者智能电视正在向传统电视发起进攻，并开创了一个新型电视品类。乐视电视的出现对传统电视行业是一次重要的品牌细分。

乐视打破了传统电视简单的"内容＋终端"传播模式，构建了一个"平台＋内容＋终端＋应用"的电视生态系统，为用户提供了一个更加丰富的使用方式，提升了用户体验。用户选择电视从被动的选择转为互动的选择；内容制作转为大数据分析支持的交互式；广告投放也在大数据分析下变得精准。这样的革新很容易增加用户的黏性，满足用户新需求，用户可以充分体会到新电视的趣味性、愉悦感及参与感。

在此基础上，TCL与爱奇艺也联合推出互联网电视，小米科技也推出了智能电视，分辨率达到1080P级别，联想正计划与夏普合作智能电视。

具有强烈互联网基因的乐视、爱奇艺和小米三个不同类型的实力企业纷纷杀入互联网电视，抢先占位互联网电视一品类值得借鉴。此举打破了二十多年来中国电视产业和品牌低端跟随者的认知，向以三星为代表的传统电视巨头品牌发出强有力的挑战。

品牌指南

创新占位比永远跟随重要。

APRIL 4月15日 搭建品牌架构

品牌感悟

品牌管理效率提升的关键是品牌战略和品牌架构。在单一产品格局下，品牌定位、战略、架构和管理围绕一个品牌开展，焦点集中。随着市场的变化，更多的产品品类产生，这时品牌战略与架构复杂起来，是进行品牌延伸，还是创建一个新的品牌？

品牌分析

企业的品牌战略和架构主要包括单品牌战略、多品牌战略、独立品牌战略和主副品牌战略等。

单品牌战略，是指企业的若干产品都使用同一个品牌。如宝马定位于“驾驶的乐趣”，追求操作性最好的汽车，旗下的全系列均挂着宝马这一品牌，这一品牌价值也深入人心。在全球品牌战略中，宝马坚定复制了这一品牌定位和联想，使得无论中国市场，还是美国市场的消费者都产生了同样的品牌联想。

多品牌战略，是指一个企业为满足更多的需求，在一个领域建立多个相互独立但又联系的品牌。

采用多品牌战略的最典型代表是宝洁，在同一类产品中，产出多个产品品牌，每个品牌都有自己独特的品牌定位和联想。消费者的需求复杂不同，多品牌战略通过对每一个品牌进行准确定位，从而有效地占领细分市场。宝洁在洗发水领域推出了三个品牌“海飞丝”、“飘柔”、“潘婷”，但定位并不一样，“海飞丝”是去屑，“飘柔”是顺滑，“潘婷”是营养。

独立品牌战略，是指在公司创建一个全新定位品牌的时候，为能区分母品牌和新品牌的差异，完全采用新的团队、体系和销售来创建一个新的独立品牌，而母公司品牌特意隐藏。主要原因在于新品牌与母品牌的品牌联想和定位完全不同，新品牌必须独立出来，才能更好创建和发展。

20世纪60年代，丰田公司用小型车撬开了美国汽车市场，但高档车皇冠销售不景气，丰田品牌因此背上了“廉价、低档车”的品牌形象。

为了打入美国高档车市场，1989 年丰田在美国推出了 LEXUS。为了不让丰田品牌与 LEXUS 品牌产生联想，丰田在美国建立了 LEXUS 独立的销售渠道、独立的专卖店，品牌标志中完全抹掉丰田的印记，一切都与丰田品牌截然不同，甚至长期不在日本本土销售。实施 LEXUS 独立品牌战略后，LEXUS 1999 年在美国的销量跟上奔驰、宝马，跻身于豪华车知名品牌阵营。

主副品牌战略，是指由于企业品牌是抽象的标志性品牌，很难通过标识性功能信息表达传播，但是企业新推出的相关产品品牌有传播需求，因此选择以标志品牌为主、标识性的功能品牌为辅的主副品牌战略来解决这一矛盾。副品牌产品可以利用主品牌的影响力，以较低的成本迅速切入市场，打开局面。

海尔是主副品牌应用的典型。一直以来，海尔的主品牌推广较为强势，“真诚到永远”深入人心。在此标志性品牌联想基础上，海尔推出了“小神童”、“帅王子”、“金王子”、“小超人”一系列副品牌，不管最后效果如何，海尔推动了中国主副品牌战略应用大潮。

品牌指南

科学合理的品牌战略和架构也是赚钱机器。

APRIL 4月16日 不是所有的酒都能叫“茅台”

品牌感悟

中国企业普遍热衷品牌延伸，但它是一把双刃剑，处理不当会存在风险。如果延伸缺乏联系，强势品牌延伸的失败可能性也很大。因而，延伸须谨慎。

品牌分析

在规模经济的刺激下，强势品牌在全国范围内跑马圈地，进行品牌扩张。品牌多元化延伸成为了品牌扩张的重要路径，其优势在于能够针对消费者的不同需求，推出多元化的独立产品，迅速进行市场卡位。

被消费者所熟知的茅台品牌，一直以来都锁定高端客户，定位于高档白酒市场。随着企业实力的不断壮大，茅台开始进行品牌扩张，实行品牌多元化战略，在固有的白酒产品之外推出了“茅台啤酒”。

茅台啤酒出厂价为6元，市场批发价为11元。在代理销售的模式下，经销商的层层加价，导致啤酒卖到消费者手中时已然成为天价。然而茅台啤酒毕竟不是茅台酒，失去了政府采购的支持，茅台啤酒无法与其他有特色的啤酒品牌竞争，最终悄无声迹。

含着金钥匙的“茅台啤酒”从诞生到衰落仅用了短短的10年时间，抛开其中的经营问题不说，其实败局从最初的品牌延伸就注定了。

“茅台”作为一个有历史文化的品牌，其背后是积淀深厚的中国酒文化。强势的“茅台”几乎等同于中国白酒，甚至有人把它定义为“国酒”。如果一定要把作为舶来品的啤酒嫁接到中国白酒代名词茅台身上，显然是品牌延伸的一厢情愿。

茅台啤酒的问题相较之前的茅台王子酒、茅台迎宾酒等茅台系列酒品牌延伸更为严重，茅台啤酒延伸的不仅仅是品牌，更是品类，相当于跨界延伸。

同样是茅台产品，我们来看看另一款汉酱酒。茅台借助可口可乐的战略规划思路——主品牌战略不变，其余系列都冠以可口可乐公司“荣誉出品”，这样既沿用了可口可乐的“品牌背书”模式，同时又可以赋予新品牌以新内涵、新形象。同时，万一出师不利，对原有的品牌平台所产生的破坏力降到最低，可进可退。

于是，吸取了以前的教训，汉酱酒抛开了茅台迎宾酒、茅台王子酒、茅台啤酒的品牌延伸思路，直接主打汉酱品牌。汉酱酒没有冠名“茅台”两字，没有分散“茅台”的高端影响力。借助“茅台”这个品牌平台的驱动，以“茅台出品”背书，创造了一条从“产品带动——平台驱动——品牌联动”的品牌链条，品牌逻辑较为清晰。

2012年底以来，由于三公消费受限，白酒产业受到了巨大的打击。茅台迎宾酒、茅台王子酒及汉酱酒大幅降价50%，但是市场仍然难以激活。

目前，市场需求正在面临结构性变化，民间消费并不认同以前的白酒价格及文化。茅台现在需要做的是，不要急于重新回到高增长轨道，而是细分市场，调整品牌，打好基础。如茅台系列酒还要逐步从品牌中剥离“茅台”两字，进一步强化和烘托主品牌诉求；同时聚焦专注高端酱香市场，打造国酒精品，慢慢等待市场的回暖。

品牌指南

盲目的品牌扩张犹如“乱弹打鸟”。

APRIL 4月17日 好声音盖过快男的秘诀

品牌感悟

定位决定未来，格局决定成败。品牌提供好的产品，满足消费者的功能性需求，这叫功能性定位。优秀的品牌不仅提供产品，很多时候，还会提供情感价值。与受者形成互动、交流和分享，这叫情感性定位，品牌影响力更高。

品牌分析

央视索福瑞数据显示，第二季《中国好声音》（简称“好声音”）播出第一场的收视率达到3.62，而同期播出的《快乐男声》（简称“快男”）收视率则为1.282。从网络数据来看，好声音微博讨论量超过快男。从第二季开播前两周来看，无论是收视率，还是商业价值，好声音似乎都盖过快男。

既然都是歌唱选秀节目，选手水平半斤八两；舞台效果，服装灯光，浙江卫视与湖南卫视也差不多；从营销传播来看，湖南卫视在网络营销互动上做了大量的工作，但为什么节目收视率和二次传播却处于劣势。这是中国电视娱乐综艺霸主湖南卫视——“芒果台”制作人员的困惑。

收视率和关注度高低的秘密在于节目定位。从表面上来看，好声音和快男都属于选秀节目，但是节目播出后，好声音引发的观众参与广度和讨论深度都超过快男。原因是选手不仅要唱得好，还要有话题、有故事，才有围观和讨论。

说穿了，《中国好声音》真正的定位是一档青春娱乐励志类节目，尽管它穿了一个“选秀”的马甲。这一定位属于情感价值定位，相对于单纯选秀这一功能定位来说，是一次大跳跃，形成无限的节目话题深度和广泛的参与宽度。

从乳腺癌患者姚贝娜，到心系幼女的41岁单身父亲，好声音的每一个歌手背后都有一个故事和一份情感。由于情感到位，选手们的歌声更能感动观众。令明星评委感动泪下，让观众们嘘叹不已。换句话说，观众就算忘记了歌名，也忘不了歌声背后感人的故事和歌者。

反观快男，属于单纯的选秀节目，没有脱离功能定位。快男已经举办过两届，但是始终火不了，吸金能力有限，节目定位和形态基本上沿袭了湖南卫视的《超级女声》。2005年《超级女声》已经播出近十年，在经历过了收视高峰后，观众对这种流程式的选秀节目已经出现审美疲劳——观众已经不满足于草根成明星，乌鸡变凤凰的结果。

由于选秀节目的大量出现，在一个漫长的赛季里，观众已经没有耐心记住那么多选手的名字，也没有耐心观看一次又一次的“PK”。对于观众而言，谁最终夺冠都不重要，谁的唱功好也并不重要。重要的是，能够吸引观众更深地了解和分享他们的性格、情感和故事，并且与家人、朋友互动，形成谈资。

曾经辉煌的《超级女声》现在给《快乐男声》套了一个超级枷锁。学我者生，似我者死，再怎么模仿也难以出彩。在选秀节目泛滥的今天，观众要求功能性定位升级为情感性定位。但是，“芒果台”的快男没有做到这一点，而好声音做到了，这是决定收视率的关键。

品牌指南

唱出歌声，要唱得响亮，更要唱出故事和话题。

APRIL 4月18日 模糊焦点

品牌感悟

销售经验告诉我们，吸引、开发一个新客户的成本是维持一个老客户的4倍以上。品牌管理者应时刻牢记，在品牌延伸获得新顾客的同时，必将面临着原有忠实老客户的流失风险。

品牌分析

单品牌延伸扩张存在着一定的风险性。相对于投资成本较高的多品牌扩张而言,单品牌扩张尽管投资成本较低,但是品牌风险更大。共享同一品牌的各产品之间容易引发内耗,产生“模糊焦点”或者“跷跷板效应”。

在单品牌扩张当中,公司期望在某一点上实现跷跷板平衡,使两种产品的平均收益大于其中任何一种产品的收益。但实际上,这种平衡的局面往往会付出代价。

在美国市场上,Heinz 原本是最大的腌菜品牌。后来,公司将 Heinz 这一品牌扩展到番茄酱上,并且做得十分成功,使 Heinz 成为番茄酱品牌的第一名。不过,随后“跷跷板效应”出现了,Heinz 失去了在腌菜市场的头把交椅,被 Vlasic 取代了。

七匹狼是什么?他好像是男装吧,主打休闲?是的,但曾经是。消费者以前所熟悉的七匹狼,是齐秦略带沧桑和粗犷的男人味,一匹来自北方的狼。

也就是说,七匹狼品牌定位于具有奋斗精神的成熟中青年男士群体。他们经历过很多奋斗曲折,希望穿着形象能表达一种成熟男人的生活方式和价值观。七匹狼品牌的坚挺、深沉形象一度成为这一群体的重要选择。

但是,现在七匹狼并没有把成熟男人的定位进行到最后。由于商业扩张冲动,七匹狼进行了一系列品牌授权,将品牌延伸到女装、童装、运动装、牛仔装等领域。这些延伸形式多样,千奇百怪,包括水平延伸、上下延伸、跨界延伸,甚至延伸到香烟。

无论是哪种品牌延伸,都要对七匹郎品牌对应的品牌内涵和联想进行稀释,意味着品牌定位的模糊和品牌形象的弱化。

事实上,进行单品牌延伸后,七匹狼业绩一直不断下滑。2012 年,七匹狼营业额 34.77 亿元,增速较上一年下滑 13 个百分点。进入 2013 年第一季度,经营压力更大,第一季度收入同比仅增长 0.5%。2013 年 7 月份的公司股价从最高点腰斩后,再次腰斩。

为应对危机，从2012年8月开始，七匹狼实施品牌升级战略，定位于“品格男装”，广告语也升级为“男人不只一面，品格始终如一”。

为此，七匹狼调整了形象代言人，除了保留代表成熟男人坚毅、责任、稳重的硬汉孙红雷、张涵予两位代言人之外，还增加了相对年轻的代言人冯绍峰和李晨。“少爷”专业户冯绍峰代表了气质儒雅的“高富帅”，而李晨代表了奋斗男，新增的两位代言人直接拉低了品牌的消费年龄。

七匹狼品牌升级意图很明显，主要是针对休闲商务男装群体的变化，从40岁的成熟男人扩展到30岁上下的青年，消费群体从“60后”、“70后”向“80后”过渡，贴近于年轻一代。

但是，在品牌过度延伸的背景下，这种品牌升级战略的效果可能不会很明显。七匹狼首先要做的是，收回各领域的品牌授权，聚集专注于“品格男装”。

品牌指南

平衡品牌资源，避免焦点模糊。

APRIL 4月22日 娃哈哈的试错

品牌感悟

隔行如隔山，跨界的品牌延伸并不明智，除非对手弱不禁风。由于跨界，产品的功能和品牌联想完全不一样，因而品牌推广、渠道销售和组织结构的体系也应该严格独立区分，自成体系。

品牌分析

在中国富豪榜中，娃哈哈创始人宗庆后一直是座上客。娃哈哈一不做房地产，二不做投资，专注于饮料的产品和营销，靠实业和品牌致富。他事无巨细，堪称富豪中的苦行僧。

娃哈哈应该算是中国饮料的产品之王，宗庆后有着自己的一套产品营销模式，就是依靠自己的强大联销体系，找准市场、快速跟进、不断推出追随型新品的产品战略，甚至通过不断试错的方式引爆一个畅销品。

娃哈哈的产品帝国庞大——产品分为八大类，一百多个品种。在饮料大类中，还分为碳酸、含乳、茶饮、果汁、果乳、植物、功能、风味、医药保健等十多个小类，同时每个小类又派生出不同口味的产品。

比如娃哈哈茶饮料下面，包括茉莉绿茶、茉莉蜜茶、龙井绿茶和低糖绿茶等，可谓是一网打尽，大小通吃。把娃哈哈茶饮料与可口可乐、康师傅等茶饮料摆在一起，消费者难以分辨其区别，业界诟病其什么都做，差异化不够。但是，宗庆后认为这样可以重重筑墙，阻击对手。

在不断推出新品的过程中，娃哈哈在每一个阶段都会爆出一款“叫卖”的产品，如最开始的娃哈哈儿童营养液，掘得第一桶金；随后是娃哈哈 AD 钙奶，娃哈哈八宝粥，销量一直不错；最后推出了娃哈哈营养快线，单品销售达到百亿元级的规模。

宗庆后当时接受媒体采访时，对营销有一个解释：“你几乎不知道中国市场这口‘井’有多深。你只要有一个好的产品，加上一套有效的营销方法，你就会成为最受欢迎的人。”

因而，宗庆后这样为娃哈哈设定产品方向，一是食品、保健品、药品；二是做所有的儿童产品。但宗庆后不是神仙，新品不会次次成畅销品，如果遇到跨界，甚至会出现失败。在同品类强势单品牌延伸成功后，2002 年 8 月，娃哈哈又进行了一次大胆的品牌延伸。不过，这次延伸不是以往的同品类延伸，而是从饮料转向服装的跨界延伸。

娃哈哈当时认为，儿童服装群体与原有儿童饮料群类似，同时娃哈哈在饮料业深耕多年，建设了独一无二的渠道通路系统，希望通过食品渠道通路，借力发力，将童装专卖店全面推广到全国。

然而，由于隔行如隔山，有的经销商甚至一手卖饮料，一手卖童装。不仅在人力资源、组织架构和专业技巧上有所欠缺，更为重要的是，饮料与服装品牌的联想在消费者心中产生冲突。

娃哈哈原来预计年销售额很快能达到 10 亿元，并借势进入休闲装、男装和女装领域，但是十多年过去了，至今童装的销售额才2亿多元，又交了一次品牌延伸的“试错”学费。

品牌指南

隔行如隔山，跨界需谨慎。

APRIL 4月23日 定位不是万能的

品牌感悟

专业品牌定位人士一直强调单品牌延伸的风险，但十几年来，中国企业又特别喜欢单品牌延伸，而且还有部分品牌延伸后实现规模和利润双扩张。存在的就是合理的，这说明中国品牌延伸与西方品牌延伸有较大的差异性。

品牌分析

在西方品牌界，对于单品牌延伸多较为谨慎，在中国则相反。联想集团在国际化之前涉足了诸多领域，电脑、手机、咨询，甚至向IT服务商转型。在并购IBM的PC业务成为国际化公司后，投资机构和外方董事从品牌定位理论出发，一直要求联想砍掉手机业务，专注于PC。

在诸多压力下，联想集团准备出售手机业务。但是柳传志很心疼，他当时认为手机未来还很有前景，所以在2008年1月让联想控股的下属企业弘毅投资收购了联想手机业务。

2012年1月，时过四年，由于智能手机市场打开，联想集团又从联想控股手中回购了联想手机业务。现在看来，柳传志的决策较为前瞻，奠定了2013年联想集团的PC+战略的基础。

联想一直是B2C企业，在消费者市场具有丰富的经验和良好的品牌形象。而PC和手机都是互联网时代下的重要终端，两者具有相似性和共通性。

同时，国际化后的联想获得奥运会全球顶级赞助商资格，同美国全美橄榄球联盟(NFL)及国际马拉松展开合作，还邀请小罗纳尔多出任联想笔记本代言人等，联想的国际知名度不断上升，这一品牌资源可以强势延伸到手机上。

所以，品牌定位理论也是“因企而异”。需要考虑到企业和市场实际情况，一些中国企业并没遵守品牌定位，根据市场也打出了自己的特有的品牌模式，如娃哈哈。

1989 年，“娃哈哈”品牌诞生。娃哈哈的创始人宗庆后在当时发展迅速的营养液市场上发现了一个新市场——儿童市场，于是开发出以“喝了娃哈哈，吃饭就是香”为诉求的儿童营养液产品，一炮打响，随后展开了强势的品牌延伸。

1992 年，娃哈哈推出儿童饮品的第二个产品——果奶。1995 年，娃哈哈决定进入成人饮料市场，并决定延用“娃哈哈”品牌生产纯净水，这一品牌决策受到了一边倒的非议。

惊奇的是，在营销传播上，娃哈哈纯净水淡化了原先的儿童概念，突出了“我的眼里只有你”、“爱你等于爱自己”等宣扬年轻、活力、纯净的时尚感觉，将品牌年龄层次提升，依托此次延伸，娃哈哈的消费者层次完成了一次跨越，一举打造了娃哈哈帝国。

在饮料行业品类中，娃哈哈的一些品牌延伸在西方品牌学者来说不可思议，但是成功了。这表明单品牌扩张一定程度上适应了中国当时的市场环境。20 世纪 90 年代的中国，产能不足，市场空白大，竞争对手较弱，一旦单品牌较为强势，迅速通过延伸切入其他品类市场，通过强大的品牌和渠道发力，可以获得市场成功。

品牌指南

根据实际情况，确定品牌延伸战略。

APRIL 4月24日 诺基亚为何“下嫁”微软

品牌感悟

企业战略的核心是品牌战略。品牌战略决定企业在竞争格局中的位置，将自己的品牌与竞争品牌区隔开来。对于大型品牌而言，战术可以犯错，但是战略一定不能犯错。

品牌分析

全面品牌管理理论认为，随着互联网的普及，品牌战略的重要性不断上升。为了跟上消费者需求的变化，品牌战略管理已经上升为整个企业管理的主线，决定了企业发展方向和主要产品创新路线。

能否合理配置企业的资源，不断推进产品和服务创新，以适应市场环境，满足消费者日益变化的需求，是衡量品牌战略成功与否的重要标准。

战略错误常常难有机会改正。企业管理活动应围绕企业品牌战略这一核心，如果品牌战略不正确，其他管理活动再好也失去了意义。对于大型品牌而言，战略尤为重要，大型品牌组织管理层级较多，决策较慢，反馈系统迟缓，一旦战略偏移，任何力量也无法扭转其航向，只会偏离航道，离目标越来越远。

2013年9月3日，微软公司宣布，将以约72亿美元的现金，收购诺基亚的手机业务和大量专利组合。超过百年历史的诺基亚手机就这样委屈“下嫁”微软，令人感叹。

这些年，诺基亚一直增长乏力。诺基亚2012年第一季度财报显示，诺基亚第一季度的营业收入为97亿美元，同比下降了约29%，亏损缺口为17亿美元，这是诺基亚自2011年以来连续四个季度财报出现亏损。

诺基亚智能手机的亏损更加严重，就中国市场而言，销售额骤降70%。相比2007年高峰时期，诺基亚市值已暴跌87%，并且被台湾地区的HTC超越。

许多中国消费者的第一部手机是诺基亚品牌，诺基亚的品牌美誉度也较高。他体现一种欧洲制造的品质，专注而且近乎执著。为什么江河日下呢？原因在于品牌定位和战略的错误。

众所周知，诺基亚的滑铁卢是智能手机市场。但很少有人知道，作为拥有近150年历史的诺基亚一直是行业创新领导者，诺基亚1996年就推出了智能手机的概念机，比苹果的iPhone早了10年以上；诺基亚更是在2007年率先在全球推出行动网路品牌OVI，比苹果的App Store早了1年。

这些技术创新没有影响到诺基亚的整体品牌战略。诺基亚高管没有到一线去调研消费者的体验和意见,他们把目光盯在过去功能机的业绩和强大的品牌上。诺基亚坚信,外界环境变化得没有大家想象得那么大。

正是因为诺基亚的传统基因过于强大,只看到自身的2G功能手机市场份额高高在上,忽视了3G智能手机品牌战略。诺基亚董事长约玛·奥利拉当时还表示,诺基亚不需要新战略,当前的战略依然有效。诺基亚CEO埃洛普曾自豪地宣称,诺基亚的运营商关系是全球最铁的,其零售统治地位首屈一指,这些都是真正的竞争优势。

然而,3G时代的到来超出了所有人的预期。在智能手机的比赛中,诺基亚的战略一再犯错,从最开始的不够重视,到不肯放下身段使用安卓系统,坚决使用自己的塞班系统。最后,诺基亚不得已与微软合作,最终巨人诺基亚被微软收入囊中。

品牌指南

对于大型品牌而言,战略失误等同于灾难。

不是官的首席品牌官

专业意味价值，打破组织的边界，发挥品牌系统的效率。

>>> >>> >>> >>> >>>

SUN日	MON一	TUE二	WED三	THU四	FRI五	SAT六
			1 劳动节	2 廿三	3 廿四	4 青年节
5 立夏	6 廿七	7 廿八	8 廿九	9 三十	10 四月	11 初二
12 初三	13 初四	14 初五	15 初六	16 初七	17 初八	18 初九
19 初十	20 十一	21 小满	22 十三	23 十四	24 十五	25 十六
26 十七	27 十八	28 十九	29 二十	30 廿一	31 廿二	

5

May

MAY 5月1日 你会选择哪种品牌组织?

品牌感悟

仅仅有正确的品牌战略与规划还远远不够。再好的品牌战略与规划也只是一种蓝图和路径,更为关键的是让它在组织中被认同,并有效落地执行。这有赖于建立新型的品牌管理组织,它是现代品牌管理的第一步。

品牌分析

对于企业品牌管理主体,目前国内有两种极端认识:一是创建品牌应该依靠专业品牌公司和咨询服务公司,只要花钱投入,就能够打造出强势品牌;二是品牌资产很虚,投入大,回报少,花钱太多,所以没有必要建立品牌管理组织,品牌部门的员工越少越好。

全面品牌管理理论认为,品牌存在于全利益链条、全企业员工、全过程管理环节之上,需要把品牌内涵、定位、战略和文化贯彻于企业经营管理的每一个环节之中,并使任何环节都能对品牌提升有所帮助。

要实现这个全过程品牌管理,企业应该在内部建立强势的品牌管理组织,提高品牌人员的品牌战略和策划能力。这样才能合理有效地与外界各品牌咨询机构实现对接,内外合力,持续提升品牌系统效率和品牌价值。

但目前中国企业的实际情况是,企业家和管理层普遍轻视在企业内部建立强势的品牌管理组织,也不屑于培训内部员工的专业品牌管理能力。我们多次听到销售额几百亿的大企业的品牌经理抱怨,品牌部门不被企业高层重视,预算不断减少,人员也不断流失。如果没有一个专业化、强势的品牌管理组织,品牌战略、品牌运营和品牌营销的效果都将会打折扣。

中国第一本全面品牌管理的拓荒之作——由徐浩然和张锐合著的《品牌远东——理念与工具》沿着品牌管理实践的发展历史和趋势,把品牌管理组织的演进过程大致划分为三个阶段七种模式:一是以品牌业主负责制、品牌职能负责制和产品品牌经理制等模式为主的传统品牌管理组织阶段;二是以类别品牌经理制、品牌管理委员会制和企业品牌经理制等模式为代表的现代品牌管理组织阶段;三是以全面品牌管理思想为代表的当代品牌管理组织阶段。

在这一演进过程中,呈现出如下特点:一是逐渐从品牌的经验管理转向品牌的艺术管理和科学管理;二是从最开始的极端集权制转向极端分权制,随后结合环境变化开始在集权和分权之间寻求一种相对平衡的制度模式;三是从最开始的产品(宣传)驱动型品牌管理转向客户(利益相关方)驱动型品牌管理,如品牌管理委员会制、企业品牌经理制等,最后转向全面品牌管理;四是关注焦点从最初的产品或企业品牌的管理转向品类或集团品牌的管理。

由于中国市场和中国企业存在较大的差异性,各种品牌管理组织模式之间关系非常紧密,并非简单的替代淘汰关系,而是共生发展关系。也就是说,多种品牌管理模式共同存在于中国市场,中国企业应该根据实际情况选择适合自己的品牌管理组织模式,这是中国品牌管理的一大特色。

品牌指南

建立品牌管理组织,提升品牌价值。

MAY 5月2日 品牌决策,老板说了算

品牌感悟

很多中小企业的品牌战略和决策,基本上都是老板说了算,专业术语为品牌业主负责制。老板的精神和文化对品牌的影响非常直接。如果老板是专家,那么品牌决策效率会非常高;如果老板是“门外汉”,就会放大品牌决策风险。

品牌分析

品牌业主负责制是指品牌决策和战略活动主要由企业主、创业家或者公司高层负责承担,具体的执行活动下放或者外包,这是一种相对集权的品牌管理组织模式。

在20世纪20年代,品牌业主负责制是西方企业的主流品牌管理组织,亨

氏(H. J. Heinz)为了创立Heinz品牌,将很多时间花在产品重大传播促销的决策上;宝洁公司的原总裁普罗克特推出象牙(Ivory)肥皂时,花费大量的时间和精力,与公司高层讨论产品品牌定位和推广。

在中国,品牌业主负责制仍然拥有市场,最典型的莫过于史玉柱。史玉柱是中国企业界少有的品牌营销型实战家。产品和品牌的定位、战略和策划,他都亲身参与,其个人的品牌营销理念直接影响企业品牌的战略和推广。

史玉柱的品牌营销工具和方法虽然颇为老套,但却非常实用——就是站在消费者的角度,亲身体验,不断实践。经历第一次创业失败后,史玉柱准备东山再起,决定推出脑白金。史玉柱回忆,“我一直跟公司内部的人强调,最好的策划导师就是消费者。不仅送礼这个概念是和老太太聊出来的,整个营销过程都离不开消费者。”

在《史玉柱自述》中,史玉柱回忆亲自到农村市场调查,在和农村老人的闲聊中找到了“老人希望健康,但不好意思跟孩子们要保健品”的苦衷,于是想到了消费者送礼的定位,打出了著名的“收礼只收脑白金”的广告语。

“我每出一个广告语,每拍好一个广告,比如像老头老太太那个电视广告,就把全国分公司经理、总部的骨干全部召集到一起看。最后上不上我有否决权,但是我没有同意权。五六十个人投票,只有三分之二都举手了,说好了,才能播。”

史玉柱的公司内部有规定,所有广告部的人、所有搞策划的人,每周必须要访谈50个消费者;要求全国各地的分公司经理、总部的部门负责人,每个月都要访谈30个消费者。而且,他还会做检查。

不仅如此,史玉柱强调,消费者访谈要确保记录真实。“这里面肯定有编的,中国人编剧能力还是挺强。然后我抽查,每个月来的时候我会抽查3~5个。因为我很了解消费者,谁真的谁假的我能看出来。”

在进军网络游戏后,史玉柱的营销更土,更接地气。他索性把自己当成第一个消费者,每天打游戏15小时,常常彻夜不眠。他往往在晚上5点才到公司,第一件事就是和游戏开发人员开会讨论交流前一夜鏖战之后的感受,随时解决游戏过程中遇到的问题。

看来，希望品牌集权的企业家应该向史玉柱学习贴近地气的品牌实战，这样才能高效发挥品牌业主制的效率。

品牌指南

品牌集权需要强势专业的品牌老板。

MAY 5月3日 打破组织的边界

品牌感悟

在以消费者体验为中心的市场中，品牌体验和认知是企业经营的主导，而非仅仅是产品战略下的一个组成部分。这挑战了传统的品牌职能组织模式，未来品牌组织将是企业的核心部门，驱动产品创新和销售。

品牌分析

在品牌业主负责制基础之上，20世纪20年代以后，随着企业不断发展，品牌职能负责诞生了，即品牌管理的决策和职责不由老板说了算，而由多个部门分别承担。

现在，许多公司采用了这一品牌管理组织模式，使得企业主脱离较细的产品和品牌事项，转而考虑更为全面的企业整体发展战略。

我们调研一些大中型企业发现，中国的品牌职能制具有较大的弊端。一是力量较小。品牌职能管理制下，专职的品牌部规模小，员工少，影响品牌战略的协调推进。

二是缺少大局。各个职能部门从本部门利益着眼制订计划，往往不能对企业品牌和产品品牌全面理解，品牌整体优化被忽略。

三是有堵墙。品牌管理由许多部门来分别承担完成，品牌管理效率的高低受各部门的合作影响。由于各个职能部门是平行关系，各部门横向之间竖起了厚厚的墙。一旦遇到矛盾，难以形成共识，影响品牌和产品战略落地。

A公司是中国一家著名公司，属于行业龙头公司，总公司下面有股份公司和集团公司。股份公司是赢利大户，因而公司的财力、人力等资源向股份公司倾斜。集团公司是未来公司整体发展的战略重心，一些品牌和产品处于试验期，前景看好。

在试验期内，集团公司的产品和品牌得到高层的高度重视，要求全公司对这些产品和品牌进行支持。但是，目前总公司的组织架构是品牌职能管理制，品牌部的编制仅有两人，许多品牌职能分散于其他各个平行部门，其他部门都有自己的一摊子事，大家都不愿意花自己部门的预算和资源去管公司长远整体的品牌战略。因而，A公司的整体品牌战略遇到了品牌职能管理模式的巨大瓶颈，品牌效率难以有效提升。

品牌组织是品牌战略推进的核心动力，只有改进优化品牌管理组织，才能使得公司的长远品牌战略和短期产品赢利获得平衡。

我们给A公司的品牌组织模式的变革建议是，优化调整品牌职能管理体系，在总公司层面强化扩建品牌部，将新产品和新品牌的培育和传播职责纳入品牌部，在公司内部重新整合调配资源。在不增加预算的情况下，完全可以做到原有的赢利产品和培育新产品的协调平衡发展。

品牌指南

品牌组织是品牌战略推进的核心动力。

MAY 5月4日 品牌经理为何不受“待见”

品牌感悟

中国的品牌经理和产品经理完全没有发挥出应有的能量，他们在公司的品牌战略支点作用没有凸显出来。许多优秀人才从品牌经理的岗位转向了投资经理或者研发经理，但是未来，品牌经理将是21世纪中国最热门的职位之一。

品牌分析

世界上第一个品牌经理人是宝洁公司的尼尔·麦克尔罗伊。当时的宝洁公司要推出新品牌“佳美”香皂来取代旧品牌“象牙”，却遇上了瓶颈。

因为宝洁公司沿用多人负责同一品牌推广的制度，造成了人力等资源的浪费以及推广资金的分散。此时，刚从哈佛大学毕业的尼尔·麦克尔罗伊担任宝洁“佳美”香皂的“品牌经理”，来负责“佳美”香皂的广告、品牌工作。

麦克尔罗伊进行了深度的市场调研，撰写了一份长达三页的备忘录。在这篇备忘录中，麦克尔罗伊明确了品牌经理的职责，即要在配套团队及品牌助理的支持之下，专注并切实执行与品牌相关的营销活动。

麦克尔罗伊提出的“品牌经理”的理念打破了既有的宝洁营销模式。他改变了那种按照职能性分工的做法，将人力、财力资源进行统筹整合，通过品牌经理的集中调度，激活各个部门和各个职能工种的工作力，让自己和自己竞争，从而提高产品营销的效率。

麦克尔罗伊的“品牌经理”模式给宝洁带来深远的影响。现在，宝洁公司仅仅在美国本土就雇用了约100位品牌经理，尽管从数量上来说，仅占所有管理人员的5%。但是，这些为数不多的品牌经理精英成为主管阶层95%的来源，足以看出品牌经理层的影响力。

“品牌经理”制度的影响远远超出宝洁公司的想象，全球许多公司沿用了“品牌经理”制度。但是很奇怪，中国企业对于品牌经理制并不是很热衷。即使设立了品牌经理，其资源调配权力也较小，在组织中处于非核心地位。

品牌经理制还不是中国企业主导的品牌管理模式。中国的品牌主过分依靠广告，他们认为产品品牌经理的作用有限，市场还不错，为什么花高薪聘请品牌经理人。

原因在于中国市场与美国市场不一样，中国市场范围大、空白多，市场细分和定位的要求并不高；而美国市场饱和，市场竞争激烈，在某一产品和品牌推出前，要求专业品牌经理和产品经理对市场进行细分、调研，同时提出专业的品牌调研和策划方案。

因而，中国企业即使缺少一个专业、强势的品牌经理，只要广告营销投入大、产品独特，在品牌职能模式甚至品牌业主制模式下，也能取得较好的销售和业绩。

品牌经理制一般适合多品牌战略企业和产品更新换代较快的企业。现在中国消费品的更新速度并不快，往往“一招鲜，吃遍天”。所以即使少了专业的品牌经理，也可以实现快速发展。

随着产能过剩的时代的到来，粗放的品牌扩张将转向精细化品牌营销，品牌经理的作用将会越来越重要。

品牌指南

颠覆传统职能分工，提高产品营销的效率和影响力。

MAY 5月8日 产品经理就是CEO

品牌感悟

产品和品牌是商业模式的基础，商业价值要从更好地实现消费者价值出发。中国企业专业的产品品牌经理太少，对用户体验关注太少，导致产品不能切中市场的要点。很多企业技术不错，管理不错，但就是增长乏力，原因在于缺少一个优秀的产品品牌经理。

品牌分析

许多企业产品品牌经理的事权和财权并不匹配，也就是职责很重要，但是权力有限。产品品牌经理的目标很简单，也最重要——所负责的产品品牌要为企业带来最大的利润。

这要求产品品牌经理有足够的权限，能协调企业内部多个部门与市场、消费者之间的关系。经过市场调研后，组织协调企业的研发、生产、财务、销售等各个部门协作起来，推进产品落地发布。

在这个过程中，根据市场情况变化，还要不断调整，跟上消费者的需求。所以，品牌经理作为产品品牌的主要负责人，不仅要制定产品品牌的规划，还要协调管理、监督执行，甚至途中纠错。

很多人认为，产品经理是未来的CEO。产品经理出身的互联网创业家周鸿祎认为，产品经理现在就是CEO，应该有强烈的自信和气势。

周鸿祎算是互联网创业界的一大“奇葩”，他的特点是“与人斗，其乐不穷”。他和百度的李彦宏打过官司，甚至有过身体“交锋”；他把马云气得“吐血”，多年来再未同台；他和马化腾打起了“3Q大战”，闹得满城风雨。

尽管树敌无数，周鸿祎的定位还是很简单——出色的产品经理，要做出别人从来没有想过的产品，改变人们的生活和工作方式。他也是从最基层的产品研发做起，一直怀着产品梦想，对产品经理这行颇有感触。

“产品经理首先要有自信，要有一种气势。因为做产品不仅是技术的事，还要学会跟很多人打交道，非常具有挑战性。产品经理头衔最低，干的是公司最重要的事，经常需要去协调和指挥那些跟自己并不相关、并不向自己报告的人。”

“他需要跟美工、技术人员、测试打交道，他还要去了解用户的想法，跟市场谈，跟终端谈。要发布一个产品，产品定位是什么，还要去看用户反馈。”

产品经理天然就是一个总经理的操心命。如果没有点自信心和雄心，恐怕一般人干不了产品经理。

事实上，周鸿祎一向如此。为了产品研发，天不怕，地不怕，得罪人是常有的事。当他还是方正集团一个很底层的产品经理的时候，别人都觉得这个人怎么看起来成天牛气轰轰，好像胸怀世界，天天跟老板一样。

“那时候我觉得我就是老板，是自己的老板。”周鸿祎说。

对于产品经理来讲，最重要的不是今天有多丰厚的收入，也不是今天管了多少人，最重要的是一开始对一个产品负责，不是对老板，也不是对公司，而只是对产品负责。

品牌指南

树立自信，做一个优秀的产品经理。

MAY 5月9日 周鸿祎放弃“自我”

品牌感悟

成为一个优秀的产品品牌经理的过程，就是放弃“自我”的过程。思维不要总停留在“我以为”、“我觉得”，而是“客户以为”、“客户觉得”，真正贴近客户的想法。

品牌分析

品牌有投入期、成长期、成熟期和衰退期，品牌经理的职责是对品牌进行全程运作，对品牌生命周期进行监控、调研，以多种方式引起消费者的注意和兴趣，让新品牌形象扎根于消费者的心中。

比如，在品牌的成长过程中，要重点考虑现有品牌的维护；在品牌成熟期，考虑现有品牌的延伸、再造；在品牌衰退期，考虑新品牌的定位和推出。

优秀的产品品牌经理要具备强烈的客户意识。一般而言，产品品牌经理能力的高低主要表现在能否不断推出消费者所需求的产品，是否了解消费者到底想要什么，再将这些需求转化为产品。产品和品牌经理必须立足于客户，成为一流的产品概念创造者，这种概念不仅包括客户能够说出的需求，还包括客户不一定说得出的潜在需求。

放弃“自我”，也是周鸿祎所说的放弃“小我”。他认为，做一个好的产品经理，要学会放下“小我”——要忘掉自己。

“产品经理是为用户做产品。但是包括我在内，最容易犯的错误之一，就是做着做着就开始给自己做产品。很多技术出身的产品经理，他们最有优势，因为懂技术，可以在跟技术人员沟通的时候更容易被理解。但是太多的技术人员做产品的时候，容易慢慢变成给自己做或者是给自己身边的同事做，这并不是普通用户的习惯。”周鸿祎说。

产品经理怎么能既忘掉自己，又能体会用户的想法？需要把自己的精神“分裂”，保持多重人格，把自己变成一个典型的用户，但是又不能把自己变成某一个用户。

周鸿祎以自身消费体验举了一个例子——“作为一个技术出身的用户，我相信客户端软件开发都难不倒我，但是用公司产品的时候却出现问题。因为我有一种习惯，只要一用产品，马上就会变成一个对电脑一窍不通、非常急躁的用户，点不了两下我就开始对它乱敲键盘，很多程序最后被弄成死机了。”

所以在进行产品测试时，360 的很多员工都害怕周鸿祎用他的软件。“但用户就是这么用的，用户没有耐心、没有时间听你来铺垫，因为他要的就是鼠标点两下就得到需要的利益，不需要知道背后复杂的技术。”

一直以来，周鸿祎的创业历程受到很多的质疑。不过，作为 360 最大的产品经理，他还是站在用户的角度实现了崛起。如刚刚进入互联网安全市场的时候，技术并不强，周鸿祎不惜得罪同行，查杀自己创造的电脑流氓软件，获得了大量用户。

之后，360 敢于“自宫”，推出免费杀毒，砍掉自己将近两亿元的杀毒软件销售收入。最后的结果是摧毁收费杀毒商业模式，成为最大的免费互联网安全软件商，成功实现逆袭。

品牌指南

用户至上，把自己变成客户。

MAY 5月10日 单个品牌之间的蚕食

品牌感悟

产品品牌经理制是以单个品牌为基点的品牌组织管理，可以大幅度增加大类品牌下的单个品牌数目。这导致了品牌膨胀的风险，由于品牌增长过快，产品品牌经理制逐渐显现其弊端，单个品牌之间的蚕食在所难免。

品牌分析

1994 年，英国《经济学家》杂志发表了一篇名为“品牌经理制的终结”的文章，文章直指产品品牌经理制的弊端——尽管品牌经理制的运营以市场细分为基础，进行品牌构思和策划，但品牌之间存在蚕食现象。

例如，意大利时尚品牌多尔切 & 加巴纳品牌（Dolce&Gabbana）就计划将它的副线品牌 D&G 收归到主品牌旗下，因为两个品牌系列间的自相蚕食严重影响了公司的发展。

随着市场环境的变化，拥有多个品牌的企业正在面临各个细分市场上强大单一品牌的有力挑战。产品品牌经理制造成的资源分散、各自为政等弊端日益显现，在执行过程中，局限性不断表现出来。《品牌远东》一书分析了这一组织的局限性。

一是品牌条块分割使得品牌管理缺乏统一的规划和领导。品牌经理在组织架构中所处的位置，决定了其只能拥有有限的权力。他们只是战略的执行者而不是制定者，他们对公司品牌整体规划和领导的影响力也十分有限。这种分散的品牌管理方式有利于激发各品牌经理的管理积极性，但缺乏必要的合作机制和统一规划，往往导致企业资源的浪费。

产品品牌经理拥有的权力往往小于他们承担的责任，他们必须花大量的时间和精力来说服生产、广告、销售等其他职能部门支持和配合品牌工作，他们常被人们看作低级别的协调者，把大量时间花在各种协调会议、日常文书等工作上，品牌管理难以有效控制。

二是整体观念弱，竞争有余而合作不足。产品品牌经理制的设置会在企业内部产生一些冲突或摩擦。各品牌经理相互独立，面对同一大类消费群体的品牌，往往会为争夺市场而导致“内部开战”，削弱企业的整体品牌竞争力。

由于品牌数目多，往往得不到消费者足够的注意，难以建立品牌价值，形成不了强势品牌。同时，多个不同风格品牌的出现，往往难以形成完整、统一、鲜明的企业品牌形象。

三是对于中国企业来说，一个重要考量因素是费用开支大。为每个品牌做广告宣传，造成资源分散，费用开支加大。

同时，企业主担忧分权制下的产品品牌经理制组织的放权风险，这意味着权力和资源更多受品牌经理的支配。在企业权力监控体系不力的情况下，易导致权力滥用,滋生腐败。在中国企业家收权的趋势下,这成为了重点管理的领域。

品牌指南

加强单个品牌间的协调,提升产品品牌管理效率。

MAY 5月11日 开创一个新品类

品牌感悟

如何击败传统巨头和品牌,硬碰硬多半不行,跟随战略也难有成效。颠覆式的做法是,自己圈一亩三分地,开创一个新品类,抢夺传统品类市场,这样才能实现品牌的逆袭。

品牌分析

在产品品牌管理基础上,类别品牌管理出现了。品类管理组织虽然复杂,但很重要——品牌管理者要在原来传统产品类别的基础上,根据自身实际和市场需求,开辟一个全新的品类。然后把自己的产品品牌作为这一新品类的代表来推广经营,形成强烈的消费者认知。

很多营销经验证明,与其花很多功夫在红海中做大品牌,提升品牌竞争力,还不如发现一个蓝海品类市场,创建一个新品牌效率更高。

提起功能运动饮料,就想到了红牛;说到国内中低端SUV,就想到长城汽车;提到去火茶饮料,就想到加多宝;提到电脑,就想到联想。这些都是消费者因为品类倒推联想到品牌,使得该品牌成为这个品类的代表。这种品牌认知强化了终端销售优势,大多数消费者如果需要一些品类,他们会直奔这一品类的代表而去。

在品类管理中,品牌建立在品类的基础之上,品类的重要性甚至超过了品牌。换句话说,即使品牌知名度再高,如果没有依托一个针对性的品类,品牌价值也是虚的,品牌犹如空中楼阁。

在20世纪末期，娃哈哈和乐百氏一直占据中国纯净水市场的前两位，后起之秀农夫山泉意识到在纯净水领域难以与两大巨头抗衡。在巨头夹击下难以突围，农夫山泉的日子过得很难受——想打价格战，但没本钱；想做高端，但没品牌。

2000年4月，农夫山泉大胆宣布进行品类转型——农夫山泉不再生产纯净水，全部生产天然水，开创一个全新的天然水新品类。这一创新树立了农夫山泉的高端形象，使得农夫山泉与天然水牢牢联系在一起。这一新品类直指以娃哈哈和乐百氏为代表的纯净水品类。

在随后的系列策划中，农夫山泉提出"天然水"的安全健康概念，强调农夫山泉不生产水，只做大自然的搬运工。为此，农夫山泉在全国各地寻找良好的水源地，就地生产，然后将"天然水"搬到城市销售渠道。

"天然水"不是就地生产，存在运输环节，多出了物流成本。同时，在品类推广初期，广告投入较大。因而"天然水"成本高出纯净水。但是，由于品类创新触摸到消费者的痛点，消费者被"天然水"这一概念打动，愿意支付溢价消费。

虽然农夫山泉在这一系列推广策划中存在许多争议，如涉及不正当竞争等，在广告和传播中一直强调天然水比纯净水健康。但是从品类角度来看，农夫山泉创造天然水品类这一打法出奇制胜。

品牌指南

开创新品类，实现品牌的逆袭。

MAY 5月15日 构建中枢

品牌感悟

绝大多数中国企业品牌的整体规划和领导，缺乏一个强有力的品牌合作和协调机制。组织需要一个强力的品牌中枢，来建立强有力的品牌合作机制和统一规划，以实现品牌愿景和目标。

品牌分析

无论是产品品牌经理，还是类别品牌经理，在组织架构中所处的位置，决定了他们只是品牌管理战略的执行者而不是制定者。

品牌管理委员会就是品牌中枢，相当于一个最高层的战略性品牌管理部门，调动人力、财力等资源来弥补原有品牌管理体制中的不足。在品牌管理过程中，品牌管理委员会主要负责协助高层解决企业品牌体系的规划，建立企业的核心品牌价值体系，以及推出新的产品品牌等战略性决策等。

摩托罗拉是一个强势品牌。虽然现在卖给谷歌，手机产品似乎在消失，但是在跨国公司中，摩托罗拉的品牌价值和品牌管理仍然非常有号召力。这也是谷歌花大价钱购买没有技术前景的摩托罗拉的重要原因。

为了扭转与诺基亚等公司竞争不利的局面，2004 年 1 月开始，摩托罗拉总裁詹德带领品牌管理委员会，对品牌战略进行了重新调整，投入大量精力使摩托罗拉向市场靠拢。媒体当时报道摩托罗拉进入詹德的品牌元年。

2005 年，摩托罗拉首次设立了“亚太区”这一区域管辖机构，并通过重新任命亚洲区战略成长推进部总经理，确立了“亚太区”品牌管理委员会的高层构成，负责解决中国、韩国、日本等区域的品牌延伸、提升等方面的战略性问题，并对品牌体检、品牌资产评估、品牌传播实施战略性监控。

为了重塑摩托罗拉形象，品牌管理委员会投资 1000 万美元，对整个品牌架构与品牌系统进行了重新规划，使公司每一个品牌都有明确的角色。制定品牌管理的战略性规划，对母品牌进行定位，建立核心价值体系，这些都是品牌管理委员会的重要职责。摩托罗拉品牌管理委员会将“无缝移动”定为摩托罗拉 3G 的核心战略，将客户满意度变为可衡量的指标，投入重量级资本进行渠道重建，强化客户这一利润中心。

“顾客就是上帝！”摩托罗拉品牌管理委员会在进行战略调整的过程中，对产品与客户的关系进行重点建设。以中国市场为例，摩托罗拉一改原来的中央统一控制的方式，变为以省为单位，甚至以城市为单位，使每个地区级经理都享有高度自治权。这些机构可以根据市场调整自己的销售方案和策略，以灵活主动的方式扩大市场份额，宛如一个个独立运营的公司。

这项举措弥补了品牌经理制在运行过程中的僵化问题。应该说，摩托罗拉品牌管理委员会通过战略性企业系统品牌规划和市场定位在当时获得了成功。但是，当时摩托罗拉产品技术创新没有跟进，使得没有根本扭转下滑的颓势。

品牌指南

组织需要一个强力的品牌中枢。

MAY 5月16日 首席品牌官的诞生

品牌感悟

品牌管理是一个高度专业的工作，企业家不能也难以直接参与。在品牌管理上、对外沟通交流上、还有媒体关系上，需要一个更加专业化的品牌管理制度来协调，形成一个有机的品牌管理系统。首席品牌官制度是一个较好的制度。

品牌分析

2008年1月，习惯于播报新闻的徐浩然，自己制造了一条新闻：出任中国著名民营企业——远东控股集团副总裁、首席品牌官(Chief Brand Officer, CBO)。在当时，远东控股引入CBO职位成为国内民营企业首吃螃蟹者，开创了品牌专业化管理的先河，也是对企业品牌建设和管理模式的一次大胆尝试。

菲力普·科特勒和马蒂·纽梅尔分别在其著作《营销管理》(第11版)和《品牌的鸿沟》中提出了首席品牌官的概念。不过，首席品牌官(CBO)对许多国内企业来说，还是一个相对陌生的职位。实际上，CBO是品牌时代化的产物，在国外知名跨国企业中已成为一个热门职位。

CBO是现代组织中设置的专门负责品牌战略管理与运营的高级官员，代表CEO就企业形象、品牌以及文化进行内外部沟通。CBO不仅是传播者和管理者，更是企业价值设计的参与者和企业品牌资产经营的责任者。按照国际惯例，CBO由企业副总裁级领导担任，成为企业品牌管理制度建立与执行的核心人物。

首席品牌官制是全面品牌管理理论下的一种科学品牌制度。一是，真正推动企业从战略高度管理企业品牌，使企业不再像以前一样，将品牌管理交由较低层次的企业品牌经理进行分散的管理。

由于首席品牌官制赋予了企业品牌管理层较高的管理地位，同时负责企业品牌建设的战略规划，因此避免了产品品牌经理制下难以协作的缺陷。首席品牌官可以从企业整体利益和战略出发，对企业品牌实行统一的系统管理，使品牌管理达到整体最优状态。

二是，使企业品牌系统成为有机整体。在这一制度下，众多企业品牌、产品品牌相互支持，成为一个有机整体，而不是彼此独立，形成企业品牌、产品品牌和企业家品牌“1 +1 +1 >3”的整合效应。

首席品牌官制真正推进了三品共进时代的来临。因为，在传统的产品品牌经理制下，无人对企业品牌、企业家品牌负责。即使有一个副总裁负责统一协调，也缺乏专业性，无法落实三品共进系统。

首席品牌官制度有利于培育企业品牌和企业家品牌形象，维护统一的企业形象。一般来说，产品品牌更多地代表产品、技术等，企业品牌和企业家品牌则代表企业价值观、企业文化等，属于更高层次企业品牌理念的表达。这些品牌形象在以往的管理体系中是分散的、碎片化的，而首席品牌官制可以把他们整合糅成一体。

品牌指南

统筹管理，打造整体最优品牌。

MAY 5月17日 没有最好的，只有最适合的

品牌感悟

品牌战略是选择品牌管理组织的决定性因素。就像谈婚论嫁一样，别人再好，也要对自己的脾气。没有最好的品牌组织架构模式，只有最适合的品牌组织架构模式。

品牌分析

业主负责制、职能负责制、产品品牌经理制、类别品牌经理制、品牌管理委员会制、首席品牌官制，当品牌主看到这些纷繁复杂的组织形式后，选择成为最大的问题，关键因素取决于品牌战略。

大公司成功的品牌制度是一种借鉴和参考，但是品牌管理者应该根据自身企业的品牌愿景、品牌战略和品牌文化，选择并设计适合自己的品牌管理组织结构和品牌制度。

2008 年，吉利推行了多品牌战略，分别推出全球鹰、帝豪和英伦三大子品牌。销售公司成立了三个品牌营销事业部，分别负责三大品牌的规划与销售，属于多层垂直品牌管理架构。

但是随着其他合资公司的挤压，从 2011 年起，吉利等自主品牌市场占有率和品牌竞争力出现下滑态势。

2011 年，吉利汽车销量为 42 万辆，同比仅增长 1%，远落后于 2010 年 27%的高增长率，从而告别了此前三年的高增长率。同时，各品牌出现分化，2011 年全球鹰和英伦品牌销量分别下滑 11%和 5%，仅帝豪增长 47%。

进入 2012 年，这种低迷态势丝毫没有改变。当年前 5 个月，吉利汽车实现销售 18.7 万辆，同比仅增长 2.3%，吉利的多品牌战略受到了车市寒流的严峻考验。

看到品牌众多，垂直管理效率提升较慢，2012 年 6 月，吉利取消此前设立的帝豪、全球鹰和英伦汽车的三个子品牌营销事业部，整合形成北区、中区和南区三个大区，每个大区营销事业部直接对所控范围地区的吉利三大品牌渠道负责。

经过调整，吉利在销售公司总部层面设立了帝豪品牌与市场管理部、英伦品牌与市场管理部和全球鹰品牌与市场管理部，接替此前三大品牌营销事业部的品牌战略规划管理工作。原先的三个品牌事业部改为三大区域事业部，人事分工平移。

吉利集团高管认为，由销售公司总部负责品牌战略规划与管理，加强了集团对三大子品牌的重视与掌控。改制后的区域营销事业部只负责品牌战略和标准的执行,是吉利渠道网络下沉、组织下沉和人员下沉的具体举措。

简单点说,吉利的品牌结构从垂直品牌结构转为横向结构。以前,是三个部门分三个队伍分别规划三大品牌工作,现在则全部由销售公司总部层面负责品牌规划和战略。这种结构的调整,实际表明吉利品牌战略将发生变化,即收缩多品牌战略。

事实上,自主汽车品牌都遇到这一问题。在多品牌战略下,由于战线铺得太长,资源不能集中,造成各个品牌比较平均,产品品牌竞争力不高。多品牌战略的收缩和调整已经不可避免,因而,以往的垂直管理组织结构势必会发生变化。

品牌指南

哪种组织结构最适合,只有自己知道。

MAY 5月18日 搭好金字塔

品牌感悟

大型品牌和企业更需要通过构建科学的品牌组织来提升品牌效率。随着企业从单品牌战略转向多品牌战略,以及品牌延伸战略,大型企业需要对企业内部品牌管理组织进行变革。变革的方向是构建金字塔混合型的大型管理结构。

品牌分析

实施单一品牌和多元品牌战略的企业,实施产品品牌和企业品牌战略的企业,以及在利益相关方进行不同组合和排序的企业,不同品牌等级和档次的企业,还有不同文化层次的企业,选择的品牌管理组织模式有着明显的区别。

例如,单层职能式的品牌管理组织在国内仍然流行,因为在企业领导人下直接设立品牌管理部，简洁明了。职能式的品牌管理组织基本能满足品牌战略制订、品牌推广传播等一般功能。

但是，由于这种品牌管理组织并没有获得更多的授权，所以属于被动式品牌管理。在品牌管理工作中，会遇到很多与平行部门、上级部门协调事宜。品牌职能部门在这样的沟通和协调中往往会处于弱势地位，经常妥协。单层职能式的品牌管理组织的效率高低主要取决于企业主对于品牌的重视程度。

在更为复杂的品牌战略下，职能品牌管理结构已经不能满足品牌发展需要。从远东等品牌管理的结构模型和研究来看，多品牌的企业品牌管理组织最好选择金字塔混合型的管理结构。以此强化企业品牌、品类品牌的管理职能、品牌战略管理职能和产品线品牌管理职能。

金字塔的最上层的是首席品牌官、主管品牌的总裁、品牌副总裁及品牌管理委员会，金字塔的中层是品类品牌经理，而金字塔的基座则是各个产品线的产品品牌经理。这种金字塔结构对于品类和品牌诸多的企业，能发挥较大的系统结构效力。

在这种金字塔结构下，首席品牌官是一个核心。他是品牌决策的发起人、重要的品牌人事决定者以及品牌管理高层协调人，同时还担任起新闻发言人，协调整体品牌管理。

品牌管理委员会负责审议企业品牌规划和战略，并给出意见。同时还督促品牌战略的执行，保证品牌方向不偏移。

类别品牌经理负责大品牌类业务的多个产品品牌的管理，组织产品品牌的调研和计划撰写，对营销传播策略与执行活动进行监督和引导。产品品牌经理在类别品牌经理指导下，负责单一产品品牌计划，组织完成单一产品品牌整合传播策略与计划。

在这种结构下，首席品牌官将会发挥更大的协调作用；同时，由于类别品牌经理的出现，减少了子品牌之间的冲突，更好地实现资源整合，应对市场需求的变化；而企业品牌管理职能和品牌战略管理职能的强化，可以管理运营好整体企业品牌形象和品牌资产，强力推进企业品牌、产品品牌和企业家品牌的三品共进建设。

品牌指南

建立科学的品牌组织，发挥系统结构效力。

MAY 5月22日 系统效率倍增效应

品牌感悟

品牌管理是一个管理和运营系统，仅依靠某一个方面难以提升品牌整体系统效率。如果把这一系统分解为若干个小系统，每个系统的效率作相应的提升，整体协作，整体品牌系统的运行效率就会大幅提升。

品牌分析

在一个休系中，不同的子系统通过交互协作，共同倍增提升整体系统效率。专业地说，就是各子系统的效率之积等于系统效率。

如果要问，一个品牌系统如何提升30%的效率。首先我们将品牌大系统结构分解为三个重要的子系统，即品牌战略系统、品牌传播系统和品牌营销系统，如果每个子系统分别提升10%，那么各子系统的效率协同共振，将会提升品牌整体系统的效率大幅超过30%。我们称之为品牌系统效率的倍增效应。

燕京啤酒1980年才建厂，是一家年轻的啤酒企业。得益于品牌系统效率的倍增效应，现在燕京啤酒已经成为世界八大啤酒企业之一，国内规模最大的清爽型啤酒生产商，是华润和青岛啤酒最重要的竞争对手之一。

第一，制定了正确的品牌战略。由于燕京啤酒是地方品牌，品牌历史太短。它很有自知之明，从一开始就推行小而精、小而美的品牌战略。集中精力挖掘北京地区局域市场，做精做透，不求全国扩张。

第二，推行了务实的品牌策略。在品牌传播上，其他啤酒公司喜欢高举高打不同，如传播国际化、深厚的文化内涵和历史背景。燕京啤酒比较低调务实，不谈最大，不谈激情，不谈国际化，只谈老百姓关心的事，主打老百姓喝的啤酒。

在品牌知名度上，燕京啤酒并不占优势。但是它非常贴近地气，老百姓认可。在烤羊肉串、大排档以及很多中低档餐馆，都可以看到燕京啤酒。

第三，营销战略贴近地面。与其他啤酒公司相比，燕京啤酒最早推行营销市场化，建立了一个贴近地气的营销网络。在渠道上，较早从一家专营转为多家经营，大量发展食品公司、小卖店、餐饮等渠道。同时采取蚂蚁雄兵战略，开发大量个体批发网络。

通过品牌战略系统、品牌传播系统和品牌营销系统的效率提升，燕京品牌对终端的影响力持续上升。目前燕京啤酒“一主三辅”的品牌战略颇有效率。“一主”即燕京品牌，占总市场份额的60%，“三辅”即广西的漓泉、福建的惠泉和包头的雪鹿，品牌集中度达到90%以上。

品牌系统效率的倍增效应的对立方是品牌系统效率的倍减效应，一旦相关子系统效率出现下降，会大幅拉低整体品牌效率。

燕京啤酒在成为啤酒市场的一线品牌后，出现了强烈的品牌延伸欲望，品牌战略走偏。燕京开始进军矿泉水市场，推出了燕京矿泉水、燕京茉莉清茶和燕京冰绿茶等产品。

燕京本来是一个清爽型啤酒品类的代表，现在延伸到饮用水和茶饮料中，让消费者在喝燕京矿泉水的时候喝出了“啤酒味”，这稀释了原来的品牌。同时，饮用水领域有娃哈哈等巨头，茶饮料有康师傅等巨头，在已是高度红海的市场中，燕京的这些产品难以热销。

错误的品牌延伸战略形成了品牌系统倍减效应，在广告、营销费用大幅提升的背景下，燕京啤酒却在近几年发展进入瓶颈状态。

品牌指南

依靠系统的力量。

MAY 5月23日 立白与沃尔沃的差距

品牌感悟

要造就长青品牌，应从广告思维转向品牌系统管理思维，一切广告策划和创意必须服从统一的品牌管理战略和定位。优势品牌并不在于单个策划和创意，而在于背后强大高效的品牌运营系统和组织。

品牌分析

广告是品牌推广的一个重要方式，很多优秀的品牌都需要大量的广告支出，比如脑白金。早期史玉柱疯狂的广告轰炸使这个品牌脱颖而出。

在过去的卖方市场，找好卖点，依靠广告巨额投入策略，经常可以起到事半功倍的效果。这与市场环境有关系。早前中国各个行业市场发展并不充分，有许多空白领域，有足够多的蓝海，先到者为王。

同时，过去的消费者不是很成熟，受广告特别是电视广告影响较大。今天的市场环境已经发生变化，产能过剩替代供应短缺，消费者正在变得成熟和理性，单靠一个策划和广告来打天下的时代已经过去了。

没有专业的品牌管理系统作支持，单一的品牌广告和策划容易滑进巨额投入的陷阱。从广告和策划的定位、创意、制作到推广，每一个环节如果离开品牌管理系统的支持和掌控，资源浪费风险极大，甚至会迷失品牌的方向。

2013年上半年，湖南卫视《我是歌手》一飞冲天，占据同时段收视率冠军。节目的冠名方立白洗衣液很满意当初的选择，并趁热打铁又追加了许多硬广告。

立白集团的高层表示，冠名的软性植入效果很好，所以再次加入硬广，通过硬广宣传产品性能，提高观众对产品的熟悉度。同时还表示，选择《我是歌手》是因为节目的元素和立白品牌结合，借用这个活动让消费者感受到品牌的实力，立白与《我是歌手》的契合点是实力。

这种观点属于自卖自夸，缺乏专业性。仔细分析，立白与《我是歌手》的重合度并不高。第一，受众不符合。立白的销售对象主要为家庭主妇，湖南卫视的收视群体主要为“90后”等年轻群体。年轻的观众群不会在看到这个节目后，去购买一袋立白洗衣液，也不想知道立白洗衣液任何一个优势和特点。因为洗衣液与他们无关。

第二，气质不符合。《我是歌手》中的主角明星不仅在比赛中展现出较高的艺术水准，同时也展现出高品质的内心情感和精神，让观众重新审视了林志炫等明星的精英特质，但是立白的产品定位还难以承接这些歌手的高端品质定位。

立白洗衣液的价格敏感性较强。换句话说，立白的大量广告赞助支出无法提升终端销售的溢价率，家庭主妇们不会因为立白赞助《我是歌手》而认为它是一种多么高档的洗衣液。

反观《我是歌手》的另一赞助商沃尔沃显得更为专业。无论从销售对象、产品定位还是情感气质对接来看，沃尔沃与《我是歌手》更为匹配。虽然沃尔沃不是主冠名商，但是以相对较低的价格拿到了专用贵宾座驾的软性植入广告，可谓事半功倍。

两个品牌在这个2013年令人关注的综艺电视节目上的投放和策略，体现了两个品牌背后的品牌系统组织效率和专业力量的差距。

品牌指南

抛弃包打天下的广告思维。

MAY 5月24日 如何做好CBO

品牌感悟

首席品牌官（CBO）不是摆设，他要对企业进行长期一致、全面统一的品牌管理，建立协调统一的品牌管理系统。CBO有利于长期保持企业形象的一致性，提高企业品牌资产的价值。问题是如何做好CBO？

品牌分析

在第二届中国十大卓越新锐CBO颁奖典礼上，远东控股集团副总裁兼首席品牌官徐浩然同新浪网CEO曹国伟、联想集团高级副总裁兼大中华区总裁陈绍鹏等十位CBO站在了颁奖台上。聚光灯下，闪亮的不仅是十位新锐CBO，更是中国企业品牌发展的未来。

如何做好一个CBO？首先需要对企业品牌管理进行统筹规划，定义品牌构架，规划整个品牌系统。一般将品牌规划为三大部分：构建全面的品牌管理制度和系统，提升企业品牌影响力，打造优秀企业品牌文化。

2008年，徐浩然走进远东控股集团，担任CBO。他通过建立远东品牌的核心价值体系，对公司品牌进行定位，打造了优秀的企业文化。在推动品牌的发展过程中，推动品牌文化与公司文化相辅相成，带领团队进行企业文化创新，使远东成为中国民营企业第一家“全国优秀企业文化示范基地”。

做好CBO，应该多管齐下，通过多种渠道提升企业品牌影响力。在进行品牌建设过程中，远东主动同全国主流媒体进行联系合作，积极拓展品牌推广渠道；撰写及策划出版远东案例及品牌书籍，扩大企业文化宣传；代表公司出席或主持各种国内外大型高端会展活动，将个人魅力和企业品牌相结合，通过多种活动强力塑造远东品牌，将远东品牌的发展推上了一个新的台阶。

做好CBO，还要正确处理个人品牌与产品品牌、企业品牌的关系。三者的关系可以用一个“三角关系表”来概括，三角分别是“产品、企业和个人”。

一个企业的产品品牌要追求品质，实现品牌的差异性；一个企业的企业品牌要追求品格，实现品牌的独特性；而一个企业的个人品牌要追求品味，实现品牌的一致性。这三者最好形成一个等边三角形，呈现一种正相关的正态分布关系，互相促进。

优秀的CBO还要做到“五个一”。第一，一腔热爱，对企业、工作和品牌非常热爱；第二，一片真诚，在与对内对外沟通的时候，都要用一颗真诚的心、感恩的心、宽容的心、包容的心去面对；第三，一揽全局，要对企业的整个经营、生产、销售、企业文化等所有的状况了然于心；第四，一致言行，要做一个有责任感的人，做一个诚实、可信任的人，一定要从一而终；第五，一身魅力，言谈举止都能够充满一定的魅力，代表企业和品牌。

品牌指南

统筹规划，多管齐下，成为一位优秀的CBO。

让无形资产大于有形资产

可口可乐与你的唯一差别就在于无形资产，玩转品牌魔方，做大品牌价值。

6 June

SUN日	MON一	TUE二	WED三	THU四	FRI五	SAT六
						1 儿童节
2 廿四	3 廿五	4 廿六	5 芒种	6 廿八	7 廿九	8 五月大
9 初二	10 初三	11 初四	12 端午节	13 初六	14 初七	15 初八
16 父亲节	17 初十	18 十一	19 十二	20 十三	21 夏至	22 十五
23 十六 / 30 廿三	24 十七	25 十八	26 十九	27 二十	28 廿一	29 廿二

JUNE 6月1日 《小时代》是“脑残片”吗?

品牌感悟

文化创意产业的玩家们应该认识到,如果说“用产品创品牌”是品牌资产运营第一阶段的话,那么,“用品牌推产品”就是品牌运营的第二阶段,也是品牌运营的高级阶段。在这方面,《小时代》开了一个头。

品牌分析

对《小时代》电影的上映,社会舆论出现两种极端的看法。一是实在不敢恭维。剪辑杂乱无章、故事浮夸、感情虚假,称之为“脑残”片恐怕一点也不为过。甚至《人民日报》文章也痛批“不能无条件纵容《小时代2》、《小时代3》的出现”。

二是极力力捧,票房不断飙升。许多少男少女粉丝奋起维护小时代,认为画面精美,情节感人。

我们认为,从品牌的角度来看,《小时代》是一部中国电影史上的重要电影。一是从《小时代》开始,中国电影人才知道如何从观众定位来量身定做一部电影。

《小时代》摆脱了传统主流价值观和道德观的束缚。与其说它是一部电影,倒不如说它是一个定位精准的产品。导演郭敬明从一开始就没想背上价值观和道德观的重担,而是把目光聚焦到“95后”的窄众化群体,展示这一小圈子的所想所思。

二是从《小时代》开始,品牌模式已经升级,从产品品牌化上升为品牌产业化。

《小时代》拥有强大的粉丝基础。郭敬明一直是“畅销书霸主”,拥有忠实且庞大的少男少女粉丝。其《小时代3.0　刺金时代》位列2012年畅销榜榜首,同时他共有3本书进入排行榜前20名。有专家甚至称,中国现在所有传统文学类刊物发行量加在一起,才仅仅抵上郭敬明旗下5本杂志的发行量。

在出版物的品牌影响力推动下，通过品牌和粉丝的强力互动，《小时代》可以算作中国第一部未开演就能知道票房大卖的电影。

三是从《小时代》开始，品牌资本化开始出现，中国电影开始从导演中心制向制片人中心制转变。《小时代》脱离了传统电影的功能定位，成为一种品牌产品，最后甚至形成品牌资本化。

乐视影业是《小时代》的投资方和发行方。在小时代上映之际，乐视影业正在吸引战略投资者，以实现三年左右上市。乐视影业为了吸引更多的投资者，必须极力推动《小时代》的大卖和热销，所以想方设法给《小时代》安排了高排片率和高曝光率。

正是乐视影业这一资本方在成本、渠道和营销上的强力控制推进，赢得了较高的投资回报率——电影成本仅有2000万元，超短周期拍摄完毕，但是《小时代1》票房高达4.83亿元，《小时代2》的票房也接近2亿元。

从图书的出版到电影的发行，《小时代》一路高歌猛进，很容易让我们联想起《哈里·波特》的品牌资产运营。就目前的形势来看，《小时代》已经在朝着品牌系列化推进，一旦进入品牌产业化阶段，品牌影响力就能可持续提升，实现影响力更有影响力。

换句话说，如果未来继续推出《小时代》电影第三部、第四部、第五部，高票房仍然较为确定。

品牌指南

让影响力更有影响力。

JUNE 6月2日 哈利波特“魔法”品牌

品牌感悟

中国的文化创意产业的发展模式较为初级单一，基本以产品为中心，难以形成品牌运营。要想做大做强，必须借鉴“哈利·波特”品牌资产运营模式，学会讲故事、做产品、造品牌、产业化。

品牌分析

文化创意产业的品牌资产运营要经历两个阶段，一是产业的品牌化，有了自己的产品后，通过专业的设计、包装、定位和营销，打造自己的品牌；二是品牌的产业化，包括品牌资产的建立、维护、运营、管理和交易，倒推品牌产业链化。

品牌产业化具有强大的杠杆效应，可以借助一个著名品牌的影响力，整合产业链、市场资源，推动各种相关产品的生产制造与营销推广，进而使品牌资产衍生成为一个产业实体。这也正是品牌资产运营的真正目的：将品牌做大做强，以此作杠杆撬动推动产业发展。

英国女作家J·K·罗琳用文字成功表现了“哈利·波特”这个品牌形象。“哈利·波特”出版物大卖，完成了品牌资产运营的第一个阶段——“用产品创品牌”。作为一个好产品，前六本《哈利·波特》已经以63种语言在全世界销出了三亿多册，“哈利·波特”品牌在全世界拥有十几亿计的粉丝。

2001年11月，华纳兄弟公司发行了电影《哈利·波特和魔法石》，由于电影的参与，这个品牌出现了飞跃式的发展。电影的成功推广了出版物，新书的不断发行又推动了电影的再制作。

2005年3月《福布斯》评估了“哈利·波特”品牌，其估价突破10亿美元，成为当时全球著名的品牌之一。之后，围绕哈利·波特品牌，系列图书衍生文学评论书、配套读物、传记等不断出版。由“哈利·波特”授权拍成的电影，仅前三部电影的全球票房收入就已经超过了20亿美元。

不仅如此，“哈利·波特”品牌的产业链开始延伸到除了书籍、电影等文化领域之外的服务业领域。全球三家最大的玩具制造商——美泰(Mattel)、乐高(lego)与孩之宝(Hasbro)购得“哈利·波特”系列玩具与文具的特许经营权后，开始生产各种玩具与文具。华纳兄弟公司还和奥兰多环球度假园联手打造了“哈利·波特”魔法世界。这些都属于“用品牌推产品”的品牌运营阶段。

从一个好故事到一本好著作，再到一个好品牌，进而衍生出一个产业链，“哈利·波特”品牌经营形成了以“哈利·波特”系列图书销售为中心，电影、玩具、旅游、服装、游戏等多方联动的产业链条，实现了由“产品推品牌”到“品牌推产品”的跨越。

事实上，今天的美国电影产业之所以强大，是建立在品牌产业化的商业逻辑之上。从《哈利·波特和魔法石》到《钢铁侠》《超人》等，根据不同的受众，美国电影建立了庞大的电影品牌产业链，实现了影响力的杠杆式放大。

品牌指南

以品牌推产品，实现品牌的产业化发展。

JUNE 6月3日 无形资产大于有形资产

品牌感悟

品牌才是企业最重要的资产。品牌企业的无形资产应大于有形资产。无形资产代表着声誉、影响力，以及对社会的贡献和责任。很多西方的500强把企业资产的70%看成是无形资产。

品牌分析

品牌资产是品牌知名度、美誉度及忠诚度等多种因素的复合体，是超越生产工具和产品等有形资产的一种无形资产。

现代公司正往“轻资产化”方向发展。许多公司剥离生产线和车间，将订单转移到外地，专注于品牌和研发。区别于可见的厂房、设备等有形资产，企业资产正呈现无形化的态势，其中，品牌资产是公司非常重要的无形资产。

品牌资产价值可以带来两个放大：一是对于投资者来说，品牌资产价值高的品牌被收购的PE估值将会放大；二是对于消费者来说，市场给出的价格超过一般价格平均水平，产品溢价放大。因而，不同的品牌带来的投资流和现金流不同，这种额外放大的投资流和现金流就是品牌资产。

可口可乐公司创始人艾萨·坎德勒曾说，“假如可口可乐的所有公司所有财产在今天突然化为灰烬，只要我还拥有‘可口可乐’这块商标，我就可以肯定地向大家宣布：半年后，市场上将拥有一个与现在规模完全一样的新的可口可乐公司”。

这句话强调了“可口可乐”品牌无形资产要远远胜过有形资产。1967年可口可乐公司的有形资产才10亿美元,而今,其品牌价值已经超过700亿美元之巨,成为全球第一。

可口可乐公司历史上也曾发生过几次危机事件。无论在什么时候,可口可乐都是把品牌放到重要的位置。为了维护无形的品牌资产,适当地牺牲一下有形资产,也是常有的事。

1999年6月中旬,比利时的消费者饮用了可口可乐后中毒,导致已经拥有113年历史的可口可乐公司遭遇了罕见的品牌危机。可口可乐公司为了维护品牌资产,总共收回了14亿瓶可口可乐,直接经济损失达6000多万美元。

尽管可口可乐付出了沉重的回收代价,但却赢得了消费者的信任,维护了公司最重要的资产——品牌资产。这一事件并没有阻挡可口可乐公司的国际化步伐,相反,他的国际品牌形象提升得更快。

中国的部分企业仍然不看重无形资产。从近几年发生的食品质量事件来看,企业更在意利润和规模的损失,却忽视品牌形象损失。许多危机事件发生后,涉事企业对消费者能拖就拖,能不承认就不承认,能不赔偿就不赔偿。这种做法造成了公众和消费者对国内食品行业信心不高。

可以说,中国食品行业的核心问题不是技术问题,不是产品问题,而是无形资产——品牌低下的问题。这给消费者造成了强烈的品牌认知:中国食品不安全、有问题,严重制约了食品产业健康发展。

品牌指南

无形的品牌资产是企业的强力保障。

JUNE 6月4日 让你的品牌增值

品牌感悟

品牌作为企业的重要资产,具备两个属性,一是可以交换或买卖,二是能够投资并增值。品牌价值并不完全由打造品牌所付出的成本决定，而是品牌能否使企业在未来获得较为稳定持续的收益。

品牌分析

在需求创造上，品牌价值大的产品与品牌价值小的产品会存在明显的差异，如在饮料市场上，可口可乐、百事可乐这些知名品牌会有更为稳定的市场需求，溢价率会更高，未来的收益也就越高。

所以，品牌要实现增值，绝不单是广告的效应，而是在品牌管理平台和系统上，各种品牌资产运营活动联动的结果。

这包括：在品牌增值的规划目标下，进行市场调研，了解市场环境和需求，熟悉竞品及自身产品特性，确定品牌定位，这是品牌资产运营的第一步。随后，开展品牌设计和创意、品牌传播、品牌组合等活动，前后环节协同联动，持之以恒，才能创造品牌价值。

为了实现品牌增值，远东定位于“能源设施配套服务专家”，立足做稳国内最大的电线电缆企业，以及在国外可以与跨国公司相竞争的中国民族品牌。

有了清晰的品牌定位后，在品牌设计和创意方面，远东控股集团打造了“和与灵”的品牌精髓，设计了统一的远东品牌识别。在品牌传播方面，远东控股集团围绕企业的灵魂人物——董事局主席蒋锡培先生打造了整合传播链条：“企业家个人新闻——企业新闻——企业形象——企业品牌——蒋锡培企业家品牌”，实现了个人品牌与企业品牌的良性互动。

在品牌组合方面，远东控股集团主要选择的是产品与企业统一的品牌战略。在此基础上，远东实行产品品牌、企业品牌、企业家品牌、雇主品牌、员工品牌、产业品牌和区域品牌之间的一体化统筹发展。

在品牌管理方面，远东控股集团建立了“品牌平衡计分卡框架”，对品牌进行全面管理。除此之外，远东控股集团还建立了“化输入为行动”的远东品牌转化增值流程体系。

正是在完善的品牌资产运营管理的推动下，近年来，“远东”的品牌价值大幅度提升。根据世界品牌实验室历年发布的数据显示，远东控股集团自2009

年以来，始终保持着强劲的增长态势。

2009年，远东控股集团有限公司的“远东”品牌价值为55.77亿元，居排行榜第147位；2010年，“远东”品牌价值跃升为80.01亿元，居排行榜第112位；2011年，“远东”品牌价值98.62亿元，居排行榜第109位；2012年，“远东”品牌价值121.27亿元，居排行榜第107位；2013年，“远东”品牌价值同比上年增加44.25亿元，达到165.52亿元，居中国500强第103位，江苏地区29家上榜企业第四位，以36.48%的增速连续五年蝉联我国线缆行业冠军。

品牌指南

盘活资源，为品牌增值助力。

JUNE 6月8日 阿玛尼糖果好吃吗?

品牌感悟

传统的品牌运作是做加法，而品牌资产并购扩张会产生杠杆效应，是做乘法。利用品牌资产进行兼并、收购或者特许经营合作是做大品牌资产的必然路径，但乘法杠杆不能滥用。

品牌分析

品牌延伸战略是指在企业的主打品牌已获得较好的市场口碑和影响力下，将原有的品牌用到新产品上，满足细分市场和顾客的个性化需求。

品牌延伸是一种杠杆。强势品牌能够运用有限的投资去开拓新的市场，可以借力成功品牌的声誉，复制消费者对品牌的忠诚度，缩短其接受延伸新产品的时间。

阿玛尼公司通过推行品牌延伸扩张战略，在打造强势服饰产品之余，将触角延伸到化妆品、香水甚至是手机、度假村、酒店、糖果等领域，试图满足消费者全方位的生活需求和体验，实现品牌资产的扩展。

阿玛尼公司利用服装主品牌积累的巨额现金，收购和兼并为自己贴牌生产的企业，以实现从生产到分销的控制。1989年，阿玛尼首度收购贴牌生产服装的西明特公司(Simint S. p. A.)部分股权。1996年阿玛尼成为西明特的控股股东。2001年收购全面完成，阿玛尼将其变成全资子公司，并负责旗下包括Armani Jeans和Emporio Armani在内的多个品牌的服装生产。

在20世纪90年代初期，阿玛尼以提供创意和品牌授权使用的方式，与欧莱雅展开香水生产的合作。2000年，欧莱雅集团旗下最高端产品线的阿玛尼化妆品进入市场。

阿玛尼主要采用了收购、兼并和授权合作的方式，实现了由服饰向其他相关领域的延伸。这是一种品牌资产的策略性使用。然而，当延伸到了酒店、糖果等跨度较大的领域时，品牌资管理和运营出现巨大的挑战。

我们很难想象，阿玛尼糖果会给品牌带来哪些作用。阿玛尼糖果好吃吗？它不会比专业糖果厂的糖果味道更好。吃阿玛尼糖果更能体现尊贵和价值吗？也许能，但是高端消费者在商务会谈或者休闲聚会时，不会天天抱着糖果吃。阿玛尼糖果能带来利润的大幅增加吗？也不会。

阿玛尼糖果只是单纯扩大了品类，满足了极少数消费者的需求。但是，糖果稀释了阿玛尼的品牌价值。因为跨界给品牌管理带来挑战，阿玛尼品牌延伸到了许多不同的领域，需要与不同品类的消费者互动，造成品牌风格和价值的差异，这削弱了而不是增强了品牌资产。

如果减掉阿玛尼的若干品牌延伸，会失去一些毫不相干的业务，得到的应是更强有力的阿玛尼服饰品牌竞争力，更强的品牌认知和更高的赢利能力。

品牌指南

谨慎推行相关领域的品牌延伸。

JUNE 6月9日 惠普的收购为何总是失败

品牌感悟

通过品牌并购来提升品牌价值并非一帆风顺。在进行品牌并购前，企业决策者应该多思考,并购对象能够给我们的品牌核心竞争力带来什么,以及并购是否真正能够提升我们的品牌价值。

品牌分析

2013年7月10日,IDC和Gartner双双发布行业数据——从发货量来看,2013年第二季度联想集团超越惠普,成为全球最大的PC(个人电脑)厂商。这一消息令业界对昔日的电脑龙头惠普公司的未来感到担忧。

现在提起惠普公司,大家想到的是它正在以惊人的速度衰退,一个重要原因在于它多年来的疯狂并购。近年来,惠普公司企图通过并购来实现公司的转型,但这一战略不断遭到现实的打击。

以前,惠普是计算机和打印机的品类代表,随着近十年来的成本上升,硬件竞争力不断下滑。惠普希望通过并购实现品牌转型,从IT硬件商转为IT服务商。

惠普试图通过收购一些"区别明显的相关业务",以横向策略实现公司转型,开发与企业服务相关的新产品。在并购转型过程中,希望引入不同的文化,重塑惠普品牌价值和理念。然而,横向的公司和文化很难融合,人们找不到原来的惠普,也发现不了新的惠普。

惠普公司曾收购移动计算领域的Palm公司、云计算领域的Autonomy公司以及计算机服务领域的EDS公司,不过,收购的结果多是以失败而告终,这导致公司陷入财政危机。

为什么惠普的横向收购风险如此之大?原因是管理层战略方向不对,为转型而转型,为收购而收购。没有想好未来的现金流从哪儿来,盲目的收购自然会失败。

与此对应的是,苹果坚定走上了产品创新道路,通过持续创新开发了iPhone、iPad,给消费者带来了新的体验;IBM也是转型,但它放弃了个人电脑业务,转而为企业提供咨询服务,获得了新的发展;微软仍然坚守操作系统;谷歌是搜索的巨头。这些企业始终有自己的特色与优势,惠普与它们的差距就这样被拉开。

品牌资产的收购需要基于现有的优势基础之上，制定清晰的发展定位及战略。惠普的核心竞争力在于产品，惠普一直以来偏重硬件，是一家硬件为王的公司，其强大的PC和服务器产品在客户心中认知度较高。

品牌并购与否的重要标准是并购能否提升品牌核心竞争力，特别是核心产品和服务竞争力。在一系列并购过程中，惠普离传统的优势硬件越来越远，但是始终没有找到自己新的优势领域。这样的并购转型模糊了消费者的认知，品牌影响力不升反降。

因此，尽管目前PC利润越来越低，处于一个艰难的时期，但是，惠普还是应该在传统优势硬件产品基础上进行转型，发展IT服务，这才是一个稳健的路径。而不是冒险尝试新的陌生领域，提供一种大家并不了解的服务和产品去重新开拓新市场。

品牌感悟

品牌并购必须清晰定位，形成互补和叠加效应。

JUNE 6月10日 为什么要喝娃哈哈格瓦斯

品牌感悟

大小通吃的时代正在结束，当强势品牌资产延伸到其他细分领域市场时，定位要清晰，产品优势要突出一个“点”。否则不是做乘法，也不是做加法，而是在做减法，甚至是做除法，削弱了品牌资产。

品牌分析

娃哈哈是中国饮料的龙头企业，但是近几年来，娃哈哈少有热销新品问世。

娃哈哈稍早前推出的啤儿茶爽销量不大；2012年推出的启力功能性饮料，由于定位不清晰，在与红牛的较量中处于下风。宗庆后似乎有些着急，拥有强大的渠道和旺盛的市场，娃哈哈迫切需要一款新产品来引爆市场。2013年，他把目光对准格瓦斯这个竞争力较弱的品类市场。

娃哈哈切入格瓦斯市场有其合理性:一是强大的品牌资产;二是充足的广告预算;三是全面的渠道能力;四是竞争对手相对较弱。

但是,娃哈哈这次延伸面临老牌格瓦斯厂商秋林的激烈挑战——2013 年 6 月 28 日,秋林公开叫板娃哈哈格瓦斯,发出官方微博——"拜托'娃',山寨也要认真点,兑点麦芽汁也敢叫格瓦斯? 加点苹果汁也敢叫格瓦斯? 套个琥珀色马甲也敢叫格瓦斯? 格瓦斯不是啤儿……模仿,也请用心点!!!"

尽管秋林的微博有炒作营销之嫌,但它的攻击正好说明了娃哈哈格瓦斯与秋林格瓦斯的区别。秋林称自己才是中国最早的格瓦斯,制作工艺是面包发酵,而并不是高热量的麦芽勾兑。这些点中了娃哈哈格瓦斯的软肋——娃哈哈品牌和格瓦斯关联度较低。

首先是消费者定位问题。娃哈哈的消费群体主要以青少年为主,广告投放集中在"我是歌手"、"非诚勿扰"等热门节目,收视群体也主要是青少年群体。然而,格瓦斯的消费者年龄较大,是一个成熟稳重的消费群体,这两者形成对立。

第二是文化定位问题。格瓦斯在俄语的意思是"发酵",是用面包干发酵酿制而成的液体,是俄国人心中的"国宝级饮料"。对中国市场而言,从文化影响力来说,俄罗斯文化相较于美国文化、德国文化和法国文化要弱一些。

青年人为什么喝可口可乐,因为体现一种美国自由的精神;为什么开宝马车,因为体现一种德国制作的精良;为什么要买法国的品牌,因为体现一种奢华概念。而消费者为什么要喝格瓦斯,很难在文化和价值诉求的共鸣上找到联系。

在许多中国青年人看来,俄罗斯是一个相对传统、落后的国家;而对他们的父辈来说,俄罗斯是一个伟大的国度,盛产文学和诗歌,还有格瓦斯。这就是消费者的文化认知差异。

最后是地域问题。哈尔滨与俄罗斯文化、经济和人文有着较深的渊源,而娃哈哈地处江南的杭州,缺少格瓦斯基因和血统。

所以,我们很难找到一个强力的理由来证明:人们为什么要喝娃哈哈格瓦斯。

品牌指南

找对新产品客户，才能实现品牌延伸。

JUNE 6月11日 打破“连”而不“锁”

品牌感悟

传统的加盟连锁往往是由品牌、批发商和零售商组成的大批发网络，不能垂直下沉到市场。这造成了品牌难以把握终端消费者的需求变化，导致品牌“连”而不“锁”的尴尬。

品牌分析

传统纺织服装业的发展模式属于典型的跑马圈地，一是打品牌，不计成本的广告投放；二是通过大批发模式，发展代理商，快速铺货，全国扩张，实现快速增长。

这一模式层级较多，一般由品牌、省级分销、市级分销、加盟商四个环节组成。对于品牌商而言，不直接对接终端市场，只要把货甩给代理商即可。

当市场好的时候，大批发模式可以快速推动销售增长；一旦遇到经济和行业下滑时，存货就会堆积如山，形成品牌“连”而不“锁”的困局。

作为服装行业的后起之秀，海澜之家走出了一条自己的品牌经营之路。海澜集团很低调，但是他创建的海澜之家品牌比较精细。

创建伊始，海澜之家品牌定位为“男人的衣柜”，致力于进行品牌营销，使其成为一个服装品牌、营销品牌、质量品牌、服务品牌等多种品牌复合经营的综合性品牌。

针对服装品牌“连”而不“锁”，仍然由地级代理或者省级代理的现状，海澜之家采用了麦当劳式的特许经营方式——对加盟商投资的门店进行严格统一的标准化管理。

海澜之家的销售增长有三点原因。一是品牌定位三线城市。“让所有想穿西服的人都能穿上西服”,将时尚进行普及。市场主要集中在三线城市,这是一个市场空隙,同时成本较低。事实上,今天受互联网冲击最大的还是一线、二线服装实体店,可见当年海澜之家定位的前瞻性。

自2009年初至2011年末,“海澜之家”以三线城市为重点,在全国建立起了营销网络。门店数量从655家增长到1919家,最近三年年均复合增长率为43%,实现了渠道的下沉覆盖。

二是赊购的采购模式。一般服装企业都是占用下游经销商的货款,向上游付全款。但是,海澜之家有上游优势,把优惠条件向下游倾斜,通过赊购上游供应商的货,而给渠道商足够的利益。在这种模式下,下游门店有积极性加快销售,推动海澜之家迅猛扩张。

三是零售导向的设计模式。海澜之家与供应商联合开发新品,海澜之家掌握优质渠道资源和品牌,始终控制产品设计的主导权。这样既充分利用了供应商的设计资源,发挥了供应商的积极性,同时可以根据市场导向设计新品。

2013年以来,由于互联网购物的冲击,纺织服装行业受到了一定的影响,海澜之家的实体专卖店也不例外。如何降低成本、满足消费者最新需求,这给海澜之家的品牌经营提出了新的挑战。

品牌指南

加盟连锁,正从大批发转向精细化。

JUNE 6月15日 品牌组合战

品牌感悟

一个拳头只有五指合力,才有冲击力。“品牌组合”就是这样,首先要打造一个强势品牌,然后再通过不同类别品牌的组合,减少品牌短板,实现品牌合力,吸引人气。

品牌分析

品牌组合是指在品牌运营过程中选择品牌组合、联动策略的过程,以实现品牌互补。

品牌组合是品牌资产运营链条中的重要一环,可以满足不同的细分市场和客户需求,从而实现品牌利益的最大化。同时还可以规避经营风险,避免因为某一子品牌的经营不善而拖累整个公司。

提起百丽,大家会想起一句经典、响亮的广告词:百变女人,百变百丽。“百丽”取名自法语Belle(美人),在近几年来激烈的鞋业竞争中,百丽鞋业的品牌组合引人注目。

百丽实施了典型的“做多品牌”的品牌组合战略,拥有真美诗、思加图、百丽、他她、天美意、森达、GEOX、BATA等近二十个自有及代理品牌。在高峰期,百丽国际2011年鞋类收入185亿元,占中高档女鞋市场的40%。消费者在商场的鞋柜楼层看到的几十种女鞋品牌,其中绝大多数品牌属于百丽旗下。

百丽鞋业在起步阶段并没有采取品牌组合战略,而是首先聚焦其核心市场——女鞋市场,做强如百丽、他她这样的品牌。在此基础之上,发现创造新的细分市场,再来创牌占据更多的市场份额。例如,百丽建立了天美意品牌,以扩大休闲时尚领域的市场;在典雅风格的女鞋领域,百丽建立了思加图品牌。

与此同时,百丽还收购其他品牌,以最快速和直接的方式,实现品牌的优化组合。百丽在巩固女鞋市场的地位之后,将发展触角深入到了男鞋领域。之前的百丽只有FATO一个男鞋品牌,为了完善产品结构,百丽收购了以做男鞋见长的森达集团,使得百丽的国内市场占有率一举超过20%。

百丽鞋业品牌组合模式是“品牌组合+控制渠道”。一是通过自建品牌、收购品牌等扩充品牌组合,使得公司的各个品牌针对不同的消费群,覆盖了不同的细分市场;二是这种品牌组合并不意味着各个品牌之间的重叠,而是保持了各个品牌之间的品牌独立性和差异性;三是百丽抓住城市最繁华的地段、人流量最大的百货商场渠道,将旗下诸多品牌打包驻入,形成强大的品牌组合氛围。

2013年以来,受到行业竞争和成本费用增加的压力,特别是电子商务渠道的冲击，百丽销量增速和利润率都在不断收缩。

百丽品牌组合也需要不断革新和优化。一方面，在品牌上，要进一步对各个细分市场进行深耕细作，进行更加精细化的人群定位和品牌营销；另一方面，在渠道上进行调整，百丽需要进一步降低销售重心，提高三线城市的市场占有率。

品牌指南

细分客户，打好品牌组合战。

JUNE 6月16日 让品牌曲线“笑起来”

品牌感悟

纺织服装企业最大的挑战不是订单减少，而是订单趋势性转移。如果企业建立了强势品牌，占据微笑曲线的两端，无论订单转移到何处，品牌仍然是最大受益者。

品牌分析

微笑曲线理论来源于国际产业链分工模式。产品从生产到销售，必须经过市场调研、品牌创意、技术研发、组装加工、市场营销和售后服务等多个环节，这条产业链形成一个微笑曲线，品牌营销和研发环节处于产业链附加值两端，而制造生产环节处于最底端。

在当前的国际分工模式中，中国的纺织服装企业一直处于产业链的低端。品牌曲线总是不能“微笑”。所以中国纺织服装企业出现同质化，即价格低廉，没有品牌，缺少创新。

国际金融危机后，由于成本上升，需求下降，中国的劳动力优势不断削弱，纺织服装企业的价格优势也在被替代。唯一的出路是转型与升级。

红豆集团打造了属于自己的品牌“微笑曲线”。2008 年开始，红豆看到了这一趋势，加快了转型升级的步伐，一手向研发设计要竞争力，一手向品牌要效益。从原来的生产经营型转到创造运营型。

通过品牌运营模式创新,红豆把原来的工程中心作为样板工厂,剩下的全部外包。中间的加工环节主要依靠社会资源,红豆样板工厂输出红豆管理和文化。为了控制外包风险,对每个外包的加工厂,红豆都会派员工驻场把关,实行严格的末位淘汰制,每年会有多达10%的外包加工厂商遭到淘汰。

如此一来,红豆把精力主要放在“两自”环节,一是自主品牌,二是自主创新,所以集团各公司和三级企业集中精力搞科技研发和品牌拓展。

微笑曲线的一端是技术。专利是企业赢得市场竞争主动权、获得较高利润的最有力武器。2011年红豆申请专利211个,发明专利41个。红豆连续多年申报专利数量超过百件,现在共有专利1700多件。红豆将所申请的专利全部转化为产业化生产力,成为企业增长的强力支撑。

微笑曲线的另一端是品牌拓展和营销。2008年以来,红豆五大品牌——红豆形象男装、红豆居家、红豆家纺、依迪菲、轩帝尼,在全国开设品牌连锁专卖店,成为主流人群的消费选择。截至目前,红豆品牌连锁专卖店在全国猛增至3000多家,仅红豆男装连锁专卖就已达到1000多家。

打造“百家样板工厂”、“千人研发团队”、“万家专卖商店”、“百亿级电子商务”,红豆集团实现了从传统生产制造企业向现代品牌创新企业的转身,打造了自己的品牌微笑曲线。

品牌指南

打造“两自”品牌,让品牌曲线笑起来。

JUNE 6月17日 200亿品牌为何要换标

品牌感悟

企业生产的是产品,而销售的是品牌。在制定企业战略之前,前瞻性地制订品牌定位、品牌战略及保护体系非常必要。否则,今天产品卖得越多,未来的成本就会更大。

品牌分析

联想品牌的原英文标识是“Legend”，加上类似5寸软盘、外方内圆的联想品牌图，象征着传奇之意。自创业以来，联想对“Legend”标识不断投入，使得“Legend”在国内具有广泛的影响和清晰的认知。

当时，英文标识“Legend”已经印在成千上万的联想产品上，联想PC占据国内市场占有率第一的位置，品牌价值高达200亿元。像“Legend”的英文原意一样，联想演绎了一段中国IT企业的“传奇”。这个标识故事被人们所熟知，品牌印象非常深刻。

不过，2003年4月28日，当联想集团总裁杨元庆将绘有联想新标识“Lenovo联想”的旗帜缓缓升起时，标志着联想“Legend”标识时代的结束。“Lenovo”从此将取代“Legend”，成为联想品牌的新标识，并在全球范围内注册推广。

联想为何毅然决定更换品牌标识？直接原因是在推行国际化时，联想品牌的“Legend”已被多国注册，联想在多国部队的狙击下，在境外出售的产品不得不重新改头换面，注册新的商标，启用新品牌标识。

联想换标后，出台了新的品牌战略。国内也不再使用“Legend”老标识，用统一化的品牌标识“Lenovo”进军全球市场。在国内保持使用“Lenovo”+“联想”的标识；在海外则单独使用英文标识“Lenovo”。

在英文新标识“Lenovo”中，“Le”取自原先的“Legend”，承继“传奇”之意；“novo”则代表创新之意。联想换标后，新品牌标识内涵更具创新性、进取性，推进了联想品牌国际化。

当时联想换标引发的争论，更多集中在联想将为此付出多少代价。据人民网的一篇报道称，考虑到联想在原标识上的品牌推广投入和该品牌的市场价值，联想将为换标付出400亿元人民币的代价，有人估算出是200亿元。但无论是400亿元还是200亿元，事关联想未来的国际化，“断臂救生”是一种必然。

在一个正确的时间做了一件正确的事，联想换标无疑是幸运的。但是，其他中国企业不能侥幸成为联想。

在进行品牌资产运营和管理过程中，目前国内许多企业缺乏明确的品牌战略意识和保护意识，以为品牌就是打广告、做促销，在创业初期品牌定位和战略短期化，在企业发展过程中又不重视品牌资产保护。一旦企业进入快速扩张，忽然发现品牌“身不由己”时，重新改头换面，制定新的品牌定位、体系和战略就会付出巨大的代价。

品牌指南

未雨绸缪，从长远角度保护品牌资产。

JUNE 6月18日 顶破品牌的“天花板”

品牌感悟

多数品牌都会遇到行业的“天花板”。由于新技术的普及，品牌经营环境面临越来越大的变化，没有一成不变的品牌发展模式。在行业拐点出现前，必须进行坚决的品牌再创造或者再定位。

品牌分析

品牌也有市场生命周期，存在天花板效应。品牌再创造是根据市场环境和自身条件对品牌重新定位和创造，强力顶破天花板，打开新增长空间。

受到竞争品牌的创新和技术逼近，或者消费者偏好的趋势性变化，品牌再创造是品牌升华的一个必然过程。经过再创造后，品牌能更有效地满足消费者需求，保持顾客对品牌的忠诚度。

由于电子商务的冲击，家电实体零售受到了较大的影响。为了应对这一挑战，2012 年以来，中国电器连锁龙头苏宁电器开始了有史以来最大规模的转型。2013 年 2 月 19 日，苏宁电器发公告宣布拟将公司名称变更为“苏宁云商集团股份有限公司”。

此举意味着，苏宁电器开始了全面的品牌再造，积极拥抱互联网，转型为互联网零售商。与此同时，包括品牌定位、品牌战略和品牌服务等将出现一系列升级和再造。

苏宁的零售模式将是“店商+电商+零售服务商”，就是所谓的“云商”模式或者O2O模式，表现为线上线下多渠道融合、全品类经营、开放平台服务的业务形态。未来中国电子商务的格局将呈现三足鼎立的格局，一是以京东B2C为代表，二是以天猫为代表，三是以苏宁为代表的线上线下融合的O2O模式。

苏宁品牌再造的第一步是去电器化。2012年初，苏宁品牌实施去电器化战略，线上线下共同出击，全品类扩张。在线下，苏宁新开设Expo超级旗舰店、乐购仕生活广场，与苏宁易购结合起来，共同提升客户体验；在线上，苏宁易购从图书品类着手逐步拓展非电器产品，如酒水、食品、保险、团购、电子书等品类，最后开放平台。

第二步是加强线上线下融合，云商模式落地。实体店与苏宁易购的产品融合，全国所有苏宁门店、乐购仕门店销售的全部商品与苏宁易购实现同城同品同价，实现O2O模式的全面运行。

一方面是实体门店的互联网化，即“把互联网搬到门店”，一些城市的苏宁核心门店配置了液晶显示屏和二维码墙，用于出样展示苏宁易购热销产品。还设立门店苏宁易购服务区，引导客户线上咨询和下单。

另一方面是把门店搬上互联网，用互联网、物联网技术扩充了门店品类丰富度。如在苏宁易购APP客户端中增设门店频道，消费者可选择自己关注的苏宁门店，通过手机查询近期门店商品、促销、评价等信息。

总之，在品牌再造过程中，苏宁将互联网化体现在购物各个环节。在融合支付方面，苏宁门店实现了易购下单、门店支付，苏宁还推出借助二维码的新型支付方式，进一步融合线上线下的便捷支付。

作为一个营业收入超千亿元的大型传统零售企业，在互联网环境下，苏宁启动了迅速而果断的品牌再造和再定位，体现了勇气和自信。

品牌指南

品牌再创造是延长品牌周期的重要一步。

JUNE
6月22日

苹果商标为何“屡战屡赔”

品牌感悟

品牌资产需要防火墙。品牌资产的知识产权要寻求法律保护,这样品牌的功能才能持续发挥。在这一点上,由于品牌的知识产权法律保护意识淡薄,许多知名品牌遇到过“李鬼”,拆过招,吃过亏。

品牌分析

2013年上半年以来,苹果不断在全球一些国家申请注册其智能手表“iWatch”的商标。但是在中国,“iWatch”商标已经被其他公司注册,同时还有类似商标“iWatching”也已被注册成功。未来苹果iWatch进入中国时可能再次遭遇纠纷。

从iPhone到iPad,不管苹果产品有多好,由于缺乏商标保护意识和体系,进入中国时不断遇到商标难题。最后,苹果都支付了昂贵的“转让费”,可谓“屡战屡赔”。

2004年,汉王科技注册了“i-phone”商标,使用范围为固定电话。2009年7月,苹果和汉王达成i-phone商标转让协议,折合人民币2490万元。

2010年,苹果iPad进入中国,但中国台湾企业唯冠科技在中国拥有iPad商标,于是两家公司陷入密集的商标纠纷。一度传出唯冠要求转让费用达30亿美元之巨,双方打了一场知识产权的世纪大案。这一官司一度让苹果陷入商标困境。

2012年4月24日,针对苹果公司与深圳唯冠iPad商标纠纷案,国家工商行政管理总局副局长付双建回应,“根据我国商标法的有关规定,目前深圳唯冠仍然是iPad商标的合法注册人”。

付双建同时解释,“按我国商标法第39条规定,转让注册商标的,转让人和受让人应当签订转让协议,并共同向商标局提出申请。转让注册商标经核准后,予以公告。受让人自公告之日起享有商标专用权。根据上述规定,目前深圳唯冠仍然是iPad商标的合法注册人。”

这表明，不管苹果与唯冠的商标确权案谁将胜诉，都有可能出现苹果在正式公告权利之前非法使用 iPad 商标的违法行为。此举将傲慢的苹果逼回谈判桌前，甚至有媒体报道说，苹果方面已对 iPad 在中国大陆更名成本进行评估。

幸运的是，唯冠经营不善，急于出售该商标变现。最后经过多番“较量”，苹果支付唯冠 6000 万美元了事，也算是不幸中的大幸。

现在，如何解决 iWatch 的商标问题，苹果大致有三种方法。第一，中国法律规定连续三年不使用的商标可以被申请撤销，所以苹果首先可以申请撤销对方商标权人的商标；第二，与商标权人协商转让商标；第三，不得已的办法是在中国放弃 iWatch 这个品牌，品牌更名。根据以往的经验，苹果最有可能的做法还是花大价钱购买商标权。

根本上讲，最有效的办法是提前进行全球品牌知识产权保护，注册商标，寻求法律保护，面临侵权时拿起法律武器保护自己的知识产权。

品牌指南

构建品牌资产保护不能一错再错，甚至错上加错。

JUNE 6月23日 “7X 商品”的秘密

品牌感悟

品牌技术是品牌领先地位持续确立的前提。这意味着该企业能比竞争对手提供更多的功能和品质，这是品牌资产领先的关键。技术越先进、越独特，品牌的壁垒就会越高。

品牌分析

技术含量和水平决定着品牌壁垒的坚固程度。通过对产品技术的持续研发创新，企业可以策略性地形成与其他竞争对手的技术壁垒区隔，建立竞争对手无法逾越的技术壁垒，从而保障品牌的差异化和不可取代性，在经济周期中持续领先竞争对手。

可口可乐公司的技术命脉是诞生在1886年的可口可乐配方。可口可乐对外公开的主要配料包括糖、碳酸水、焦糖、磷酸、咖啡因等。可口可乐引以为豪的技术秘诀是配方中占不到1%比例的神秘配料——“7X商品”。

正是“7X商品”的存在，使得可口可乐配方像谜一样神奇，其他公司好像无法在技术层面超越可口可乐公司。

百事可乐等竞争对手斥巨资对可口可乐配方进行分析和解密，但是一直以来，始终无法破译配方背后的技术密码。同时，为了保持可口可乐的技术壁垒，可口可乐公司对“7X商品”的保护也做到了极致。

“7X”信息的三个组成部分分别由三个公司高级职员保护。如果有人想查询秘方，必须要向公司递交申请。在得到董事会批准后，才能在有官员在场的情况下，在指定的时间内打开，堪称顶级技术的商业秘密。

在对外交易中，可口可乐配方也同样保密。可口可乐公司只向合作伙伴提供半成品，获得其生产许可的厂家只能得到浓缩的原浆，以及将原浆配成可口可乐的技术和方法，却无法得到原浆的配方及技术。

2006年8月，可口可乐公司在印度曾经发生过一次品牌技术危机事件。当地出售的可口可乐被发现含有杀虫剂成分，印度最高法院勒令可口可乐公司交出配方。但是，为了保护公司的技术秘密，维持技术壁垒，可口可乐公司坚决不公布配方。

可口可乐公司不惜得罪印度9亿人口的巨大市场，抬出美国政府向印度政府施加压力。这一对立的后果是，可口可乐在印度市场受阻，但是保住了独家配方，畅销全球其他市场。

颇具讽刺意味的是，由于百事可乐的冲击，可口可乐公司曾经想更新产品技术而引发技术壁垒的动摇。1985年，可口可乐宣布要推出新配方。新可乐配方要比旧可乐稍甜一些，但是消费者不买账，纷纷抵制新配方的可口可乐。直到可口可乐恢复旧配方，才平复了这场因为技术更替而引发的品牌危机。

品牌指南

研发独一无二的产品技术，构建品牌壁垒。

JUNE 6月24日 丢了价格，输了口碑

品牌感悟

价格是品牌保护的关键点。价格对品牌形象有着重要影响。很多价格战都是杀敌一千，自伤八百。以价格战来推动销量的增长比较短视，从长期来讲，这会给品牌声誉带来负面影响。

品牌分析

价格是一把双刃剑，合理的价格策略可以使品牌从众多品牌中脱颖而出，吸引消费者，从而提高市场份额。但是，价格这把利器如果运用不当的话，则可能会伤害品牌自身。

2012年是电商价格大战最猛烈的一年。在这一年里，许多品牌加入价格促销活动中，吸引了亿万消费者的关注。京东、苏宁的价格大战首先爆发，国美随后介入。后来，天猫又一手策划了“双十一”促销。“双十一”总销售额达到191亿元，其中天猫132亿元，淘宝59亿元，创造了惊人的销售业绩。同时，各大网站在知名度上赚得钵满盆满。

但是，在这种市场繁荣热闹背后，多家电商的服务、管理和配送等面临诟病。很多电商在促销的过程中，采用“先涨价后打折”的方式来欺骗消费者。“购物返券”的形式也存在着“拴住顾客钱包”的问题，顾客需要以搭配购买或者凑单的形式，购满一定金额以上才能使用购物返券。而且下单时经常出现支付不力，付款后又出现物流拥堵、延迟到达等状况。

在这一系列的价格战当中，很多消费者并没有获得真正的实惠，反而发现商家在利用价格战的炒作来谋取利益。由此消费者产生了大量的负面口碑评价和负面品牌印象，品牌的美誉度下降。一进一出，得不偿失。

从早前的彩电大战到现在电商大战，一直以来中国企业竞争的重要手段就是价格战。经验告诉我们，在所有的价格大战后，真正强有力的品牌并没有建立；反而，那些每年都在涨价，而服务和品质不断提升的品牌受到消费者持续的热捧。

一分钱一分货，价格仅仅是消费者关注的一个方面，商品的品质、服务和配送也是很重要的方面。

一定的品牌联系一定的价格。企业应该建立严格的价格控制体系，保持市场价格的统一性和稳定性。如果以牺牲品质降低价格，来获得市场占有率，任何企业都将不可持续。虽然从短期来看，商家是赢家，但从中长期来看，商家的品牌形象和声誉已经在消费者的心中打了折扣。

价格战同时打乱产业的价值链，使得上游供应商不得不降低价格，但是成本又在增长，只能以次充好，忽悠消费者，降低了品牌美誉度。问题是，电商们为什么如何热衷价格呢？原因非常复杂，主要与资本的非理性推动有关。

电商们似乎已经从2012年的价格战中吸取了经验教训。2013年，没有出现直接对骂大打价格战的场面，而是更加理性，加强供应链管理，提升服务品质，回归价值战。

品牌指南

价格战是最低层的品牌竞争。

走出去，沉下来

无论是借船出海，还是抱团出海，都需要一个很好的“胃”。

>>> >>> >>> >>> >>>

7 July

SUN日	MON一	TUE二	WED三	THU四	FRI五	SAT六
	1 建党节	2 廿五	3 廿六	4 廿七	5 廿八	6 廿九
7 小暑	8 六月	9 初二	10 初三	11 初四	12 初五	13 初六
14 初七	15 初八	16 初九	17 初十	18 十一	19 十二	20 十三
21 十四	22 十五	23 大暑	24 十七	25 十八	26 十九	27 二十
28 廿一	29 廿二	30 廿三	31 廿四			

JULY 7月1日 “狼性文化”失意美国市场

品牌感悟

当一个新兴品牌进入发达国家市场时，常常会在当地市场面临不理解、猜疑甚至攻击等多种心理。品牌应该保持一个公开、透明的姿态，处理好与当地媒体、政府和公众的关系，让利益相关方了解并支持品牌，管理好品牌利益相关方的预期。

品牌分析

2013年4月，华为高层对外宣布“我们对美国市场已经没有兴趣了”，这意味着华为将退出美国市场。在此之前，华为在美国进行了大规模的投入，然而，由于品牌相关利益方的阻碍，华为现在不得已退出美国市场。这对美国所谓平等自由的市场来说是一个嘲讽，对华为国际化来说，也是一个遗憾。

近几年来，华为在美国市场一直不顺畅，原因在于知识产权、政治及公关等多种因素。华为在美国被误解和指控，与全球网络设备老大思科的背后策划有很大关系。

然而，自我反思后发现，竞争对手、当地政府、客户和民众对华为品牌和文化的不理解也是不可忽视的因素。这反映了华为在品牌国际化过程中与当地媒体、政府和公众沟通不畅，引发了所谓的国家安全忧虑，造成了品牌利益相关方预期管理的失败。

“以客户为中心，聚焦用户关注的挑战和压力，提供有竞争力的通信解决方案和服务，持续为客户创造最大价值”是华为长期秉承的核心价值观。品牌国际化是全方位的，包括品牌、公关、管理、人才等多方面。华为注重和客户打交道，却很少跟媒体打交道。

华为总裁任正非已经成为业界的传奇。让记者头疼的是任正非领导下的华为非常低调神秘，任正非也从来不接受记者的正式采访。任正非的回答令人吃惊：“我们有什么值得见媒体？我们天天与客户直接沟通，客户可以多批评我们,他们说了,我们改进就好了。对媒体来说,我们不能永远都好呀！不能在有点好的时候就吹牛。”很显然,华为把媒体看成宣传的工具,而不是一个沟通品牌利益相关方的系统。

任正非领导下的华为有自己独特的风格,推崇狼性文化和军事化管理,把市场竞争看成你死我活的较量。但是作为国际化品牌,华为应该站在品牌利益相关方的角度考虑问题,妥善地协调平衡与当地政府、客户、合作伙伴、投资者、社会甚至是竞争对手等方面的关系。

华为国际化要融入当地社会,让美国国会议员、社会民众甚至竞争对手相信你、欢迎你,共同做大市场,提升生产效率,推动科技创新,为美国民众提供更便捷的电子通信服务;而不是让美国人担忧一条狼闯入美国后院,要把他们的狗全部吃掉。

尽管华为的国际化是中国企业的经典案例,但在品牌国际化方面,华为还有遗憾。一旦当区域性品牌成长为国际品牌后,品牌的管理、文化必须保持透明、公开和开放的姿态,得到当地多个利益相关方的理解和支持,才能赢得宽松的国际化环境。

品牌指南

以开放、透明的姿态让品牌被了解和接受。

JULY 7月2日 放大协同效应

品牌感悟

奥迪品牌虽然现在在中国很风光,但是20世纪,在戴姆勒－奔驰的并购中,奥迪曾是一个不受待见的弃儿。之后,奥迪被大众从戴姆勒－奔驰手中并购后,就成为活宝,原因是大众和奥迪的结合产生了强大的协同效应。

品牌分析

品牌并购的协同效应是指企业通过并购其他品牌,以获得该品牌资产、技术和产品与本品牌资产、技术和产品的协同融合，增强双方品牌总资产，使得并购效率最大化。

奥迪的品牌历史之所以没有奔驰、宝马显赫，是因为奥迪曾被奔驰遗弃并遭遇两次破产。20世纪50年代，奥迪的前身新汽车联盟被戴姆勒－奔驰公司收购，奔驰希望通过增加产品品种扩大不断萎缩的市场份额。

但是到1964年，新汽车联盟面临严峻的财政危机。由于戴姆勒－奔驰公司旗下高端品牌与奥迪品牌形成重叠，不能形成协同效应，导致新汽车联盟与戴姆勒－奔驰公司无法纵深合作，子公司的财政问题难以解决。由于经营深陷危机，奥迪被奔驰"遗弃"给了大众。

从1964年起，大众开始逐步并购奥迪。到1966年，大众公司完成了并购，奥迪正式成为大众旗下的一个子公司。并购之后的奥迪非常成功，这次并购堪称汽车史上最成功的一次品牌并购。

我们研究了大众对奥迪的并购，有以下几个因素促成了这场并购的成功。首先，大众从自身需求出发，有着清晰的并购目的，即看中奥迪先进的工厂设施和生产线。戴姆勒－奔驰在并购奥迪后，共耗费1亿多马克兴建了新的生产基地，这使得奥迪有着当时欧洲最大、最现代化的汽车工厂。这些工厂为日后奥迪的不断创新和重新进入高级车市场打下了基础。

其次，大众在收购奥迪后制定了品牌协同发展路线。戴姆勒－奔驰公司旗下由于有强势高端品牌的存在，所以无法处理好奔驰与奥迪的关系。但事实上，奥迪在"二战"前曾经是豪华汽车市场的一面旗帜，在高端轿车市场上仍有着强大的品牌号召力。

大众是"平民之车"，正缺少这样一个高端品牌。大众收购汽车联盟后，将奥迪与NSU公司合并，成立了新奥迪公司，并沿用了四环标志。大众有效利用奥迪的高端知名品牌，以奥迪品牌进军豪华车市场，与大众汽车相辅相成，获得了更为有利的品牌竞争格局。并购后，大众汽车实现了从针对中低端消费者转向高中低端市场全覆盖，成功打开了高端市场的大门，并且提升了自身形象。

再次，奥迪依托大众公司强大的资金、技术和研发实力，不断地进行技术创新，生产出很多新车型，提升了奥迪品牌在高端车的市场地位，为后来的复兴创造了条件。

大众给予了奥迪雄厚的资金支持。当时大众汽车是德国最大的汽车生产厂家,这一收购得到了当时政府的支持,保证了被收购后的奥迪度过困难时期。之后,奥迪快速投资开发新产品,重新兴起。正是因为大众和奥迪把二者的优势结合,有效利用双方的优势资源,放大了协同效应,最终取得了并购的成功。

品牌指南

优势结合,相辅相成,协同发展。

JULY 7月3日 吉利:你准备好了吗?

品牌感悟

吉利与沃尔沃两个品牌的关联度较远,一个低端,一个高端。吉利收购沃尔沃后,如何处理两个品牌的关系,协同而不是混淆两个品牌的消费者核心价值联想至关重要。

品牌分析

在全球汽车并购史上,大多数的并购以失败告终。迄今为止,大众并购奥迪是最成功的汽车并购。在品牌并购过程中,除了产品、技术之外,企业要重视对国际品牌价值的消化吸收,企业与企业、品牌与品牌之间要实现有机融合,“血浓于水”,从而推动并购品牌与被并购品牌的整体提升。

2010年8月2日,吉利收购沃尔沃的最终交割仪式在伦敦举行,吉利完成了对福特汽车公司旗下沃尔沃轿车公司的全部股权收购。这一并购引发全球关注。汽车制造是工业制造的最尖端产业,技术、产品和品牌需要几十年甚至上百年沉淀积累。吉利迈出了勇气可嘉的一步,但是整合任重道远。

由于多种因素,无论从短期还是长期来看,吉利并购沃尔沃将是一次国际化并购攻坚战。

从短期来看,吉利收购沃尔沃100%的股权并接手所有债务,这对吉利的财务能力、盈利能力提出挑战,2013年将是重大考验的一年,必须做好沃尔沃再亏的打算。

从长期来看,如何实现大众与奥迪并购的品牌协同效应最为关键。吉利并购沃尔沃一直以大众并购奥迪为学习模型。

不利因素是,沃尔沃品牌与吉利品牌的差异较大,基因不太一样。沃尔沃品牌在欧洲乃至整个世界市场具有较强的影响力和号召力,沃尔沃品牌主推的"安全"概念具有较强的品牌价值联想。

吉利品牌是国内一家民营汽车制造企业,技术、规模和品牌都处于低端水平。历史上并购奥迪的大众汽车是德国国内最大的汽车公司。两者的差距给吉利整合消化沃尔沃提出了巨大的品牌、文化和管理挑战。

所以,如何处理吉利与沃尔沃的品牌联系,至关重要。换言之,吉利需要说服中国及其他国家消费者相信,吉利并购后的沃尔沃品牌仍然保持原有的安全豪华血统,而不是被吉利品牌所稀释拖累。

我们的建议是,要实现"大众—奥迪"式并购,需要一个耐心渐进的过程。一是在品牌并购整合的第一阶段,尽可能使得两个品牌独立运作,将资源向沃尔沃倾斜,尽快使这个高端品牌恢复元气。这一阶段的目的不是以沃尔沃来提升吉利品牌、技术和管理。吉利高管应认识到,别指望吉利品牌从沃尔沃品牌中提升多少,销量扩大多少,而要先专注做好沃尔沃品牌。

二是在品牌并购整合的中后期,在沃尔沃市场占有率和财务状况有效恢复后,推出金字塔品牌布局模型。金字塔的尖端是沃尔沃品牌,并购后整合得非常漂亮,是品牌模型的旗帜;金字塔的底端是吉利品牌,奠定销量和规模基础;在时机成熟的时候,推出金字塔的塔身——中端的腰部新品牌,让它成为新的主要利润来源。

品牌指南

融合提升,循序渐进。

JULY 7月4日 “蛇也能吞象”

品牌感悟

中国企业最缺乏的不是市场，也不是技术，而是品牌。一直以来，全球消费者对于中国制造的认知就是“便宜货”。通过内生式的发展，改变这一现状过程较为漫长。品牌国际并购是品牌提升的一大利器。

品牌分析

中国的企业和品牌在产业链分布和国际分工当中大都是处于微笑曲线的底端。通过十几年的发展，中国企业在技术和设备上已经开始接近甚至反超世界企业，差距不断缩小。但是，唯一没有拉近的差距还是品牌和品质。

如何缩小品牌竞争力的差距？并购全球知名品牌是一条品牌提升的快速通道。联想并购IBM的PC业务，借力于IBM强大的影响力来提升自身的品牌号召力，一举成为国际品牌。

2005年5月1日，联想宣布完成收购IBM全球PC(个人计算机)业务，合并后的新联想当时以130亿美元的年销售额一跃成为全球第三大PC制造商。

IBM是有着百年历史的PC发明者，联想是一家中国的民营高科技企业，双方的品牌影响力和竞争力不在一个等级上。这次并购堪称“蛇吞象”，联想的胃口相当吓人。

此举开启了联想品牌国际化的新阶段，使得联想品牌和IBM品牌产生了强烈的相关性，后者快速地提升了前者的品牌国际影响力。形象地说是炸油条的收购了穿西装的，前者的形象立马更新换代。

不过，当时舆论并不看好这次品牌国际化并购，认为联想此次并购较为激进，恐怕会消化不良。后来的事实表明，这次并购过程整合较为曲折，新联想一度大亏。好在联想底子硬，强势整合，扭转了困局。

在并购之前，联想作为一个在本土领先的PC企业，技术并不领先，其优势在于国内的品牌和销售。并购IBM的个人电脑事业部和IBM全球台式电脑和笔记本业务,是联想品牌国际化战略不得不走的一步。

首先,并购扩大了联想的产能,使PC业务规模大幅度提升,销售额扩张;其次,并购整合了IBM台式PC在海外的设计、采购、制造、销售和流通资源,为联想全面国际化铺设好道路;同时,通过并购整合,联想可以学习国际先进管理和市场运作经验。

此次并购是双赢的,用柳传志的话说,IBM做PC业务是"穿西服的卖油条",显然不合适。IBM甩掉利润率低的PC业务,可以进一步实现公司IT服务战略的转型;而联想拿到这部分业务,正好实现规模和品牌的快速提升,做大做强PC业务。

事实上,IBM最核心的资产首先在于品牌。IBM历经百年沉浮,经历过多种经济环境和周期,但仍然保持创新力。本次并购对联想最重要的影响就是,联想借助IBM的国际品牌形象,迅速打开国际知名度,获得全球性的认知,提高其全球销售额,跻身全球个人电脑知名品牌行列。

品牌指南

看准时机,大胆进行"蛇吞象"式并购。

JULY 7月8日 如何让两个人跑得更快?

品牌感悟

品牌国际化并购的最大难题是整合,包括人力、文化和理念的整合。如何让两个人跑得更快?品牌国际化并购就像两个人把腿捆在一起一样,如果节奏不一致,不仅跑不快,还会跌倒。唯一的办法是把两个人融合成一个人。

品牌分析

并购后如何实现真正的整合与融合?如何实现协同应对?如何打造新品牌,提升品牌核心竞争力?这一切都是"蛇吞象"之后需要解决的问题。

联想"蛇吞象"的最大风险来自并购后的整合。如果不能将IBM的品牌消化并融入联想，收购效果就大打折扣。

在并购后的三年里，联想的销售额逐步增加。然而到了2008年，联想的业绩出现了明显的下滑，利润出现了巨额亏损——截至2009年3月31日，联想2008/2009财年业绩显示，其营业收入为149亿美元，同比下滑8.9%，净亏损2.26亿美元，而上财年净利润为4.48亿美元。

这是联想历年来最大的一次亏损。此时，全球性的金融危机仍在持续，在全球个人电脑行业不景气的时候，联想似乎也不能幸免于亏损，而且亏损的幅度超出了人们的预期。美国的《商业周刊》杂志当时称“并购IBM失败是联想全球化受挫的主因”。

联想创始人柳传志的回答真诚而且坦率，“2.9亿美元使联想站到了悬崖的边上，至于亏损的原因，世界金融危机只是导火索罢了，根本原因还是在管理上，在企业文化的磨合上。”

价值观和文化是联想在中国的成功之道，在柳传志构建的联想文化和精神激励下，联想形成了攻无不克的“斯巴达克方阵”。

然而，联想并购IBM的个人电脑业务后，企业价值观和文化出现了分离。国际化后的联想不再团结，势力分割，存在联想系、IBM系、Dell系之间的对立，观念不一致，沟通不顺。这种价值观和文化的冲突导致运营效率低，产品战略的推出落后于竞争对手，整体的效率也难以提升。

这一切柳传志看在眼里，急在心上。“高层管理人员年年制定预算。但是，每当某个季度目标无法兑现时，他们就会降低期望。董事会目睹了多次管理层不能兑现承诺的例子。下属和经理也存在类似的情况。制定目标的时候，一方面，下属有时会提出过高或者过于夸大的目标，但是经理却不会说什么，因为他们担心这样会疏远员工；另一方面，有时候是经理给下属提出不切实际的目标，下属也不会说出来，为的是避免批评自己的老板。”柳传志接受媒体采访时说。

危机时刻，柳传志复出担任董事局主席，杨元庆担任CEO。在9人的领导团队中，除CEO杨元庆以外，有4个中国人和4个外国人。柳传志复出后，首先在高管团队中确立了联想公司文化和价值观——说到做到，尽心尽力。

这并不仅仅是一种口号，而是真正落实到管理中。当高管提出一个目标时，会仔细考虑，确切知道应该如何做才能达到这个目标。在对企业文化一致认同和强力执行下，联想的整合效率不断提升。

品牌指南

人力、文化和管理整合是品牌国际化并购的关键。

JULY 7月9日 让“1 +1 >2”

品牌感悟

品牌并购要实现“1 +1 >2”并非易事。单一品牌结构对于并购整合进来的新品牌具有一种天然不友好的态度，虽然是不自觉的。它会试图改造新品牌并让它们归顺于主品牌，这是不当的举措。

品牌分析

迈克尔·波特对“《财富》500 强”企业所做的研究表明，那些进行了品牌并购的企业，由于并购后不能很好地整合，在并购 5 年后，70% 以上的企业又重新进行了拆分。

因此，如何确定品牌并购的战略目标，规划品牌结构，最终实现品牌并购“1 +1 >2”效应，实现品牌并购预期目标，就成为了品牌并购过程中的难题。

20 世纪，索尼、丰田等制造业公司纷纷进入美国市场，展开国际化并购，获得了品牌国际化成功，这些案例值得今天的中国公司借鉴。

日本索尼公司成功并购哥伦比亚电影公司是品牌并购的一个典型案例。以制造业为根基的索尼公司在并购之初面临多个因素困扰，一是历史遗留的反日情绪，并购面临文化障碍；二是从制造业到文化娱乐业的跨界非专业领域并购，面临专业、技术和人才障碍；三是心理因素，哥伦比亚电影公司是美国影视文化的象征，商标是美国的自由女神像。当一个学生进入老师的国家，并购其标志性文化资产和品牌，美国人必然会感到不安和焦虑。因此，这一并购普遍不被外界看好。

正因为这些不利因素,在并购的过程中,索尼考虑到了新旧品牌对立及背后的文化整合,推行了稳健的并购融合战略——独立品牌战略。索尼克服阻碍,合理分配并购后各品牌的资源,让各品牌的核心价值诉求互不干扰和冲突,实现相互联系和补充。

第一,产业独立。并购后索尼保持哥伦比亚旗下各公司的名称、属性不变,将其作为完全不同于电子制造业务的独立产品线自主运作,不盲目进行品牌延伸。

第二,管理独立。索尼选择了保持被并购品牌哥伦比亚公司的独立性,明确了各自的资源流向,避免了内部消耗。

在此基础上,索尼指定霍华德·斯特林格接管索尼(美国)的管理工作,帮助索尼(美国)在电子和娱乐业之间建立一种全新的品牌价值链。通过相对分隔的品牌运营和整合,索尼借助品牌并购,实现了从制造业到娱乐产业的延伸,最终达到了“1+1>2”的效果。

更为关键的是,在两个品牌的整合过程中,索尼淡化自己的日本背景。通过媒体关系、公关传播等方式与美国政府、国会、竞争对手、消费者和公众进行沟通,使得品牌利益相关方相信并认同索尼的并购,会给他们带来新的价值,而不会吃掉美国这位老师。同时,索尼运用美式商业文化和思路管理公司,避免了品牌文化冲突,实现了不同品牌文化之间的嫁接和融合。

成功并购哥伦比亚公司对于索尼意义重大,使其从制造业涉足文化创意产业,推动了产业升级,这对今天举步维艰的日本家电企业来说是前瞻的一步。

品牌指南

扬长避短,制定正确的品牌并购融合战略。

JULY 7月10日 接地气，不摆谱

品牌感悟

企业实施品牌全球化战略,应该坚持全球化与本土化的统一,重视当地文

化和特殊因素对品牌的影响。既要仰望星空，又要学会脚踏实地。只有站在“全球化”的高度，拿出“本土化”接地气的态度，才能顺利推进品牌国际化。

品牌分析

品牌大师列维特提出了“思想要国际化，行动要本土化”的观点。“思想要国际化”是指公司要制定全球化战略，打造国际化品牌，从全球分工的视角安排生产与经营，扩大品牌在海外的影响力。

“行动要本土化”是强调品牌扩张要通晓并掌握本土市场的游戏规则，学习适应本土文化，了解当地消费者的消费需求，制定相应的本土化发展战略。

百胜餐饮集团是全球餐厅网络最大的餐饮集团，其在中国市场的品牌本土化战略值得借鉴。百胜的国际化战略符合“思想要国际化，行动要本土化”。用通俗的话说，品牌很国际，但是执行“接地气”、“不摆谱”，走进了中国老百姓。

与其他跨国公司比较，百胜品牌进入中国市场以来，始终贴近中国市场实际，摸准中国消费者的喜好，进行本土化创新。这种做法不像一些跨国公司品牌自以为产品好，“逼迫”消费者接受，或者高高在上，爱理不理。

百胜集团旗下的比萨连锁快餐企业必胜客，在对中国文化和消费者习惯进行了深入的调查和研究后，制定了“本土化”的经营和品牌策略。

一是原料本土化。原料本土化不仅增加了原料的新鲜度，同时节省了大量物流及采购成本，维持了价格优势。

二是产品本土化。必胜客是全球最大的比萨专卖连锁企业，进入中国市场后，针对中国消费者的需求，推出了一系列具有中国美食特色的比萨及面、饭等食品，将中国数千年的饮食文化与比萨相结合。改良后的必胜客比萨符合中国消费者的口味，同时又展现了一个国际品牌形象，这是很多跨国公司难以做到的。

三是人才本土化。只有中国人才能更了解中国人的情感和胃口。在中国，本土人才成为公司管理层的重要组成部分。

与此形成鲜明对比的是，一些法国汽车品牌的“摆谱行为”。在20世纪中国汽车市场刚兴起时，许多国际汽车公司纷纷进入中国，推出合资汽车品牌。但是一直以来，法系车品牌的口碑较为平常，市场占有率不高，在消费者认知中，始终处于二线甚至三线地位。

法方高管很不解地说："我的技术好，品牌好，为什么中国人不认可。"确实，法系车的质量和技术处于世界一流，但是中国消费者有自己的偏好。与德系车相比，从车型的设计、新产品的推出到品牌理念的塑造，法系车似乎高高在上，一直没有摸到中国消费者的"痛点"。这就是两者最大的不同。

品牌指南

品牌国际化既要仰望星空，又要脚踏实地。

JULY 7月11日 攘外必先安内

品牌感悟

品牌国际化不是"面子工程"，持续增长才是硬道理。打铁还需自身硬，要做国际化品牌，先要做本土优秀品牌。中国很多市场在全球都是最大的。先做好国内市场，然后进军国际市场，国际化循序渐进。

品牌分析

品牌国际化也有陷阱。如中国彩电领域中的TCL并购汤姆逊，汽车领域中的上汽集团收购韩国双龙等，由于技术、文化和管理等多种因素导致并购失败，交出了国际化的巨额学费。

这些失败的案例提示，在进行大规模的国际化并购之前，"打铁还需自身硬"，要经过长期的技术研发和生产制造积累，形成一个"铁胃"，最后吃掉对手。

我们曾与三一重工的高管交流了品牌国际化战略的问题。三一重工通过在中国工程领域持续多年的耕耘，不断抛出国际化的大手笔，成为中国品牌国际化一个独特的案例。

三一认为，一个品牌要先经过区域品牌、全国品牌历练，然后才能发展成为国际品牌。品牌要国际化先要做好本土化，首先要成为本土化的冠军。中国市场很大，只有在做好中国市场的基础上，才能大规模进军国际市场。如果连中国本土化市场都整合不好，在本土内不能和国际企业竞争，如何进军国际化？

1986年，三一的前身不过是一家地处湖南小山村，靠制造人造金刚石、特种材料等起家的焊接材料厂。在国内强劲的投资建设需求推动下，三一进入工程机械领域，在过去几年中实现了快速的发展。

在成为中国知名品牌后，三一继续探寻国际化的出路。三一国际化的路径和一般企业的国际化路径有较大的区别。首先是供应链的国际化，三一整合了世界顶级的原配件厂后，才开始到国外建厂，最后才是收购。

从2006年到2010年，三一陆续在印度、美国、德国和巴西投资建立了包含研发、生产和销售服务的四大海外产业园。在上述基础之上，2012年初，三一斥资3.24亿欧元收购了普茨迈斯特公司，随后又与国际起重机巨头奥地利帕尔菲格集团成立合资公司。至此，三一形成了"自主建厂、海外并购、成立合资公司"三驾马车并行的国际化格局。

尤其是在并购了象征着德国制造品质的普茨迈斯特品牌后，三一的品牌国际化实现了跨越式发展。收购后，普茨迈斯特的总部成为三一海外混凝土机械的新总部，普茨迈斯特将继续作为独立的高端品牌，保持高度独立的日常管理及运营。而长沙作为三一混凝土机械的国内总部，主要关注中国市场。

此举形成了三一国内与国际并举，既独立运营又协同作战的双核管理模式。三一总裁向文波坦言，如果只是出于财务性的并购，三一不会有兴趣。三一重工的这次出手，是一种国际化的战略性并购。

品牌指南

先国内后国际，品牌国际化并非一蹴而就。

JULY 7月15日 先交朋友，再谈恋爱

品牌感悟

品牌国际化是一个过程，就像一对情侣在一起，不能一上来，还没有熟悉就谈恋爱（建厂），而要先交朋友（熟悉市场、建立办事处），待时机成熟后才结婚（并购）。

品牌分析

计划经济是“先建工厂，再找市场”的思维，但在企业国际化过程中，在“建厂”之前，要考虑这些问题：市场究竟在哪儿？企业能掌控或整合多少渠道资源？企业是否拥有足够的国际化人才？在这些问题思考清楚后，才知道工厂该不该建。

企业国际化在海外建设工厂，投资建设甚至进行并购都无可非议，但是要建立在对国际市场的全盘把握之上。盲目的扩张和投资不会给企业带来持续发展，只能导致企业国际化风险扩大。

在很多家电企业纷纷进行国际化并购时，格力电器显得非常稳健，格力的国际化一直以试探性的姿态逐步推进。一直以来，格力电器董事长董明珠对并购海外家电企业兴趣并不大，她认为这些被并购企业无论在技术上、产品上、品牌上还是管理上，都不能给格力带来好处，反而会成为拖累。

格力的品牌国际化遵循“先有市场，再建工厂”的原则。董明珠认为，格力先把产品出口到海外的一个国家，进行市场的试探性销售，然后观察这个国家对格力产品的接受程度以及市场容量，最后考虑是否在那里设厂，以及多大的规模才能赚钱。

格力电器自1998年进入巴西市场发展至今，一直奉行“先有市场，后有工厂”的原则。虽然最初一年只销售2000多台空调，但是每年的增幅很大。

在建立工厂之前，格力一直做好销售和服务工作，为消费者提供上乘质量的产品，提高品牌形象。在窗机统治巴西空调市场的时候，格力果断向当地经销商提供了1万套质量过硬的分体机空调，仅两个半月销售额就达300多万美

元，从而一举成为巴西分体机空调市场的开拓者，树立了良好的品牌形象。

在确立质量过硬的品牌形象，熟悉市场情况之后，格力觉得恋爱谈得差不多了。考虑到当时巴西政府对进口家电征收60%的税率，格力正式向巴西抛出绣球，1999年决定在巴西建厂。

董明珠总结了这一经验——中国企业走出去能否成功，取决于是否能创造财富和利润，是否能持续获得消费者的认可。在有市场需求的情况下再考虑投资建厂，是稳健而明智的做法。

格力在海外建厂还遵循一个原则，即不在发达国家建立工厂。董明珠认为，家电行业、空调行业属于劳动密集型的行业，国际一些大品牌都到中国来生产，格力不能逆势而为，从低成本转向高成本。格力并不会为了打知名度和广告而到发达国家去设厂，这样做无异于牺牲了企业的竞争优势。

品牌指南

先有市场，后建工厂，稳步推进品牌国际化。

JULY 7月16日 “结婚”之前的三大约定

品牌感悟

任何一个国际并购都令人激动不已，但是品牌国际并购必须带来市场国际化、品牌国际化、技术国际化。如果这三个目的难以达到，品牌国际并购的风险就会放大。

品牌分析

经过大量的品牌国际化调研，我们发现品牌国际并购要遵循三原则，即市场国际化、品牌国际化、技术国际化。

如果说我们把品牌国际并购比作“结婚”的话，那么“结婚”之前一定要有上述三个约定作保障。比如市场国际化，要充分考虑并购后是否可以凭借被并购公司的平台和资源，绕过贸易壁垒进入其他国家和地区，从而扩大在国际市场上的份额，加快国际化进程。

不过，现实情况是，“男大当婚，女大当嫁”。一旦大宗品牌并购交易咨询来临，许多中国企业家的感性超过了理性，国际化梦想完全淹没了这些原则，导致“婚前”评估不足，脱离三项约定，“离婚”风险放大。

事实上，品牌并购是一种高风险行为。麦肯锡的调查报告表明，全球范围内品牌并购的失败率高达20%。其中潜在的“陷阱”有品牌价值被浪费风险、企业品牌文化整合风险、品牌并购形成品牌延伸的风险等。

与其他公司比较，格力电器的国际化路线较为独特，就是只“谈恋爱、不结婚”——坚持自己走出去，在海外建立办事处，然后建厂，而不兼并国际上的其他品牌。

格力董事长董明珠认为，其他品牌之所以愿意出售，原因可能一是效益不好，二是可能走下坡路，三是可能存在劳工方面的陷阱。

为了回避这些并购陷阱，格力拒绝了很多品牌并购的机会，立足于内生式发展，不断做大做强，用自己的品牌去征服国际市场。

事实上，从品牌并购的三原则来看，格力的品牌国际化战略选择是较为冷静的。第一，空调制冷压缩机技术已经较为成熟，格力通过多年的自主创新已经逼近或者达到世界一流水平。品牌国际并购很难再给技术国际化加分。

第二，目前中国已经成为全球家电的制造大国，全球生产线向中国转移，中国空调企业正在努力成长为国际品牌，在这种背景下并购其他空调企业，在品牌国际化上提升空间不大。

第三，格力的国际市场化有先后顺序，首先是新兴市场体，然后是发达市场体。在新兴市场国家，由于成本较为便宜，格力完全可以通过海外投资建厂实现国际市场扩张，没有必要花巨资收购其他品牌。

面对品牌国际化大潮，国际化并不适合每个企业，还是要以稳健为主。这就好比婚姻是一座围城，首先要挑好对象，要学会理性分析评估，不要都往好的方向想。否则最后逃离围城，付出的成本代价会更高。

品牌指南

并购就像是结婚，必须做好风险评估。

JULY 7月17日 小心"技术陷阱"

品牌感悟

在品牌并购方面,渠道比品牌更重要,技术比渠道更重要。在并购中特别要注意把握产品和技术发展趋势这一原则。否则,方向偏了,速度越快,成本越大。

品牌分析

强势品牌建立在产品竞争力之上,产品竞争力的重要基础是技术。产品技术为企业构建了坚实的品牌壁垒,有了先进、独特的技术,品牌才能有更强的竞争力。

一般来说,自主品牌的技术发展路径有三种,一是自主研发创新;二是引进,吸收,再创新;三是进行并购,获得高端技术。

通过国际化并购快速获得高端技术是一个好主意。但现实是,许多中国企业在品牌国际化进程中,偏爱发达国家的知名企业,这些目标对象是"低技术但有较高的品牌知名度"的企业,易掉入国际并购的技术陷阱。

中国企业品牌国际化有一个著名的失败案例:TCL 并购汤姆逊的彩电和 DVD 业务。2003 年 11 月 4 日,为了规避欧美市场的反倾销和专利费困扰,TCL 集团和法国汤姆逊公司签订了一份重组双方的彩电和 DVD 业务的协议,组建了全球最大的彩电供应商——TCL 汤姆逊电子公司,即 TTE 公司。

在这个合资公司中,TCL 与法国汤姆逊共同出资 4.7 亿欧元,其中汤姆逊出资 1.551 亿欧元持有 33% 的股份,TCL 出资 3.149 亿欧元持有 67% 的股份。这是中国企业第一次兼并世界 500 强企业,在当时具有标志性意义,引起了业界热议。

2003 年的汤姆逊彩电和 DVD 等电子业务亏损 2.54 亿欧元,TCL 集团当年的净利润在 5.6 亿元人民币左右。TCL 集团董事长李东生曾表示要实现"18 个月扭亏"。这次并购并没有给 TCL 带来拓展欧美市场的机遇,反而让 TCL 背上了沉重的包袱，是一次不太成功的品牌国际化之旅。

收购汤姆逊后，TCL集团在2005年、2006年连续亏损两年，戴上了*ST的帽子。2007年4月，TTE欧洲公司申请破产清算，TCL集团也是在这一年才摆脱多年连续亏损，实现扭亏。

经历了此次国际化的坎坷，中国著名企业家李东生总结了教训——“我们并购的时候有一样东西没看准——未来电视会往哪个方向走，究竟是等离子还是液晶电视，当时更多人认为是PDP等离子，那时汤姆逊有很强的DLP（背投）技术，我们认为汤姆逊的背投（DLP）更胜等离子，结果一脑门子扎下去，赔了大钱。”

在技术发展方向上的决策失误，让TCL吃了大亏。现在看来，这也不能全怪TCL和李东生。毕竟彩电技术升级太快，从CRT、背投、等离子、LCD、LED到现在的3D、互联网电视，十几年来，彩电产业的技术一口气更新不断，一些国际企业如索尼也未能把握技术趋势而被赶超。这显示未来彩电品牌国际化技术并购陷阱风险巨大。

品牌指南

把握未来技术发展趋势，谨慎推进品牌并购。

JULY 7月18日 学打“奥运麻将”

品牌感悟

“一个中国人是条龙，三个中国人是条虫。”中国企业不团结，互相拆台、打价格战影响了中国品牌走出去。奥运模式是一个好办法：如果中国的品牌互相支援，发挥集群效应，那么打造中国的国际化品牌并非遥不可及。

品牌分析

真正意义上的国际化是一种资源配置方式的改变，即充分利用、合理配置全球资源。

在中国企业和品牌实力尚弱的情况下,抱团走出去无疑能激活各方面的优质资源,形成优势互补。爱国者国际化联盟的倡导者冯军推行的中国品牌国际化"奥运模式"是一个典型的案例。

2011 年 3 月,爱国者董事长冯军联合格力电器董事长董明珠、汇源果汁董事长朱新礼、远东控股集团董事局主席蒋锡培、远东控股集团首席品牌官徐浩然和皇明太阳能集团(简称皇明集团)董事长黄鸣等国内十余位在各行业具有重大影响力的民营企业家共同发起成立爱国者联盟,旨在为中国企业走出去提供服务平台。

品牌专家、财经评论家刘晓午作为爱国者国际化联盟上海一周年庆典的顾问,曾与爱国者集团董事长冯军、皇明集团董事长黄鸣、科宝博洛尼董事长蔡先培、中国新闻社副总编辑张明新、第一财经频道副总监李经衡等嘉宾就媒体与品牌的关系进行了演讲和辩论。大家认为,当前中国品牌国际化缺乏沟通的机会,像一座座信息孤岛,"联盟抱团"可以对接到最有价值的企业资源,避开贸易壁垒,抵御国际竞争风险,助推中国民族品牌国际化。

冯军说,建立联盟是参考学习奥林匹克模式,打奥运麻将。奥林匹克运动包含四场公平竞争的"比赛",即运动员、媒体、举办城市和赞助商。

在奥运模式中,任何一场比赛的参与者都能享受另外三场比赛为其带来的巨大收益。所以,在奥林匹克模式中几乎没有输家,所有坚持完成比赛的参与者都是赢家。比如,发挥好的运动员夺得了奖牌,没有名次的运动员重在参与,观众享受了快乐,电视收视率大增,品牌商获得了关注,形成了良性的正循环。

中国麻将则相反,有人赢必有人输,基本功是"盯上家、防下家、卡对家"。为了不让别人"和牌",宁可拆了自己的好牌,"损人不利己"。"一个中国人是条龙,三个中国人是条虫",中国的麻将文化将这个问题反映得一览无余。

奥运模式正好与中国麻将相反:一方赢了,另外三方跟着赢;一方输了,另外三方帮助他从其他方面获益,照样变成赢家。中国的企业也要学打奥运麻将,以与世界共赢的理念走向国际化。

尽管爱国者联盟开展的中国品牌走出去活动并不是产生优秀品牌的最根本动力,但是这种模式有利于改变中国品牌单打独斗的思维,形成品牌集群,资源共享,为创造中国优秀品牌提供了肥沃的土壤,值得关注。

品牌指南

抱团走出去,实现国际化共赢。

JULY 7月22日 借船出海

品牌感悟

一方面,要抱团出海走出去;另一方面,也要借船出海,这个船就是国际大品牌。运用国内品牌自身的禀赋优势,如技术特点、成本优势,与国外的知名品牌展开合作,优劣互补,最终实现双赢的互利模式。

品牌分析

麦肯锡研究出两种树立国际化品牌的途径,第一种是循序渐进式,即通过独立经销商在海外销售中国产品。这种模式的代表是格力电器,通过产品走出去,带动品牌国际化。

第二种方法是品牌合作并购,中国企业通过并购获得一个国际品牌使用权,然后再把生产线搬到中国以降低成本,国际化在短时间内可以产生效果。

在实际过程中,企业可以灵活变通,采取多种途径实现自身生产、销售和品牌的国际化。借用国际知名品牌的商业价值,助推自身品牌进入国际市场,这一模式的代表是华为。华为通过借船出海,与国际品牌合作,实现了从本土品牌向国际品牌的跨越。

华为在市场上被称为“土狼”,在竞争中往往以“价格屠夫”的角色出现,表现出惊人的杀伤力,特点是大刀阔斧,猛烈进攻。在优势市场,华为通过产品、技术和服务不断地自我否定和升级,不断抬升市场防护墙,让竞争品牌无计可施;在对方的优势市场,华为往往会发动价格战,通过一切手段,攻城略地。

但是,进入国际市场,特别是发达国家的通信市场,由于受到许多壁垒限制,华为以前的竞争手段遇阻。

于是，华为想到了借船出海，与3Com、西门子、NEC、松下、TI、英特尔、摩托罗拉、朗讯、SUN等多家公司开展多方面的研发和市场合作，曲线实现国际化突围。

2003年3月，经过9个月的艰苦谈判，华为和美国3Com公司达成协议成立合资公司。新合资公司既可以最大程度抢占中日企业网络产品市场，也可以为3Com的5万家渠道商提供有价格竞争力的OEM产品。通过合资，华为可以有效地利用3Com的品牌价值，成功绕开欧美市场的各种双重标准和贸易壁垒，打破国际巨头的垄断，打开了国际市场渠道。

此外，在中低端数据通信产品的国际市场拓展上，华为也在寻求除3Com以外的更多的合作伙伴。2004年，华为又与西门子成立了TD－SCDMA，希望通过双方在市场和产品应用层面上的商业联盟，把合作方向真正深入到技术标准的具体应用上。

在与国际大品牌公司的合作过程中，华为的技术水平不断提升，最终实现了基于自主研发的独立知识产权技术，从发端到终端、从单个芯片到通讯网络，全面呼应客户的需求。同时，借助与诸多跨国公司的合作，华为品牌价值也上升为国际品牌。

品牌指南

借船出海，曲线突围。

JULY 7月23日 “大跃进”的苦果

品牌感悟

国际化要在全球产业价值链中找准定位。中国企业的优势在哪儿？第一是资源禀赋优势，生产要素价格相对便宜；第二是强大的制造能力；第三是市场优势。根据全球分工和定位优势推进国际化，摸着石头过河，才能趟过国际化这条大河。

品牌分析

品牌国际化出现了两大趋势，即生产原材料和基础设施的全球化，以及产品市场的本土化。前者的目的是寻求生产成本最小化，后者则是为了追求附加值和产品占有率的最大化。中国品牌应该牢牢找到自己的竞争优势，而不是一味地大上快干。

体育品牌李宁的品牌国际化过程较为曲折。2008年北京奥运会，李宁点燃奥运主火炬，李宁品牌的国际影响力也借助奥运营销，到了鼎盛阶段，成为当之无愧的中国体育第一品牌。

奥运会后的2009年，李宁新增店铺1004间。当年，李宁以84亿元的销售额超越阿迪达斯，距离耐克只差一步之遥。随后，在世界品牌梦想的推动下，李宁开始了“大跃进”式的品牌国际化。正当人们惊讶中国第一个国际体育品牌诞生的时候，李宁的品牌国际化战略出现了偏差。

首先，过于冒进，贪大求多。当时李宁品牌非常乐观，推出了激进的品牌国际化战略。奥运会后，李宁高管明确表示，李宁已经跨出了国际化的第一步，最终目标要做全球品牌。

李宁战略计划显示2013年到2018年，李宁公司的目标是成为世界排名前五位的体育品牌。随后，李宁在全球铺开渠道，一是以西班牙为代表的欧洲“授权商”；二是以中国香港、新加坡为代表的东南亚品类店；三是收购国外电子商务公司，进行网上产品研发和销售。李宁虚弱的国际品牌影响力不足以支撑这种全面国际化扩张。

其次，雷声大，雨点小。在国际化过程中，李宁产品的本地化较弱，在产品开发和营销过程中没有充分反映目标市场的诉求。

李宁品牌没有深入了解欧美国家消费群体的消费习惯，产品设计没有有效吸收西方文化，导致产品滞销。如果李宁聚焦发展中国家市场推进国际化，情况会比现在更好。有报道称，李宁在中国香港的唯一分店关闭，在西班牙的授权商破产，位于美国波特兰的设计中心已流失一半雇员等。

最后，人事混乱，管理不清。人力资源的交流和共享困难，李宁过多过快地引入外部职业经理人。一方面，由于这些经理人对李宁的企业文化不了解，导致整个企业文化结构冲突；另一方面，李宁内部员工和外部职业经理人的沟通合作不顺，也使李宁许多战略和决策执行落地困难。

本来被人们寄予厚望的李宁品牌由于冒进的国际化战略而陷入泥潭，同时国内市场又被国际品牌和三线四线品牌攻城拔寨。2012 年，李宁公司发布了 2012 年年度业绩报告，亏损额近 20 亿元。这也是李宁上市 8 年来的首份业绩亏损年报。同时，李宁关店 1821 家，进入痛苦的调整时期。

品牌指南

摸着石头过河，才能趟过国际化这条大河。

JULY 7 月 24 日 平台国际化

品牌感悟

在中国成本优势正在减弱的趋势下，光有产品走出去还不够，国际化需要新思路。一个解决之道是以整个全球资源布局为架构，在国际范围内调配资源分配，腾笼换鸟、筑巢引凤，将产业链转移到成本价格更加低廉的地区。

品牌分析

从 2002 年起，红豆集团分别在美国洛杉矶和纽约以及日本东京建立了外贸公司。这些设在境外的外贸公司，成为企业的“境外据点”，开企了红豆的国际化征程。

在企业走出去的过程中，红豆集团总裁周海江认为，中国企业走出去不仅仅是产品走出去、品牌走出去，还要把我们的产业链优势和平台搬出去。在平台园区形成产业群，产业上下游相配套，可以发挥中国产业链优势。

在走出去的探索中，中国—东盟自由贸易区的零关税优势以及柬埔寨合作区的特殊地理位置，吸引了红豆集团。

为什么红豆会选择柬埔寨？一是柬埔寨是中国在东南亚最坚定的盟友，政局稳定；二是柬埔寨还未开发，其他东南亚国家，如越南已经快速发展十年；三是柬埔寨的政策更为优惠；四是柬埔寨各项成本较低，如当地的工人成本约相当于中国工人成本的十分之一。

2007年，红豆集团联合无锡三家民营企业和一家柬埔寨企业在柬埔寨唯一的国际港口城市——西哈努克市市郊投资建设总面积11.13平方公里的经济特区，实现了由“境外据点”到“境外园区”的根本性转变。

因为西港特区是柬埔寨政府批准的最大的一个经济特区，红豆集团找柬埔寨政府要到了很多诱人的政策。

一方面，柬埔寨急待摆脱贫困，其经济水平相当20世纪80年代的中国，因此出台了优惠的外资政策。如企业用于投资建厂的生产设备、建材、零配件及用于生产的原材料等免征进口关税；企业投资后根据产品种类最多可享受柬方9年的免税期；利润用于再投资免征所得税；产品出口免征出口关税；无外汇管制，外汇资金可自由出入。

另一方面，柬埔寨属于极不发达国家，天然享有美国、欧盟、日本等28个国家和组织给予的普惠制待遇。譬如自柬埔寨进口纺织品，美国给予较宽松的配额和减免征收进口关税，欧盟不设限，加拿大给予免征进口关税等优惠政策。

西港特区的建立为中国企业搭建了集群式投资贸易发展平台，帮助企业充分利用“两个市场，两种资源”，有效实现国内优势产业的转移。

经过几年的建设，西港特区已成为首批通过商务部、财政部考核确认的六家境外经贸合作区之一，也成为首个签订双边政府协定和建立双边政府协调机制的合作区。截至2013年8月，西港特区已形成3平方公里的建设规模，初步呈现国际一流工业园区的雏形，区内已入驻来自中国、日本及欧美等国家和地区的企业32家，解决当地就业人数达8000多名。

品牌指南

腾笼换鸟，筑巢引凤。

CBO
HIEF RAND FFICER
LOG

1月 2月 3月 4月 5月 6月
7月 **8月** 9月 10月 11月 12月

如何卖得好，卖得贵，卖得久

天下没有难卖的东西，关键要与众不同。

8 August

SUN日	MON一	TUE二	WED三	THU四	FRI五	SAT六
				1 建军节	2 廿六	3 廿七
4 廿八	5 廿九	6 三十	7 立秋	8 初二	9 初三	10 初四
11 初五	12 初六	13 七夕	14 初八	15 初九	16 初十	17 十一
18 十二	19 十三	20 十四	21 中元节	22 十六	23 处暑	24 十八
25 十九	26 二十	27 廿一	28 廿二	29 廿三	30 廿四	31 廿五

AUGUST 8月1日 营销起于差异化的定位

品牌感悟

创建品牌首先要有独特而清晰的定位。一个品牌只有拥有自己的个性、主张和价值理念,基于自身核心能力规划差异化品牌定位,并将其植于消费者的长期记忆中,才能使产品特质从同质化产品中凸显出来,获得持久的竞争优势。

品牌分析

定位理论最初由阿尔·里斯(Al Ries)和杰克·特劳特(Jack Trout)在他们1980年合作撰写的同名著作中提出,意思是确定一个品牌在消费者心目中代表的含义及其区别于其他同类产品的特征。对生产者来说,关注消费者的想法并对此做出回应至关重要。这也是为什么说品牌构建是一个双向过程的原因。

在需求多元化的时代,产品唯有保持差异化才有生命力,形成差异化就需要定位。迈克尔·波特指出,从某种意义上讲,创造产品和创造产业就是创造差异。有差异才能有市场。面对竞争,企业必须建立自己独特的差异化营销定位,使自己的产品或服务在同质化产品中独树一帜,从而形成核心竞争力,赢得客户信任。

我国电线电缆产业是世界大国,却不是品牌强国,行业内低水平重复建设严重,陷入了低价恶性竞争和产品质量水平不断下降的状况。

远东坚定地选择了差异化精细发展道路。创业以来,远东控股董事局主席蒋锡培对质量和管理有着近乎偏执的追求。在发展初期,由于生产技术和工艺装备的原因,行业内经常有不合格的产品,这种情况可以说是见怪不怪。很多企业将这些不合格产品卖掉,这导致电线电缆行业产品秩序混乱,“劣币驱逐良币”现象频发。

但在远东,蒋锡培实行业内最为严格的产品质量监控,5%左右的产品在出厂前都被剥掉、报废,而且,由生产人员和他的领导一起剥掉。不过,此举在早期并没有得到远东内部员工的理解——“执行这么严苛的标准,导致企业损失,产品虽然不合格，但还是比其他公司合格产品的质量还要好，还是可用的，剥掉报废属于浪费”。

但是蒋锡培坚持推行这一制度，“剥掉、报废不合格产品不是损失，反而，从长期来看，保住了上乘的质量和信誉，赢得了未来。”

在电缆企业开工率不足40%，供远过于求的情况下，远东电缆在市场上仍然出现供不应求的局面，强劲的销售增长令人称奇，奥秘就在于其对品牌核心价值的精确定位和持之以恒的坚持，赢得了客户、合作伙伴、政府和社会的认可和赞誉。

目前，远东是业内唯一一个获得中国驰名商标、中国名牌、国家免检、全国质量奖的企业，同时也是业内首家与质监局签署质量监督协议书，实行质量监督的线缆企业。

别的企业做不合格的产品，远东就要做优秀品质的产品。长期差异化的发展，给远东带来较高的美誉度。现在业内提起远东电缆，就会想到它是一个负责任、质量上乘的品牌。远东的品牌溢价率也不断提升。

品牌指南

有差异化定位，才有品牌核心竞争力。

AUGUST 8月2日 聚焦核心联想

品牌感悟

中国企业的品牌营销还处于初级阶段，以为一打广告，曝光率一提高，老板一开心，就是做品牌了。事实上，粗放的品牌投放就是资源的浪费。负责任的品牌管理者应该紧紧围绕品牌核心联想和价值，让广告营销的每一分钱都为品牌做加法，做乘法。

品牌分析

现在，打开电视机，白酒广告铺天盖地而来，但是我们不夸张地说，大多数的白酒广告很浪费:表现为“假大空”,没有细分受众,没有聚集核心价值联想。

2012年11月,山西汾酒集团对外发布,汾酒集团销售收入达到100.18亿元,提前三年完成销售过百亿的目标。然后,汾酒集团在主流电视、平面和网络媒体进行了强势的推广传播。投入之大,可谓2012年底在白酒塑化剂事件背景下的大手笔,大量广告公关费用到底给汾酒品牌带来了什么?

此次汾酒传播的核心事件是“提前三年完成销售过百亿”,从新闻传播的角度来说无可厚非。2011年,白酒行业百亿俱乐部有茅台、五粮液、洋河、泸州老窖和郎酒5家成员。紧随其后的是山西汾酒、安徽古井贡、湖北稻花香等,这些酒企纷纷将目标瞄准100亿。现在山西汾酒率先突破100亿元大关,实现了从第二梯队向第一梯队的跨越,对汾酒本身而言,堪称一个大事件。

从严格意义上讲,这一事件属于企业事件,在企业品牌范畴,而非产品品牌事件,与消费者关联并不大。“突破百亿”说明企业管理得当、经营有方或者领导得力,销售和税收也大幅增加,这一企业品牌事件与企业管理层、当地政府和社会关联度高,消费者并不关心。

然而,汾酒集团在中央电视台及多家卫视以“提前三年完成销售过百亿”这一事件进行狂轰滥炸的广告宣传,显然是弄错了营销和推广工具,缺乏专业性。白酒市场竞争异常激烈,电视广告推广“提前三年完成销售过百亿”,没有给消费者带来任何品牌差异化联想,也没有给消费者带来任何品牌核心价值,消费者不会因为汾酒突破100亿而去多购买汾酒一瓶酒。

面对这样的企业品牌事件,更为专业的做法首先是公关。要回归产品核心联想和定位,通过主流平面媒体、网络媒体进行策划公关传播,挖掘这一事件深层次的行业意义和品牌意义,进行舆论造势,形成汾酒三分天下的格局。事实上,汾酒突破100亿重构了中国白酒市场的格局,形成酱香茅台、浓香五粮液、清香汾酒的三大品类鼎立的格局。

然后进行广告传播,聚焦汾酒清香品牌联想,凸显4000年的悠久清香品牌历史。在酱香高度酒面临塑化剂事件过程中,持续推广传播,加大广告投放,清香品牌特色才能在消费者心中沉淀下来,形成独特的品牌联想。

可惜的是,汾酒投入的财力和物力不计其数,却没有造就三分天下的格局。

品牌指南

粗放的品牌投放,其实是资源的浪费。

AUGUST
8月3日

品牌即情感

品牌感悟

在一个消费者面前摆上一瓶可口可乐和一瓶百事可乐,让他闭上眼睛去喝,他会出现选择性障碍,因为两瓶的品味都差不多。但当他看到两个品牌,会坚定不移地作出情感选择。这说明,消费者购买的主要动力不是功能性需求,而是情感性需求。

品牌分析

企业家一直希望研发一种好的产品去占领市场,这种思维需要修正。产品最终的价值是由消费者的认知与情感相互作用决定。一个产品要想真正打动消费者,必须满足消费者的情感需求,形成消费者对品牌内涵的认知和联想,使品牌成为一个有血有肉的情感集合体,从而产生精神和价值层面的共鸣。

"品牌即情感",品牌提升的最后阶段应是情感价值提升阶段,这样才能有强大的感染力。所以,品牌的物质品质和情感价值是支撑起品牌的两条腿,缺一不可,相互配合方能支撑起一个强劲的品牌。不同品牌的情感具有高度的差异性,将情感注入品牌,才能在同质化竞争中脱颖而出。

可口可乐诞生于1886年,而百事可乐比可口可乐晚12年。一直以来,百事可乐扮演着挑战者的角色,"两乐"的搏斗缠绵百年,就像是一场永不谢幕的百老汇戏剧,其间剧情跌宕起伏,精彩纷呈。

20世纪80年代之前,在"两乐"之战的前期,人们一直认为可口可乐是碳酸饮料的领导者,所以无论从市场渗透率还是品牌影响力,百事可乐都难以挑战可口可乐。经历了与可口可乐无数交锋之后,百事可乐终于抛弃了跟随战略，明确了自己的定位，以“新生代的可乐”形象对可口可乐实施了侧面攻击，希望撕开一道口子。

百事可乐提出的“新一代的选择”的全新品牌定位，把可口可乐划分为传统可乐，进行了定位区分。这种区分引起了觉醒的70年代青年的共鸣，打动了大批消费者的心，一时销量大增，市场占用有率直追可口可乐。

为了应对百事可乐的挑战，可口可乐改变了以前的配方，希望用稍甜的新配方赢得竞争，但这一做法却激怒了一些对老配方忠诚的消费者，他们纷纷采取行动反对可口可乐公司推出新配方可乐，销量急剧下滑。在明显感觉到推出新配方的压力和窘迫后，可口可乐尊重原有的消费者，最终重新启用老配方。

其实，在美国人心中，可口可乐是正宗的可乐，体现了美国的精神与形象。消费者在对可口可乐的不断消费中，对老配方的情感认同也在不知不觉地加深，一种情感早已把消费者与老配方可乐紧密联系起来，即使是出现更好喝的饮料，也无法打破这种情感依赖。

在不知不觉中，消费者早已不仅是消费一种饮料，也是在寄托一种情感，而这种转变，就是情感在品牌中的作用。因而，品牌建设应该创造更多的情感诉求，加强公众与品牌的情感沟通，以情感之力来保证知名度、美誉度、满意度和忠诚度。

品牌指南

只有打动消费者的心，才能最终实现品牌的价值。

AUGUST 8月4日 整合营销要有原则

品牌感悟

每一部电影有自己的故事和内涵，都有自己的观众群；每一个品牌有自己的联想和理念，都有自己的粉丝。一旦两种跨界产业的消费群重叠在一起，电影与品牌的强强整合营销就开始了。但是，优秀品牌的整合营销一定要回归自身的品质和定位。

品牌分析

整合营销在电影产业较为普及。从传统意义上来讲，电影是一种艺术，展现故事和情感。传统的电影营销观念以银幕营销为主，这种方式是单向且单一的，电影的市场价值远远没有被挖掘。

现在，伴随着中国电影屏幕的增加，以及观众群的内生式增长，中国电影的整合营销也正在兴起。

电影已经成为一种营销和传播载体，跨界合作成为营销资源整合的最佳方法，各种捆绑在电影身上的营销活动开始出现，包括特许经营、电影商业植入、品牌联合推广、衍生品开发、映前广告、影院终端落地在内的电影产业链各环节品牌营销。

虽然跨界整合没有边界，但是要有原则，必须精准锁定双方的目标消费群及背后的品牌联想和诉求，双方形成高度一致。否则，好事不成反蚀了把米。

一直以来，在三大豪车阵营中，奥迪比较低调中庸，因而获得了中国官方的认可，成为政府采购的宠儿，在中国市场被定位于“官车”形象。在此定位拉动下，奥迪在中国的发展一马当先，获得了较高的市场占有率。

2012年以来，由于中国政府实施公车改革，公务小轿车标准下调为1.8升、18万元以内，直接将奥迪拦截在公务车采购市场之外。面对庞大的政府采购市场的消失，奥迪开始了全新的品牌转型：去官车化，同时年轻时尚化，希望让更多的年轻精英们关注奥迪。

2013年5月26日，一汽—大众奥迪启动了中国的整合营销战略，实施“2013奥迪影像季”营销活动，期望通过电影整合营销实现奥迪品牌在中国的定位转型。陈可辛导演的《中国合伙人》，通过四代奥迪A6的进化演绎了中国高档车发展史的变迁，更见证了中国第一批“吃螃蟹者”的梦想。这一电影营销成功地展示了奥迪的品牌形象。

但是，由奥迪赞助支持，由孙健君导演，刘德华、林志玲、张静初等主演的《天机·富春山居图》则成为史上“零好评”电影，引来网上骂声一片，被网友称为“无底限”电影。

这部电影中融入了奥迪多款顶级车型，由于电影美誉度较差，奥迪品牌形象也因此有所减分。《富春山居图》电影质量较差，叙述没有逻辑，没有强有力的价值观。更重要的是，《富春山居图》在社交网络中引发了全民审丑文化，网友评价“平庸和美丽都满足不了眼睛和心灵的低级趣味，要丑，要更丑，要非常丑。”

这种电影文化和价值观与奥迪品牌的定位和联想完全背离，对奥迪品牌的定位转型起了较大的负面作用。所以，并不是每一次品牌整合营销传播都会成功。整合营销之前的风险评估和其后的效果评估，也同等重要！

品牌指南

整合没有边界，但要有原则。

AUGUST 8月8日 故事就像一把钩子

品牌感悟

故事就像营销传播中的钩子，故事越好，钩子就越弯；故事越鲜活，钩子就越锐利。弯而锐利的钩子才能够钩住消费者的心，鲜活的品牌故事可以强化消费者对优秀品牌的印象。

品牌分析

为了建立品牌的联想，品牌需要发现并建立个性化的故事。创造品牌故事的目的，就是让消费者对该品牌产品快速产生联想，并形成情感联系。否则，在各种品牌竞争之中，你的品牌名称只能是表面的口号，无法让消费者产生深刻的印象和快速的联想。

强势品牌具有吸引力的重要原因，是因为这些品牌本身就是故事的讲述者，自身编织了一个个精彩、鲜活的故事；而普通品牌往往没有鲜活的品牌故事。

品牌管理者容易陷入一个误区，在品牌推广时喜欢陈述产品的功能和优点，进行大量的行业分析，却无法落地形成传播力。其实，多安排一些品牌和文化专员，深入公司车间和销售一线，撰写现场故事，提炼鲜活的企业文化和管理案例，往往比自吹自谈更有力。

《蒋锡培管理日志》描写了一个脍炙人口的“飞机空运电缆”故事。它只是远东日常经营中一个很小的故事，简单而普通，却折射着远东“全心全意为客户服务”的核心理念。

2000年，福州电业局承包了改造中亭街道的任务，而远东电缆在这次招标中已经入围。负责人找到远东市场总监，想从远东购买200米的控制电缆。这笔生意利润低、时间紧，但总监却没有丝毫犹豫地答应下来。当时高速公路没有通车，走盘山公路来不及，急中生智的远东营销人员最终决定用飞机空运电缆。

这件事让福州电业局的领导非常感动，远东电缆也因此获得了第一标。用成本高于电缆本身价格的空运来运送电缆，不是远东人不懂生意经，而是以客户为本的理念时时提醒着他们，为客户提供优质的服务才是企业存在的根本。远东空运的不仅仅是电缆，更是一种远东的服务态度和意识，这成为一个经典的品牌故事。

万科物业的品牌很响，里面的故事很多。万科物业规定，在与业主发生矛盾时，物业人员，特别是保安应该是“骂不还口，打不还手”；物业人员见到业主时，应该主动问声“你好”。万科第一任物业管理处经理陈之平，走到小区哪里都怀揣抹布，随时准备清洁小区。

王石时代的万科工作牌后面写着万科的核心价值观：第一，客户是我们永远的伙伴；第二，人才是万科的资本；第三，阳光照亮的体制；第四，持续增长。

正如莱波拉所说：“你的公司也有自己的故事，无论你是否注意到。尽管故事看起来很简单，有些甚至微不足道，却是非常有用的品牌工具，特别是用于培训员工如何塑造和持续宣传品牌。”

品牌指南

要讲“好故事”，更要“讲好”故事。

AUGUST
8月9日

“山寨之王”的“曲线突围”

品牌感悟

在蓝海中，进行同质化的竞争并非坦途，必须进行差异化的产品、消费者和区域市场定位，同时还要有与众不同的营销传播方法，使自己的品牌与特定消费者形成共鸣，撬动市场快速增长。

品牌分析

品牌的营销传播必须形成差异化。如果市场已有主流高端品牌，形成消费者的主流高端心智壁垒，那么其他品牌的进入成本将非常高。此时需要与众不同，通过其他差异化方式快速切入市场，建立一种全新的消费者认知和联想。从市场分隔来看，主流高端市场与三流山寨市场一样都具有价值。

创立于2006年的阿迪王体育，与同样出身于泉州的安踏、匹克品牌相比，走上了一条截然不同的道路。阿迪王的前身是福建华珠鞋业有限公司，成立于1993年，以外贸代工起家。2006年，华珠鞋业更名为阿迪王体育用品(中国)有限公司，从代工作坊走上品牌发展之路。短短数年时间，从一个不被大家熟悉的山寨品牌到一个具有知名度的品牌，阿迪王走出了一条差异化品牌发展之路。

一是“比附命名”。当时阿迪王认为，品牌是产品品质与身份的象征，像耐克、阿迪达斯这样的国际名牌，更是被消费者所追随。阿迪王在命名上比附国际品牌阿迪达斯，并且采用了在中国具有独特含义的“王”字。品牌从成立之初就站在了不一样的高度，一定程度上为品牌打响了知名度。

二是空白市场定位。2008年北京奥运会时，运动鞋服市场快速增长。当时的国内外品牌都不约而同地将目光放在经济较发达的一二线市场，三四线市场成为被遗漏的市场空白。阿迪王当时发现这一市场空白，主动避开了在一二线市场上的正面竞争，将三四线市场作为自己的主战场，使得品牌进入市场的成本大大降低。

三是大众化的价格定位。在价格定位上，阿迪王遵循品牌的市场定位，将产品价格定在中低水平，充分满足了大众消费者的需求。

在一系列差异化定位后，阿迪王启动了“病毒式网络营销”，进行了一次“口水历险”。在产品营销传播中，阿迪王被冠以“山寨王”的标签，信息的传播呈现出了病毒式的速度和渗透力，被网友在各个网站以各种形式进行恶搞，引发了全国网民对阿迪王的议论、恶搞、批评甚至赞赏，将网友、潜在消费者与品牌的的互动发挥得淋漓尽致。

在这场愈演愈烈的口水恶炒营销中，阿迪王成为“山寨王”，被精准地打在三四线区域城市消费者定位上。但是在被山寨的过程中，阿迪王的知名度呈现爆发式增长，引发了这一特定消费者的认可。

在2012年运动品牌集体亏损的情况下，阿迪王盈利已经超过1亿元，在运动品牌中杀出一条血路来。尽管目前阿迪王中文商标和三角标LOGO被阿迪达斯收购，该公司正在尝试新的品牌打法，但是阿迪王的早期品牌营销值得借鉴。

品牌指南

非主流也能大卖。

AUGUST 8月10日 口口相传好过自谈自唱

品牌感悟

我们提出的“三口论”指的是，品牌有三个口，第一个口是自己说自己好，做广告推广；第二个口是别人说你好，新闻媒体、政府、社会都说你好；第三个口就是所有的人都说你好，包括客户、供应商、员工等，形成口口相传。

品牌分析

口碑传播是指一个产品、品牌、组织和服务的非正式的人际传播。心理学家指出，家庭与朋友的影响、消费者直接的使用经验、大众媒介和企业的市场营销活动共同构成影响消费者态度的四大因素。由于影响消费者作用巨大,口碑被誉为“零号媒介”,是市场中最强大的控制力之一。

大多数品牌都处于第一阶段,属于自己说自己好,并没有真正得到消费者的认同,更不用说口口相传。如何做到口口相传,看看《泰囧》也许会有收获。

2012年12月12日,《泰囧》上映,首日票房3900万元,3日过亿元,逐步超过《让子弹飞》和《唐山大地震》,最终以12.6亿的票房收官,成为有史以来华语片票房冠军,以区区3000万元的成本创造了中国电影的疯狂票房纪录。

这个奇迹背后的逻辑很简单,就是心中有观众,知道观众的关注点和痛点,找到与观众的共鸣点,让观众开怀大笑。从电影策划到编剧,再到拍摄制作,最后到营销推广放映,《泰囧》每一个环节都在努力理解观众、尊重观众,坚定地站在观众这一边。最后的结果是正向的,每一位观众都变成影片的宣传员和推介员。

导演徐峥早年的舞台剧经验让他直接面对观众,了解观众的需求。在《泰囧》之前,他与黄渤合作了《疯狂的石头》,随后与王宝强拍了《人在囧途》,两部电影都是小投资、好口碑、高回报的喜剧电影。拍摄《泰囧》之前,他要两位副导演去电影院售票处做调查,了解观众在买电影票时的心理,最终的调查结果很简单——好玩好看就是观众买票的原因。

在《泰囧》上映前两个月,泰囧的营销推广计划就已经启动。与其他推广不一样的是,其营销推广也紧紧贴近观众。创作团队甚至导演徐峥亲自全程参与了这次营销。随着《泰囧》票房神话的一路延续,徐峥再次站到了舆论的前台,频频接受采访,坦称票房“有点过分”,“我就是想拍一部正常的电影,期待它有一个正常的结果,可现在是超出正常了。我真是没有想到观众的饥饿度会爆发成这个样子”。

电影宣传团队将这一事件引导上升为公众社会事件,抛出诸多议题,如“《泰囧》为什么意外坐上票房冠军”,“《泰囧》高票房是否正常”,引导全民参与讨论和口水战,将口口相传推向极致,形成全民《泰囧》围观和讨论风暴。

这种口口相传的营销推广不仅省掉了《泰囧》大量的广告投入,而且产生了极大的传播杠杆效应，传播深度和广度超出大多数电影。

品牌指南

能不能让每一位消费者都变成产品的宣传员和推介员？

AUGUST 8月11日 事件是第一要素

品牌感悟

事件传播营销可以最大限度地吸引眼球，能在瞬间引起公众的广泛关注和高度参与，快速提升品牌知名度。如何通过事件因势利导，借力发力，将自己的品牌置于社会舆论热点中，是品牌传播策划的关键。

品牌分析

我们总结的品牌营销传播有四项原则，一是事件传播；二是公众互动；三是与终端产品相连，打准靶心；四是坚持正确的价值观。其中，事件是品牌传播的第一原则，没有事件，就无法形成持续、有生命力的传播。

“事件营销传播”是指通过整合社会、企业、消费者等各种资源，有计划地策划、组织具有新闻价值的活动，产生热点新闻事件来吸引媒体、消费者和公众的关注和互动，以提高社会知名度，塑造企业形象并最终促进产品或服务销售。

我们认为，只有新闻和事件才具有生命力和持续力。这是营销传播中的一条颠扑不破的真理，但是大多数品牌的营销传播恰恰就缺少这一核心要素。

2012年底，三一起诉奥巴马政府，开创了中国企业起诉美国政府的先例。这是一起典型的事件营销，通过重大事件吸引全球媒体的关注，以达到提升知名度的目的。

此次投诉，正值美国大选之际，中国企业屡受美国的不公平待遇，中兴、华为在美国业务受阻。此时三一当了一回出头鸟，不但没有遭枪打，反而受到本国政府和媒体的热捧。

“奥巴马”、“美国大选”、“国家安全”、“三一”,这些重量级关键词叠加在一起,使三一成为舆论的焦点。如果没有奥巴马政府的一纸禁令,这一事件的关注度没有这么高,可谓是越禁,新闻事件的价值越高。

对于此次诉讼的成本,三一高管表示,如果三一不起诉,那么将承担全部损失;而如果起诉,还有可能把钱拿回来。同时,如果不起诉,广告效果就一点都达不到,此次诉讼所花费的律师费相当于给三一做了广告,所产生的效益无法衡量。可谓“醉翁之意不在酒”,在乎知名度也。

企业可以用于营销的事件有新闻事件、重大活动和各种节日活动等。2010年5月,远东举行了以“世界是一家·真情二十年”为主题的全球企业家(远东)论坛暨二十周年庆典晚会。庆典上举行了《为残疾人正名,还身障人尊严》宣言仪式,呼吁社会为残疾人正名。这一举措表现了远东对弱势群体的充分尊重、包容与认同,体现了“以人为本”的品牌精神,引发了媒体和公众的关注。

此次庆典不仅是简单的回顾和纪念,更是通过宣言向公众展示了一个勇于承担社会责任的企业形象。远东虽然没有在强势媒体进行大手笔的广告投放,却借助热点新闻、重大活动等事件营销成为媒体追逐的焦点。

品牌指南

没有事件,就无法形成持续的营销传播。

AUGUST 8月15日 跳出产品说产品

品牌感悟

客户和公众的信赖是品牌最大的资产。要想赢得公众的心,一定要站在公众的立场,时刻考虑公众的利益和感受。营销传播要与公众相关,只有这样的传播才能与受众互动,与公众、社会产生共鸣,在无形中提高品牌的知名度和美誉度。

品牌分析

许多企业品牌营销传播都强调从产品出发，这并没有错。然而，这样的营销传播更多的时候是自说自话，只是把自己想说的传播出去，如品牌的功能、特点和优点。经验证明，这种自吹自弹的推广传播效率往往并不高，影响力也不大。

在营销传播中，要时刻考虑公众的关注所在，与公众和消费者形成互动，只有这样，才能让公众在不知不觉中了解、认同并接受产品。

一般来说，公众与产品并没有直接联系，如果硬要“拉郎配”，硬性传播产品，公众不会买账。要想巧妙地将公众与产品联系在一起，做到与公众相关，必须跳出产品说产品。传播中尽量避免直接联系到商业利益和产品，而是设立事件和产品的联想逻辑，通过事件传播让公众和消费者主动感知。

一个比较经典的案例是凡客诚品通过“凡客体”进行营销传播。凡客诚品在2007年成立，选择自有服装品牌网上销售的商业模式（B2C）。如何让大众迅速知道凡客品牌的定位、理念和价值观，吸引消费者群体的关注和互动是第一个难题。

如果单单以传统的广告推广为主，往往事倍功半，很难让公众关注。2010年，凡客诚品选择韩寒、王珞丹为代言人做品牌广告，创造了与公众相关的“凡客体”。火爆的“凡客体”伴随着凡客诚品的平面广告风行于网络，掀起了一股全民PS的热潮，中国无数网民卷入其中，上演“凡客”或“被凡客”。一夜之间成了一种现象和热点，被公众广为关注。

在凡客营销过程中，凡客体形成了品牌与公众无所不在的互动。广告文案采用人人都是“凡客”的创意，以“爱……不爱……是……不是……我是……”为基本叙述方式在网上掀起PS热潮。网友把目所能及的各路网络名人逐个PS一遍。随后这一叙事方式在公司、学校等组织流行。

凡客营销的成功在于坚持与公众相关，其叙事表达的风格迎合了年轻网民的认知。热衷于电子商务的人群是“80后”、“90后”的新生代，他们是互联网一代，生活和工作工具以电脑和手机为主，长期持续与互联网发生着关联。“凡客体”平实、直白的话语刚好迎合了这一人群的特点。

凡客最初的互动品牌营销较为成功。但是在品牌建立后，凡客品牌与网友、消费者的互动并没有持续，互动传播没有创新。近几年来，在其他电商平台的夹击下，凡客平台的影响力在下降，凡客粉丝不断流失，较为遗憾。

品牌指南

坚持公众原则，实现品牌与公众最大程度的互动。

AUGUST 8月16日 景区叫“妈”免票为哪般

品牌感悟

一个成功的营销传播要符合主流价值观，警惕穿越价值观和道德观底线。在这一底线之上，当一回出头鸟，天马行空地炒作一把，边际风险可以控制，也能带来传播效果。

品牌分析

郭美美无底线地炒作告诉我们，营销传播是一把双刃剑，炒作不能没有底线。

营销传播如果与公众产生价值观共振，则会增加品牌传播深度，利剑出鞘所向披靡；如果背离了价值观和道德观，则丑名远扬，伤害品牌美誉度。因此，品牌营销传播一定要守住“郭氏底线”，坚持价值观的体验或共鸣，在此基础上，“炒作”也会被理解。

据报道，济源一景区当场叫“妈”可免门票。从2013年4月23日到5月12日母亲节，凡是带着母亲去济源黄河三峡景区游览，当场喊“妈”并且对方答应，则两人均可免门票（“五一”小长假除外）。

为什么景区会想出“叫声妈就省120元钱”的主意呢？景区方面表示，黄河是母亲河，而5月12日是母亲节，所以想到用母亲的名义促销。中国自古以来是“枪打出头鸟”，消息一出来，便引发大家的互动讨论。

有的网友质疑景区作秀，是“绑架”了他人亲情的“叫妈”式营销，暴露出商家的唯利是图，是一个钻到钱眼里的“昏招”。有的则网友表示不屑一顾，发帖质疑：这是真心孝敬妈妈，还是在侮辱妈妈，难道只有在母亲节才能想起孝敬母亲？

还有的网友表示无所谓，说：“我带女朋友去也叫声妈，答应一声，免费进去，不为别的，就为好玩。”还有看热闹型的网友说：“出租老太太这个行当在那边要火了，现场游客要紧急认妈了，老太太要迅速走红了。”

更多的网友表示，以母亲节的名义做营销，商家这一做法很新鲜。既提醒大家多带父母出来走走，又为景区带来人气。不管怎么说，客观上都是对中华优秀传统孝道的一种宣传，值得提倡。最后景区回应，希望通过这样的活动，引起孩子对老人的关心和感恩之情。

我们认为，景区此举是一次营销传播，这一策划与一般的旅游形象广告相比，性价比较高，传播具有冲击力。该景区为4A级景区，主打“颠覆想象的母亲河”。黄河是母亲河，5月12日是母亲节，运用母亲的名义来策划传播可谓自然。从传播效果来看，营销活动吸引大众的讨论参与，虽然少收了门票费，却做了个大大的免费广告，提高了知名度。

更为重要的是，景区的营销方式并没有背离主流价值观和道德观，相反弘扬了孝道。之前，很多人并不知道5月12日是母亲节，但这个惊人策划起码让更多的人知道了母亲节。

此举引发了全民对母亲节的关注，吸引了不少游客在母亲节期间以“喊妈”的方式来游览景区。同时也让“母亲河”黄河三峡景区被更多人知晓，赢得了较高的关注度，创意独特。

品牌指南

营销传播，也要坚守价值底线。

AUGUST 8月17日 发动一场“战争”

品牌感悟

没有冲突与噪音,就不是营销。很多品牌经理在传播过程中,不愿意看见冲突和矛盾,因为怕生事、怕出事。事实上,冲突与噪音是传统单向营销传播向现代双向营销传播转变的合理现象,我们称之为“战斗营销”。

品牌分析

好的传播故事的重要因素是要有冲突、悬念和噪音。如何产生冲突与噪音?首先要制造出一个对手,然后去发动一场“战争”。

传统品牌企业主希望自己的产品被有序传播,消费者不断接受,推动市场占用率上升。然而,市场竞争并非如此一厢情愿,当你推出一个和竞争对手不同的产品时,市场的战争就已经开始。

消费者需要知道,你和竞争品牌有什么不同,有哪些优势?但是,大量单向的广告和宣传根本不足以说服他们。再也没有比两个品牌的直接对比、较量,更能向消费者展示自身品牌产品的差异化了。

乔布斯不仅是一位优秀的产品经理,同时也一位冲突和噪音制造者。在推销苹果产品的历史上,他的惯用手法就是找到一个强大的对手,制造冲突和噪音,吸引公众和消费者的围观和支持,然后顺势推出苹果产品。现在周鸿祎的招数都是学的乔布斯的套路。

苹果最初的对手是IBM,IBM在1981年推出了个人电脑(PC),苹果开发了最初的Macintosh计算机Apple Ⅱ,与IBM的PC机竞争。苹果将IBM定位为一个“想要接管这个世界”的邪恶帝国,将创建一个IBM主导和控制的未来,而苹果是“唯一的希望”和“唯一的力量”,可以确保人们的自由。

在IBM之后,苹果的对手变成了微软。乔布斯将硬件和软件融合在一起,设计出了Mac一体机,而微软却将二者分开,设计出兼容机。在竞争过程中,乔布斯分别从产品和个人方面对微软和比尔·盖茨进行了长期的“战斗”,如“比尔毫无想象力，也未曾发明过任何东西。这是我认为他该专注于慈善事业的原因”，还有“他完全抄袭我们的成果，因为比尔·盖茨不懂何谓羞耻”。

在智能手机竞争时代，乔布斯让谷歌和Android操作系统成为了新的对立方。乔布斯传记作者沃特·艾萨克斯这样回忆：2010年1月份，当HTC展示Android手机时，乔布斯大怒，大骂这款Android手机的众多流行特性抄袭了iPhone。

“如果需要的话，我将耗尽最后一丝气力，用尽苹果400亿现金中的每一分钱来伸张正义。”乔布斯进一步指出：“我将摧毁Android，因为这是一款剽窃的产品。我愿意对此发起核战争。”

乔布斯时代，苹果在每一次战斗中都彰显出品牌的个性和特点，就是毫不妥协，斗争到底。乔布斯喜欢给对手戴上一顶大大的高帽子——“坏家伙想要接管世界并且摧毁它，而苹果可以阻止这一切发生”。以此激励苹果高管和员工，吸引消费者关注苹果的产品创新。

乔布斯逝世后，苹果温和了许多，战斗作风不再。与此相应的是，产品越来越缺少吸引力和想象。相反，三星成为最好战的品牌，不断发起战斗，屡屡嘲笑苹果的传统和守旧。

品牌感悟

找到一个对手，发动一场“战争”。

AUGUST 8月18日 小米如何找回自我

品牌感悟

想做大，就要学会超凡脱俗，与众不同，做品牌就是这样。如果不讲差异化，不但消费者难以作出抉择，企业也容易困惑迷茫，走入同质化的迷途。

品牌分析

几年前，当年轻人拿起小米手机时，感觉时尚好用；但是现在当他们拿起小米2时，他们会觉得，依然那么像iPhone，太老套了，而且还经常死机出故障。这就是消费者对小米手机前后的认知差异。

小米创业以来实现了快速增长。从2011年10月开始销售智能手机以来，小米在2012年创造了130亿元的销售额。2013年上半年，小米宣布共售出703万台手机，业绩达132.7亿元，上半年营业收入已经超过上年全年营业收入总和。

小米的快速崛起主要在于产品和价格的差异化，外观和配置以模仿iPhone为卖点。雷军也成为中国的“雷布斯”，主打中低端智能机，主攻屌丝群体，最终大卖特卖。小米宣传小米1配置类似苹果iPhone 4，但价格仅为iPhone 4的一半。所以小米1推出后由于高性价比受到屌丝一族的追捧。

但是，随着乔布斯的离世，苹果的衰落，小米也失去了模仿的方向。特别是苹果手机和服务受到中国消费者的质疑，加上iPhone升级较慢，市场份额和利润不断下滑，品牌忠实度和美誉度在2013年上半年首次回落。小米不能再实行跟随战略，打苹果牌了。

2013年上半年，智能手机格局发生快速的变化。在高端领域，三星和苹果仍然占据着较大的市场份额和利润。小米目前在高端市场上难以切入，无法向高端品牌和产品升级。

在中低端市场，由于更多竞争对手的加入和追逐，小米已经从智能手机市场的挑战者转为被挑战者，小米的性价比优势缩小。特别是小米2的优势不复存在，与联想的竞争机型相比，联想K860i性价比较高，大屏四核体验直接抢占小米2的市场；从外表来看，前者更为时尚和新潮，而小米2更像是iPhone的复制者，对新潮的消费者来说，模仿苹果iPhone的痕迹已经过时。更糟糕的是，小米2的维修率远远超过小米1，质量口碑大幅下滑。

与华为的竞争机型相比，华为荣耀2成为在中低端市场正面狙击小米的有力武器，其超强性能及更低的售价直接卷走了小米的潜在屌丝用户。

目前小米手机互联网销售的火爆一去不复返，已经放开销售。从来不打广告的小米，也开始铺天盖地地打起了广告。小米的现状表明，目前中低端智能手机同质化现象已经显现，不得不走上拼硬件、拼价格的老路。

小米1的大卖缘于屌丝手机这一定位，竞争优势在于高性价比。但激烈竞争环境抹平了差异化优势，一段时间以来，小米手机似乎失去了方向。

如何找到新的差异化卖点，摆脱模仿苹果的阴影认知，塑造一个新小米，实现品牌再定位和升级已经迫在眉睫。2013年7月31日，小米正式发布红米手机，并与腾讯合作，在QQ空间进行首发，定价为799元。小米通过新的子品牌的建立，对千元机市场进行细分切入。

看来，小米正在找回真正的自我。

品牌指南

摆脱模仿，建立自我。

AUGUST 8月22日 别让热度凉下

品牌感悟

持续的传播策划好于单一的传播。单一的营销容易被复制和超过，公众容易忘记。为了保持品牌热度，企业需要不断地制造事件和热点，并予以投入，只有持续创造新的冲击力，才能不断影响消费者。

品牌分析

燃灶后就不能随便熄灭，就像烧水的道理，如果几十度冒气就不加火了，水就永远不能沸腾。不断添加柴火，炉灶会越烧越旺。待水烧开沸腾后，还要加几瓢水，再添几把火。火会越烧越大，水沸腾的速度会越来越快。

好的品牌营销也像这个道理。品牌营销的一个重要特点是持续性，在确定传播的规划目标后，反复地、持续地推广传播品牌最大的特质，将最大的品牌内涵灌输给消费者，才能让品牌真正走进消费者的心里，留下深刻的印记。

尼尔·菲茨杰拉德认为，“品牌是信任的仓库”。一次性的广告宣传活动并不能建立消费者对品牌的信任，信任的建立是一个长期性的行为。只有不断地进行营销传播，才能不断刺激消费者的感官神经，强化品牌记忆。直至企业品牌联想深嵌到公众脑海里，不会轻易抹掉。

在这方面，加多宝和王老吉的营销较量策略值得借鉴。无论是商标之战，还是红罐之争，抑或是慈善捐赠，加多宝和王老吉一直在较真，双方不断互相制造热点事件，引起媒体报道，引发消费者和大众关注和互动。

2012年7月16日，广药集团宣布，北京市第一中级人民法院已于7月13日驳回加多宝母公司鸿道集团关于撤销王老吉仲裁结果的申请，这意味着经过一年多的拉锯战，王老吉"商标战"落幕。广药收回了王老吉的商标使用权。

此举对加多宝是一个较大的打击。回顾历史，在加多宝推动下，凉茶市场成为一个大品类市场。由于官司失利，一夜之间"王老吉"品牌被广药收回，面对昔日自己捧红的品牌的挑战，加多宝不得不启动新的品牌再造战略。

第一，加多宝品牌首先进行了去"王老吉"化，与"王老吉"品牌进行切割；第二，在王老吉的对立面，快速树立了"加多宝"品牌，使消费者对原来王老吉的品牌联想移植到加多宝品牌身上。

时间和热度对于加多宝来说至关重要。因此，加多宝必须通过一切方式挑起与广药王老吉的争议，制造新闻事件，让热度持续升温。可以说，时间越长，争议越大，热度越高，越有利于加多宝品牌的建立，越有利于将消费者对原来王老吉的品牌联想移植到加多宝品牌身上。

事实也正朝着加多宝预期的方向发展。在一系列事件中，加多宝让公众知道王老吉的历史，商标之争的原委以及加多宝对凉茶的贡献。

同时，在品牌传播过程中，通过雅安地震捐款、独家赞助中国好声音等快速扩大加多宝品牌的影响力，加速在消费者心中取代原来的王老吉品牌认知，以期成为真正的正宗好凉茶，凉茶领导者。

品牌指南

推陈出新，持续营销。

AUGUST 8月23日 谣言不止于智者

品牌感悟

从本质来说，谣言的流行是社会和公众不自信的表现，也是一种缺乏安全感的心态。在这种品牌环境状态之下，不断提升公众对品牌的信心，是不被谣言击倒的最好办法。

品牌分析

隐形眼镜会导致白内障吗？“宿便”是想当然的健康杀手吗？维生素C预防和治疗感冒有效吗？这些问题不断充斥着互联网和媒体，偶尔一经曝光，便被媒体大量转载，引发公众讨论。

这些问题都靠谱吗？这些问题的背后隐藏着什么样的品牌和营销逻辑？

《中国新媒体发展报告(2013)》称，2012年1月至2013年1月的100件微博热点舆情案例中，出现谣言的比例超过三分之一，似乎新媒体谣言成灾。近些年网络水军的兴起，让未经权威机构证实的话题无处不在，甚至针对性地恶意中伤事件时有发生，导致事情真相真假难辨。

这就是新媒体的力量，分享和互动推动谣言成为趋势力量。社交网络仍在快速兴起，一旦个体意见和观点足够兴奋，就可以迅速成为公共话题，引发全民参与和讨论。食品安全、健康安全等敏感话题更为如此，公众总是信其有，却不会信其无，在自媒体时代，品牌要随时面对谣言的到来。

金龙鱼食用油一直受到转基因话题的困扰。金龙鱼是一个在国内市场具有知名度的企业，但是百度“金龙鱼　转基因”，大量负面报道扑面而来，如“金龙鱼被指非法使用转基因大豆”、“转基因与金龙鱼的阴谋”、“金龙鱼的非转基因玉米油真的是非转基因的么”等。

事实上，关于“转基因豆油有害人体”的话题一直在网上引起广泛关注及争议。这个话题蔚然成风，继而上升为“金龙鱼转基因豆油有害人体”，由此引发金龙鱼的品牌危机。网络甚至传言称“原料转基因大豆没有遵照法规规定经过卫生部的受理审理,农业部审批没有完整的手续和安全证明”。

事实上,转基因食品是否存在危害尚无定论。但是,“三人成虎”,传言被重复述说,人们就信以为真。面对这样的传言,消费者在很难做出正确判断的情况下,宁愿信其有,也不信其无。这极大地打击了消费者对金龙鱼的信心。

这一议题可能由外部推动,相关人士和机构主动引导媒体关注转基因话题,引发讨论。但媒体和公众讨论转基因食用油的健康问题非常正常,表明消费者食用油安全意识的进步,有利于产业的健康发展。

不管话题动机如何,金龙鱼还是应该多从内部找原因,它在提升消费者信心方面还做得不够。要提升消费者的信心,就要改变消费者的认知,对公众进行科普教育,宣传普及转基因知识,防患于未然。比如,邀请消费者到公司参观考察交流,展现公司科技创新水平和实力,通过权威机构及时发布正面的信息,加强媒体关系,这些都是长效应对机制。

品牌指南

识破谣言营销,摆脱品牌危机。

AUGUST 8月24日 名称与产品并无必然联系

品牌感悟

好的品牌名称和LOGO让人耳目一新,印象深刻。但如果一味追求名称的指向意义,将名称与企业和产品生硬地连接在一起,意义并不大。事实上,品牌名称与企业或产品并没有必然联系。

品牌分析

彼得·切维顿指出,品牌是一个复杂的东西,它不仅仅是一个名称或一句口号。名称并非品牌的核心和灵魂,没有品牌联想和理念,再好的名称和LOGO也不能成为优秀的品牌。

好的品牌名称和LOGO都存在共性。首先要有独特性,可以让消费者轻松地识别出品牌;其次要有造型美,简洁却不失美感,吸引消费者的关注。我们研究很多国际著名品牌的特点后发现,他们大多以简洁大方为主,很多直接打出了公司名称,如可口可乐、戴尔,简洁明快,好看又好记。

从表面看来,大家总以为,强势品牌名称和LOGO好像与其产品有着必然的联系,存在一些指向和暗示意义。事实并非如此。在名称确立后,品牌人员从品牌定位出发,挖掘品牌联想、核心价值和企业文化等品牌独有的理念并加以传播,才让这些品牌名称形成了强有力的品牌联想和冲击。久而久之,就形成了品牌名称与产品建立必然联系的假象。

一提到Coca Cola,大家就会有清爽解渴的感觉,认为名称起得好。事实上在刚起名时,产品和名称并没有多大的关联。100多前,在美国佐治亚州亚特兰大市,约翰·彭伯顿偶然发明了一种有色饮料。他找到了鲁宾孙,提出合伙开发。据说,这种饮料最早的功能是能抵御感冒。

当时,鲁宾孙给这种新饮料起了一个名字Coca Cola。彭伯顿看到这个名称后,问是什么意思。鲁宾孙说:"它们本身没有什么意义,可是,你看看它们的字母结构,不是很有意思吗?"彭伯顿连念了几遍,叫道:"既好拼,又好念,更容易记!"于是,百年品牌"可口可乐"(Coca Cola)就这样诞生了。

京东商城名字的由来是什么?很多网友猜测,是不是在北京的东部,就叫京东;还有的网友猜测,是不是跟东京有关系,东京是世界著名的购物天堂。京东商城的创始人刘强东则说:"京东的'京'就是来自他初恋女友名字的最后一个字,'东'字来自他自己的名字。"这样的解释跟品牌经营和理念完全没有关系,但京东现在是一个电商的强势品牌。

仔细研究强势品牌不难发现,很多品牌名称更注重读音,而不注重词意。品牌名称与品牌之间并没有明显的指向意义。很多外国名牌用一些字母组成一个毫无意义的词,但这个词发音响亮,易被广大消费者记住,形成印象。1984年,迈克尔·戴尔创立戴尔计算机公司,直接用自己的名字命名公司,简洁好记。还有"OMO"(奥妙)、"PEPSI"(百事可乐)等都属于这一类型。

品牌指南

简洁而简单,是品牌的好名称。

品牌的一半是文化

产品的背后是品牌，品牌的背后是情感，情感的背后是文化。

SUN日	MON一	TUE二	WED三	THU四	FRI五	SAT六
1 廿六	2 廿七	3 廿八	4 廿九	5 八月大	6 初二	7 白露
8 初四	9 初五	10 教师节	11 初七	12 初八	13 初九	14 初十
15 十一	16 十二	17 十三	18 十四	19 中秋节	20 爱牙日	21 十七
22 十八	23 秋分	24 二十	25 廿一	26 廿二	27 廿三	28 廿四
29 廿五	30 廿六					

9
September

SEPTEMBER 9月1日 独一无二的品牌文化

品牌感悟

消费者对品牌文化的理解认知是区别品牌的基础,尤其是当品牌给客户带来的价值属性上升到情感属性或自我表现等更高层次的时候,竞争者就很难进行模仿,因为企业文化是独一无二的。

品牌分析

大卫·奥格威说:“就像一个人的个性,品牌个性是品牌生命的核心。”品牌文化就像一个人,看似长着类似的面孔,实际上具有不同的魅力特征。真正具有竞争力和生命力的企业文化极富有个性,与众不同。

企业需要用差别思维去研究、发现、培养特征鲜明的文化因子。一方面,通过产品、服务和形象来表现这些鲜明的文化因子;另一方面,建立起品牌文化信息的传递机制,让利益相关方深度认知品牌,并与之形成共鸣。

远东控股很少做广告,传播预算不多,但是一提到远东,很多人会由衷地夸赞——远东是一个负责任的企业,远东电缆的品质上乘,在业内形成较强的辨识度。

从销售额来看,远东控股离千亿规模还有距离,但是在中国民营企业中,远东企业品牌具有较强的识别度,重要原因是远东建立了一套差异化的企业文化和品牌建设体系。

远东原创的“全面品牌管理”理论,实现了产品品牌、企业家品牌、企业品牌的三位一体,它们之间的一致性由企业的愿景、企业的价值观等企业文化要素来维系。在此基础上,远东在国内首创“首席品牌官”制度,打造“和与灵”的企业文化。通过企业文化立企业品牌,使远东品牌建设不仅有现实根基,而且有历史根基,稳健而有冲击力。

《蒋锡培管理日志》中这样描写远东老板蒋锡培的文化情结——蒋锡培给外界最大的印象是一位电缆大王、投资大家和慈善家,然而,对于企业文化体系的构建和践行，他始终不倦，并颇有心得，是一位名副其实的“文化”老板。

在蒋锡培看来，一个没有文化底蕴的组织，会显得浮躁与媚俗，没有凝聚力和向心力，就留不住人才。一个成功企业，必然有一个良好的企业文化作为支撑。远东之所以取得目前的成就，得益于“和”与“灵”的企业文化。远东品牌文化把“和”定义为保持和谐、和睦、合作、均衡关系以维持安全稳定状态的一种处世哲学，“灵”引申为与时俱进、灵活应变、不拘一格的一种经营艺术。

远东的企业文化建设，将企业文化塑造和企业发展有机结合起来，对内锻造了富有挑战性的企业团队精神，增强了执行力、凝聚力，对外迸发出无穷的整体创新力和亲和力，最终形成强大的整体品牌核心竞争力。同时在这个基础上，不断丰富充实企业文化，以文化的持续力量，实现远东品牌持续提升。

品牌指南

成功的品牌都有一个成功的内核，那就是企业文化。

SEPTEMBER 9月2日 为什么海底捞你学不会

品牌感悟

文化是品牌价值的核心。品牌文化不仅提升了品牌的价值，更将企业的理念与消费者价值观融合起来，形成共鸣，提升品牌的忠诚度。

品牌分析

海底捞是典型的强势文化品牌。消费者对这个品牌印象深刻——顾客就餐排队时，为了缓解顾客等候时的着急，员工会送上免费的点心、茶水、书刊等，并免费为顾客擦皮鞋，免费为顾客美甲等；如果就餐人数少，服务员会主动提醒顾客少点菜或者点半份；有时候顾客需要服务员，只需要一个眼神，服务员会立刻上前询问。

“好的东西不一定有口碑，便宜的东西也不一定有口碑，又好又便宜的东西也不一定有口碑。我去过海底捞，只有一个地方打动了我，就是它的服务员真正地在笑，是真笑不是假笑。”小米创始人雷军说。

这些持续的、令人印象深刻的服务形成了海底捞的强势品牌，在中国传统餐饮业中凸显出来。很多企业都在学习海底捞的服务，但是只能学一两个月，时间一长，就会不了了之。

为什么海底捞学不会，因为大家总学习品牌表面的东西，深层次的品牌文化并没有重视。海底捞强势品牌来源于其强大的人本文化。换句话说，再多的模仿，再多的广告投放，也塑造不了这种文化品牌。

一般来说，传统餐饮行业的从业人员普遍学历低、素质不高、年龄小，而且离职率高达40%以上。一直以来，社会把他们定位为低端的屌丝群体，忽视了这一群体的个人价值和社会价值。

海底捞却把这群以农民工为主的“80后”、“90后”塑造为识大体、懂礼貌、会干活、善合作、爱企业、有活力的群体，并把流失率降低到10%以下。这让人们感叹不已。

把员工真正当人看，富士康没有做到的，而海底捞做到了，这就是品牌文化的强大。于是当人们走进海底捞吃火锅时，消费的不仅仅是美食，还有这种尊重、平等和真诚的文化。

《海底捞你学不会》这样描写海底捞的人本文化——人不仅需要爱，还需要尊敬。

对员工的尊敬就是信任。信任的标志就是授权。老板张勇在公司签字权是100万元以上；100万元以下是由副总、财务总监和大区经理负责；大宗采购部长、工程部长和小区经理有30万元签字权；店长有3万元签字权，这种放心大胆的授权在民营企业实属少见。

老板张勇对一线员工的信任更让同行匪夷所思。一线普通员工有给客人先斩后奏的打折和免单权。不论什么原因，只要员工认为有必要，都可以给客人免一个菜或加一个菜，甚至免一餐。这等于海底捞的服务员都是经理——这种权力在其他餐馆都是经理才有的。

2009年春天，张勇到北京大学给MBA学生讲课，一个学生问："如果每个服务员都有免单权，会不会有人滥用权力给自己的亲戚朋友们免单？"

张勇反问那个学生："如果我给了你这个权力，你会吗？"

整个课堂200多个学生，一下子鸦雀无声。

品牌指南

文化是品牌价值的核心。

SEPTEMBER 9月3日 屌丝逆袭高富帅

品牌感悟

迅速创建品牌，切分市场，实现屌丝逆袭高富帅，看起来是天方夜谭。现实中，创建品牌需要大量投入且风险巨大。许多企业很尴尬：品牌都创建在半空中，无法落地形成销售力。如何实现屌丝逆袭呢？

品牌分析

小米手机出道仅仅三年时间，到2013年6月，小米手机已经销售720万台，市场占用率为2.6%。作为一个没有工厂、广告投放少、没有实体店的品牌，小米在众多品牌的挤压下成功实现逆袭。

小米手机热卖的背后是品牌文化的定位精准——大打"屌丝品牌"，培养"米粉"消费群，实行"米粉"互动营销，最终在市场中杀出一条血路。

何谓"屌丝"，泛指那些经济实力不高，但是有着自己消费理想和主张的年轻群体。小米手机的核心目标群体就是这些年轻的追逐潮流的"屌丝"——年轻的大学生人群及刚毕业不久的大学生群体。这部分人追逐潮流，喜欢上网，但买不起昂贵的iPhone。

小米把握了这一群体特征，推出性价比较高的"山寨"苹果智能机——小米手机。它有三个特点，一是具备苹果智能机的很多功能，满足了消费者的操控；二是价格拦腰斩断，让他们能够消费；三是开展品牌和文化营销，吸引米粉互动和购买。

小米的品牌和文化完全跟随乔布斯和苹果。与苹果专注打造 iPhone 一样，小米手机的产品单一，形成铁人三项模式：软件 + 硬件 + 移动互联网。在手机风格上，小米手机简洁大方。小米还模仿苹果的饥饿式营销，一年出一款手机。在推出产品前，通过网络营销，吊足消费者的兴趣和胃口。2011 年 8 月，小米推出了第一款智能手机，两天内就销售一空。2012 年 8 月，小米又推出了小米 2，也是迅速销售一空。

小米掌门人雷军是乔布斯的追随者。雷军身上也刻意留有乔布斯的印象，甚至在发布会的穿着上，雷军的牛仔裤和黑色套头衫都与乔布斯非常相似，成为一个山寨“乔布斯”。

小米的文化定位满足了那些屌丝群体的需求——价位低，功能多，性价比高，拿在手里很像“苹果”。加上海量的互联网口碑营销，口口相传，小米手机第一个撕开国外智能机的防线。

由于乔布斯逝世，苹果的创新也开始停滞，苹果神话不在。这给山寨“苹果”的小米手机较大的影响。如果山寨“苹果”是抢占市场的第一步，那么未来，形成自己的小米手机特色，找回小米自我，已经迫在眉睫。

2013 年 5 月，在小米三周年会议上，雷军已经不学乔布斯的行头，换掉 POLO衫和牛仔裤，穿上衬衫和西服，同时，会议地点也从往常的 798 艺术区改为国家会议中心。看来，在没有乔布斯的光环下，雷军和小米手机正迎来挑战，开始新的品牌定位和创新。

品牌指南

占据“屌丝”定位，抢占“高富帅”市场。

SEPTEMBER 9月4日 激活“休克鱼”

品牌感悟

品牌文化在企业中并不处于从属地位，相反它能够盘活有形资产。企业的并购扩张不仅仅表现为企业的生产线、设备等有形资产的扩张复制，更是品牌文化的复制、输出和扩张。

品牌分析

所谓“休克鱼”，是指那些硬件条件或者有形资产较好，但因为管理不善、企业文化较弱等原因在市场上落后的企业。“休克鱼”不是“死鱼”，“休克鱼”的品牌一旦被重新激活，会释放其潜在活力。

要想激活“休克鱼”，就必须将品牌运营的成功经验，如企业文化和管理模式等注入到“休克鱼”身上，以无形的品牌资产来盘活有形资产，使“休克鱼”复苏。

海尔在激活“休克鱼”的过程中，注重将“海尔文化”注入到“休克鱼”身上。1995年，因为管理不善，青岛红星电器股份公司亏损额超过2亿元。当时张瑞敏说：“红星厂搞成这个样子，是人的问题，是管理问题。一千万，一个亿，海尔都拿得出来，但现在绝对不能给钱。要通过海尔文化，通过海尔的管理模式，来激活这个企业。”

海尔将自身总结的“海尔文化”注入到红星电器，并向每一位员工进行宣贯。如海尔的斜坡球体理论——企业在市场上的地位犹如斜坡上的小球，需要有上升力（目标的提升），使其不断向上发展；还需要有止动力（基础管理），防止下滑。

这些来自海尔的文化极大地激发了员工的积极性和主动性，使得红星公司三个月扭亏，第五个月实现盈利，激活了红星这条“休克鱼”，也帮助海尔集团顺利进入洗衣机领域。

2011年7月28日，海尔集团和三洋电机母公司日本松下电器株式会社达成协议，海尔收购三洋白色家电业务，这是中国第一次收购接盘日本的主营业务。

三洋是中国人熟悉的日本品牌之一，但是它在家电领域的市场份额不断下降。从2002年开始，三洋一直处于亏损状态。海尔接盘之后8个月就止亏，激活了这条日本“休克鱼”。

三洋白色家电的长期亏损主要是体制和文化问题。张瑞敏认为，日本东亚文化脱胎于中国的儒家文化，聚焦了四个字：唯尊是从。美国的麦克阿瑟将军曾经说过一句话，“日本有全世界最好的士兵，有全世界最差的将军”。问题的关键是领导不一定知道用户需求。

于是，海尔将“人单”模式引入三洋白色家电，激活体制效率。将三洋每个员工与市场联系对接起来，重新签订合同，改变领导导向为市场导向，三洋白色家电迅速被激活。

海尔在对“休克鱼”进行激活的过程中，经历了由高成本向低成本的转变。海尔一开始是借款控股，以资金注入为主；后来慢慢转为运用品牌资源、商标使用、知识产权投资控股。在这个过程中，品牌这一无形资产的比重越来越大，投入资金越来越少，但是盘活的有形资产越来越多。

品牌指南

让“休克鱼”变为“快鱼”。

SEPTEMBER 9月8日 品牌文化 PK 企业文化

品牌感悟

与传统企业文化的内部凝聚作用不同，品牌文化还有外在的传播和整合优势，将企业品牌理念有效地传递给消费者、合作伙伴和投资者等利益相关方，进而占领他们的心智。

品牌分析

品牌文化是品牌在经营中逐步形成的文化积淀，代表了企业、消费者等所有利益相关方的利益认知、情感归属，是品牌个性形象的总和。

品牌文化和企业文化的关系是什么？一般来说，企业文化包括品牌文化。但是，传统企业文化的视野主要停留在管理者和员工等内部利益相关方的层面，而对顾客、合作伙伴和投资者等外部利益相关方的价值需求，缺乏文化关怀与价值整合；此外，产品品牌文化是企业文化的重要组成部分，建立在核心产品价值观和理念之上。

实施不同的品牌战略，文化构成和文化模型并不一样，内涵不一样，目的也不一样。

第一，当企业实施企业品牌战略，或者产品与企业统一品牌战略时，这时的企业文化、管理文化和品牌文化几乎可以等同于一个概念。在这种背景下，组织就是品牌，品牌就是组织。所以这些文化将同时作用于企业的内部和外部。

在这方面，星巴克是一个代表。星巴克聚焦咖啡品类，产品品牌也是企业品牌，产品品牌文化与企业文化甚至管理文化高度一致。星巴克主导体验文化，在星巴克咖啡店里，员工是传递体验文化和价值的主要载体，员工的体验感觉和创造对服务非常重要。事实上，星巴克的员工是标准的咖啡迷，他们善于与顾客沟通，创造体验环境氛围，这直接提升了星巴克的客户黏度。

第二，当企业实施产品与企业平行品牌战略时，产品品牌文化则被认为是企业总文化的一部分，它既可以完全独立，也可以与总文化有所关联。

如苹果公司，旗下有许多知名产品品牌，iPhone、iPad 等，这些产品品牌文化相对独立，但是构成了苹果公司的独一无二的创新文化。

第三，在实施多元化品牌战略时，企业文化目标分别承载于不同的品牌文化之上，企业文化资源分别配置于不同的品牌之上。

如瑞士 SWATCH 集团旗下有雷达、欧米茄、天梭、浪琴、SWATCH 等品牌，每种品牌文化针对不同的消费群，呈现出较大的差异性。雷达代表“永不磨损”，欧米茄代表“完美、极致、卓越、成就”，浪琴代表“优雅”，天梭代表“非凡的创意”。这些品牌群构成了瑞士 SWATCH 集团悠久的钟表文化。

多元化品牌战略典型的特征就是每一个产品或每一个产品群都使用不同的品牌名称、不同的定位、不同的品牌识别，因而这决定了各个产品品牌文化和核心价值诉求不一样，它们独立于企业文化，所有的产品品牌文化的组合就成为企业文化。

品牌指南

根据不同品牌战略传播品牌文化。

SEPTEMBER 9月9日 如何黏住顾客

品牌感悟

文化产生情感,滋养品牌生命和顾客心灵。品牌文化有助于加强企业与顾客之间的联系,进而形成文化纽带,建立忠诚消费群体。

品牌分析

品牌文化是品牌和客户之间的纽带。因为有共同的价值文化取向,彼此能建立共识,产生共鸣。品牌文化满足了客户的期待。客户有着被尊重的惊喜,进而开始接受品牌。

按照"马斯洛需求层次"理论模型分析,在工业经济中,产品和品牌多从满足消费者的生理需求和安全需求出发;而到了信息社会,出现了"体验式品牌",开始大范围地满足消费者的社会需求、尊重需求和自我实现需求。

"体验式品牌"成功地将品牌文化物化到每一个具象的产品中,渗透在每一个服务里,从而提升了消费者的体验指数,进而加强了品牌与顾客的黏度关系。

宜家家居是一个提倡体验式文化的品牌。宜家为人们津津乐道的是其为消费者打造的可供参观样板间。宜家根据消费者的兴趣偏好、家居风格、实际需要等因素,将旗下的家居产品人性化地组合、搭配、设计成为一个个成型的"家"。

有别于传统家具公司"禁止触摸"的行规,宜家反而鼓励消费者走进成型的"家"中,进行现场体验,形成感性的产品使用体验,从而在潜意识里接受了宜家的品牌文化,激发购买欲望,形成购物决策。

在宜家的自由空间里,消费者与家居"亲密互动"时并没有虎视眈眈的服务人员,消费者可以按照随处可见的箭头,自主安排行进路线。这种个性化的动线设计,潜在地实现了顾客由"消费者"身份向"体验者"身份的切换,这无时无刻不在提醒走进宜家的消费者们,你们才是这里的主人,满足了顾客被尊重和自我实现的心理需求。

宜家主张DIY方式，一方面从成本考虑，更重要的还是从消费者体验考虑。消费者把商品运回家中，与家人合力进行组装，可以进行动手实践的体验，为实现消费者"二次购买"甚至"多次购买"创造了可能。

宜家在很多服务细节上，也在不断强化消费者的体验。北京的宜家停车场停车方便，而且费用低廉。宜家配备了较大的自助餐厅，在购物完毕后，全家可以坐在舒适的餐厅中，吃着美味食品，享受着家的氛围。

可以说，宜家在产品组合、体验营销和服务等多个维度，都打造了较好的用户体验，发挥品牌文化的软实力，获得较高的品牌美誉度。

尽管，宜家品牌的影响力和美誉度较高，负面新闻极为少见，但是在中国市场，这家家居店对规模的扩张兴趣很小，进入北京十几年来，目前仍只有两家店，令人惊讶。

看得出来，宜家把客户的体验和满意度放在了品牌第一位，而把规模和利润的扩张放在后面，这种心态值得中国品牌学习。

品牌指南

打造体验式品牌，黏住客户。

SEPTEMBER 9月10日 不仅要做产品，更要做文化

品牌感悟

企业就像一棵大树，企业文化是根基，品牌是花朵，利润是果实，树干是战略，树枝是管理体系，一环紧扣一环。在这棵树上，花朵最吸引眼球，企业文化埋在地下看不见，却是大树的基础。

品牌分析

企业各元素的关系可以用品牌大树论来剖析。树无根不活，企业无文化不立。在企业这棵大树上，树干、树叶、花朵、树枝和果实等有机组成了一个相互依存的系统，默契地配合。

品牌建立在企业文化基础之上。理念和文化决定行动，行动决定结果，足见企业文化在企业和品牌发展中的作用。

雨润集团之所以能够持续发展到今天的千亿规模有很多因素，一是挑好行业，食品是一个巨大的朝阳产业；二是用好投资杠杆，通过外延并购，实现跨越式发展；三是多元化，进入房地产领域，分享了经济增长的景气。

但是，雨润发展的最根本推动力还是企业文化。雨润的企业文化保证了战略的有效落地执行。雨润的创始人祝义才比较低调，公众对他的了解并不多。雨润的文化带有非常明显的祝义才风格和个性。

祝义才的个性比较谦虚、低调，他对数字非常敏感，过目不忘。很多雨润员工和管理层向他汇报工作时，不敢与祝义才核数字，算成本，因为他有时比具体执行人员还清楚。

祝义才喜欢讲究细节。他是全国人大代表，每年开"两会"的时候都要在代表团发言。每次发言的时候，都聚焦一个主题，指出现状，分析原因，提出政策。发言中，里面全是数字，他都能脱口而出，堪称专家。原来，祝义才每次在发言前的晚上，都需要准备好文稿，然后多次反复演练，由此可见其对细节之重视。

在生产经营管理上，雨润也是细节至上，重视执行力。1993 年创立之初，祝义才就提出"食品工业是道德工业"的企业文化，所以食品安全大于天，企业责任重于山，安全生产导入雨润的各领域，形成安全和道德文化。

"做食品，就是做良心"，这句话在雨润不是空话。"产量是钱，质量是命，我们不能要钱不要命"等理念深入雨润集团生产车间的各个角落。雨润遵守食品安全的底线，推行食品安全"一票否决"的企业文化。将道德理念贯穿于生产的过程，融入于文化的精髓，内化于员工的血液，从根本上杜绝生产伪劣有害食品的动机和行为。

许多人认为企业文化千篇一律，挂在墙上，说在嘴上，但雨润的管理和生产风格非常扎实，注重细节和执行。

小到一个洗手的动作，雨润也要把它细化成为六个步骤：清水润手、涂洗手液、搓洗起泡、流水冲洗、涂消毒液、高温烘干，一步都不能少，大到低温肉制品生产必须 48 小时内完成加工、百分之百符合标准工艺要求、12 道工序、24 道质量控制流程等，保证了一直以来的高品质。

品牌指南

扎好企业文化之根，培养品牌大树。

SEPTEMBER 9月11日 大象也能跳舞

品牌感悟

决定大象能否跳舞的因素是文化。一般的看法是，企业规模越大，转型的风险就越大，以至于人们普遍认为大象不能跳舞，只能衰亡。这也是为什么百年品牌和百年企业少之又少的原因。

品牌分析

企业的初级阶段是靠产品，中级阶段是靠管理和服务，最后的高级阶段是靠文化。企业文化要渗透到品牌的利益相关方的血脉之中，这样的品牌才真正有生命力，具有可持续性。

IBM公司是一家百年公司，被视为美国科技实力的象征。1993年，这家超大型企业由于机构繁多和封闭的企业文化，亏损高达160亿美元，一只脚已经迈进了坟墓。然而随后，IBM进行了巨大的转型，成功地从一个硬件计算机商转为IT服务和解决方案提供商，实现了大象的跳舞。

推动IBM转型成功的是郭士纳，他这样总结IBM的百年转型发展——IBM一直在变化，但是不变的是IBM的核心价值和文化。

IBM的大客户——苏宁也正在尝试大象跳舞。苏宁是中国最大的家电连锁企业，规模已经超过千亿。在电商的冲击下，它极富勇气地进行了有史以来最大的商业转型和品牌转型，从传统家电连锁企业转型为一家全新互联网零售商。

部分投资者看淡苏宁这次转型，一是商业史上二次创业的成功性较小，除了极个别的案例，如乔布斯；二是苏宁体量太大，犹如大象，一般大象不能跳舞。

从企业文化的角度来审视苏宁这次转型，成功的可能性很大。苏宁是一家令人尊敬的企业，它与许多电商品牌不同的地方在于文化的积淀，责任的履行。

在长期的发展中，苏宁形成了强大的品牌价值观和文化，有自己的理想和梦想。打个比方，好比一个人很富，家有金山和银山，但不知道未来会怎样；而一个精神强大的人，虽然遇到暂时的困难，但他有前进的动力，也找到了方向。苏宁无疑属于后者。

2013 年 7 月，苏宁董事长张近东将个人股权抵押，以强大的勇气完成了苏宁历史上最大规模的一次增资—— 47 亿元人民币。随后，苏宁高管在二级市场上集体增持苏宁股票。苏宁高管团队拿出自己的真金白银来推进转型，赢得了人们的尊敬，被称为一个负责任的品牌。

回顾历史，苏宁从一个小小的临街店铺成长为国内零售龙头企业，顺利实现过去的两次转型。第一次转型是 1990 年，苏宁以空调专营起家；第二次转型是 1999 年，苏宁开始进行全国连锁。现在是第三次创业，苏宁开始转型为智慧型科技型企业——互联网零售商。

尽管处于新的转型期，但苏宁坚持自己已经形成的有价值的文化和价值观，并且沿着转型方向坚持走下去。

例如，作为苏宁企业文化之一的服务文化。“服务是苏宁唯一的产品，服务先于消费”的理念是苏宁对消费者的承诺，也是苏宁创立伊始的品牌之源。由于早期的家电服务市场的需求更侧重于物流和配送以及维修等因素，所以初期的苏宁“服务文化”也更多地向这几个要素倾斜。

随着转型的到来，苏宁的服务有了新的内涵，开始向顾客的个性化需求和多元化选择模式倾斜。通过线上线下融合，不断丰富苏宁产品品类，满足消费体验。尽管苏宁每个阶段服务侧重不同，但是苏宁对顾客的承诺“满足客户需求，至真至诚”一直没变化。

品牌指南

企业文化是转型之本。

SEPTEMBER 9月15日 不要“上天”，而要“落地”

品牌感悟

谷歌有谷歌的文化，百度有百度的文化，星巴克有星巴克的文化，大娘水饺也有大娘水饺的企业文化。街边餐馆、房屋中介都有自己的文化，如跳跳舞，喊喊口号等。但文化的落地生根是一个大难题。

品牌分析

不靠谱的企业文化通常是能上天，但不能落地。一种是在老板嘴里张口就来的“口头文化”，这种文化较为松散，往往每换一个老总，整个文化便要从头再来清洗一次，基本是老总的单边文化。

另一种是被总结过后，写在纸上或贴在墙上的“书面文化”，这种文化更具备体系，如标语、画册等。员工们在嘴上背得滚瓜烂熟，但在具体的行动里看不到。这些不“落地”的做法是对企业文化的误读。

企业文化如何落地？其实，可以学学房屋中介公司接地气的做法。很多人有一个印象，北京的房屋中介公司员工好像打了鸡血一样。双休日不休息，中介办公室到晚上十点还有很多员工加班。遇到小区的业主，他们会主动上去问候聊天，积累客户资源。

跟这些中介员工聊天时，发现他们真心喜欢干活的原因，一是激励机制，员工实行责任底薪，有保障，同时有8%～30%的高额提成。再加上带薪培训、全套保险，解决了员工的后顾之忧；二是建立了快速的成长通道，只要有业绩，干得好，就能晋升，实现更大的价值。

所以，企业文化生根首先要有机制保障，形成全体员工的心理默契。文化是在经营管理过程中形成的，合力打造，渐成气候，然后新人进来，受其影响。久而久之，全体员工在价值观和文化上具备了一致的导向。

落地生根还要从上做起。企业文化的约束力不像法律法规那样带有强制性，约束主要来自于自律，源于老板、高管对企业文化的真心认同和执行。

联想是一个企业文化“落地生根”的典型。联想核心企业文化“联想之道”是:“想清楚再承诺”、“承诺就要兑现”、“公司利益至上”、“每一年每一天我们都在进步”和“敢为天下先”五大信条。

“每个迟到的人都罚站”是联想的一大企业文化,这样的企业文化被坚决植入到高层办公中。联想内部经常流传着创业期元老张祖祥被罚站的故事。

张祖祥有一次开会迟到了,联想的当家人柳传志对他说:“你怎么坐下了?你迟到了得罚站一分钟。”张祖祥则马上站了起来。随后,会议停止了,讨论声也没有了。直到参会人员宣布一分钟时间到了,柳传志说“请坐吧”,会议才继续。

会后,柳传志找到张祖祥说:“张大哥,刚刚在会上的事情你不介意吧?”张祖祥笑道:“我不介意。”柳传志告诉他,办公司总该有个规矩,不管任何人,哪怕是自己开会迟到了,都要罚站一分钟。

只有高管对企业的规定敢于身体力行,才能让员工信服,从而共同践行企业文化。

品牌指南

企业文化要落地,才能生根。

SEPTEMBER 9月16日 文化就像洋葱的四个圈

品牌感悟

品牌文化就像洋葱的圈,核心是精神层面,外边一层是制度层面,再往外是行为层面,最后是物质层面。洋葱全身都是宝,这四个圈缺一不可。

品牌分析

很多企业主认为,品牌文化是一个很虚的东西,无法估量,也无法评估投入,更无法知道产出比。事实也是如此,品牌文化是一个复杂的系统,具有完整的品牌文化系统和模型,有规律可循。

品牌文化的第一层次是狭义的，即价值观和精神。企业精神是企业文化的灵魂和核心。

奢侈品生产商 LV 公司的核心企业精神是“旅行精神”，奉行简约、精密、实用的“旅行哲学”。无论是在广告宣传中向客户分享世界名人的旅行逸事，还是发起“旅行奇遇”短片征集的文化活动，LV 公司一直将核心企业精神直接输入到消费者的大脑中。

Dior 品牌是法国时装文化的最高精神。Dior，在法语中是指“上帝”与“金子”的组合，这表达了女性的追求——性感自信，激情活力，时尚魅力。

第二层次是广义的，品牌文化具有制度特征，是一种机制和框架，由品牌模式、组织方式、管理模式和经营方法等组成。

奢侈品品牌延伸成为必然现象，从原来单一服装产品的状态扩展延伸到其他相关领域。它们希望增强品牌的影响力，并扩大相应的顾客群体。

如 Gucci、Prada 或 LouisVuitton 等传统的皮具商延伸到服装成衣系列，获得更大的品牌影响力，使得品牌形象更为完整。此外，传统的奢侈服饰品牌 Chanel、SoniaRykiel 和 Balenciaga 也开始销售皮具产品，Armani、Dior 和 Burberry 开始延伸到香水和化妆品。

第三个层次是泛指，品牌文化是品牌为社会所创造的包括物质、精神文化在内的总和。LouisVuitton 为客户生产出完美的箱包，在质检过程中，精细到要清点手提包皮带上的针脚数目。如果发现一个皮包的一边是四个针脚，而另一边是五个针脚，那么这只皮包的命运是被送入粉碎机。

LouisVuitton 在品牌初创之时就以自己的名字为产品命名，150 年来，“路易”这个名称就没有改变。路易·威登在企业制度中规定了一条：威登家族的后代凡是男孩，名字中必有“路易”一词，并且代代相袭。这体现了 LV 品牌对于传统的坚守，对于品牌精神的维护。

最后一个层次是品牌文化的硬性物质层面，这是最容易看到的层次，反映企业文化的外化事物，包括标识、建筑物风格、办公室的布置、故事、企业的技术、着装风格、礼仪、礼节和庆典活动等。

好的品牌标识能被消费者迅速识别和认知。LouisVuitton 在产品上印有 LV

的字母组合，PaulPoiret 在贝雷帽上展现了大的 P 字母，Elsaschiaparelli 在衣服纽扣上标出固定格式的 S 字母，Chanel 设计了著名的互相缠绕的双 C。

品牌指南

精神、制度、行为、物质四环，环环相扣。

SEPTEMBER 9月17日 学习雷锋好榜样

品牌感悟

只做好事，不问功劳，雷锋看起来很傻，但形成了今天的雷锋品牌和雷锋精神。这告诉品牌管理者一个道理，品德是最贵的奢侈品。坚守道德和伦理，你的品牌一定会像金子那样闪光。

品牌分析

品牌是联系和实现各种利益相关方价值的载体，承载着企业的价值导向和全体员工的伦理规范。品牌需要回答以下几个问题：品牌的道德标准和价值判断是什么？如何建立品牌伦理？如何引导品牌关系和品牌行为？

英国学者罗斯认为，伦理行为有以下原则：诚信，包括信守承诺、履行合约、实情相告等；感恩，即所谓知恩图报；公正，即奖罚分明，在同样条件下不厚此薄彼；行善，即乐善好施，助人为乐；自我完善，使自身潜能和美德充分发挥出来，实现企业在社会中的自身价值；不作恶，即不损害别人。

雷锋是一位计划经济体制下的伟大共产主义战士。直到今天的市场经济，雷锋精神仍然影响力巨大，雷锋品牌的知名度和美誉度不断提升。可以说，雷锋品牌已经超越意识形态，成为社会、经济和企业学习的一个品牌案例。

雷锋品牌的核心精神和价值观是诚信自强、乐于助人、与人为善、爱岗敬业。不管时代如何发展，这些都是宝贵的道德品质。雷锋干一行、爱一行、钻一行，是企业员工进取的“助推剂”；雷锋乐于助人、与人为善的品格，从企业管理的角度来看，有利于较好地协调内部团队关系，建设和谐组织，培育企业的凝聚力;雷锋一心跟随党和社会主义的目标,展现了个人与组织的目标高度一致。这些金子般的道德和精神到今天仍然闪光。

雷锋精神超越了商业利益和国界,国外也有"雷锋精神"。成立于1973年的联邦快递公司是企业伦理的忠实实践者,一直坚持诚信、公正、行善和感恩的企业伦理。联邦快递提倡"使命必达"的企业文化,以此表达对客户的诚信守约。

在联邦快递公司流传着这样一个故事:为了给第二天即将结婚的新娘按时送上婚纱,联邦快递的员工不惜租用一架小型飞机,如期将婚纱送到了300多英里之外的底特律。"把货物联邦快递给我"这句话已经是很多国家和地区的流行语了。

在保证核心业务不受影响的前提下,联邦快递尊崇行善的企业伦理,实现公司和员工的社会价值。联邦快递的员工曾经在圣诞节前夜驱车200英里为一个生病的小孩送药,还曾经在送快递的途中解救过困于交通事故中的陌生人。

快递业是一个对诚信、道德要求非常高的行业。联邦快递的助人故事,淡化了它是一家赚钱的商业公司,而更像一个负责、诚信的品牌。它以此赢得了公众的信任,所以品牌竞争力不断提升。

品牌指南

提升品牌伦理价值。

SEPTEMBER 9月18日 顺丰运价为何高出50%

品牌感悟

在一个诚信度不高、质量缺乏保障的市场中,打造品牌的最好方法不是广告营销,而是使自己的品牌有诚信、有责任,提高品牌的美誉度,以此提高品牌溢价。但知易行难,这需要企业家的胆识和魄力。

品牌分析

2013年6月,“宁海县8个快递员救了一个孩子”的消息上了新闻联播。当时,宁海县桃源街道隔水洋村的两岁半女童琪琪从四楼坠下,幸运的是,楼下8名“快递哥”同时伸手去接,小女孩最终成功脱险。这一事件迅速传播。

公众会在第一时间惊讶地提出一个问题,是哪家快递公司的快递员能做到这些:团队合作,见义勇为,救死扶伤,关爱生命。因为,除了中国邮政的EMS稍微靠谱点,中国快递公司给公众的印象并不是很好。

我们做了一个小型调查,约50%的受访者猜到了顺丰。没错,是顺丰速运!这就是品牌的识别度。当一件“救死扶伤”的好人好事发生时,竟然有一半的人认为是这家公司员工所为,这使得顺丰品牌与其他民营快递公司品牌迅速区分开来。

事实上,广泛的调查显示,顺丰的收派员给人的感觉是比较规矩,令人信任。这种感觉给顺丰带来巨大的溢价,使得消费者信任顺丰。尽管顺丰速运的运价比一些快递公司的运价高出50%之多,但是今天,顺丰速运的业务仍然在快速扩张,这就是品牌的力量。

顺丰的掌门人王卫是一位独特的企业家,他从不打广告,不见PE,不打算上市,不引入战略投资;但他旗下有15万名员工,他巨额采购了IBM的信息、人力管理咨询服务方案和系统,始终做小件快递。

王卫之所以能管理好15万名员工,原因在于顺丰的企业文化——以人为本。在顺丰,一半以上的高管都出身于收派员,王卫也干过收派员,他认为“收派员是最可爱的人”。王卫每天工作14小时左右,还定期到一线收发快递。

企业文化和制度塑造了这样的收派员。顺丰的收派员和企业是分配关系,而不是劳务上下级关系。顺丰的计件工资制度保证了顺丰收派员稳定的高收入,这是高服务质量的基础。

虽然顺丰收派员的基本工资并不高,但有工作业绩提成,这使得收派员的收入可以预期,月薪上万并不稀奇。收派员能够分享企业发展的成果,成为自己的老板,因为他们的收入与勤奋及客户的认同成正比。

众所周知，中国的快递业处于快速发展过程中，由于企业不自律，行业监管不力，不规范的现象太多，如暴力分拣，信件遗失，失窃被盗掉包等时有发生。总体来说，中国快递公司，特别是民营快递公司的形象和美誉度较差，信任指数较低。

消费者要求快速公司诚信、责任、安全、及时，在这种背景下，王卫塑造了具有高度责任感、专业化、以客户体验为重的顺丰文化，以及“知行合一”的价值观。

所以，在今天的快递业竞争中，顺丰不仅以速度制胜，更是依靠文化制胜。这其实是顺丰的核心竞争力，也是运价高出其他公司50%的原因。

品牌指南

文化是品牌的核心竞争力。

SEPTEMBER 9月22日 文化不只是“文”，更是“化”

品牌感悟

品牌文化的“化”是潜移默化，如春雨般随风潜入夜，润物细无声。让品牌文化在不知不觉中成为员工共同的心理默契，进而影响到消费者等利益相关方，形成情感和文化共鸣，构建一个品牌文化循环。

品牌分析

《蒋锡培管理日志》提出好的企业文化要像水的特征。水的力量为什么强大？因为无形胜有形，以柔克刚，坚韧不拔；同时团结凝聚，不同的支流会合二为一，形成江河，力量不断壮大，奔向目标。

如何破解文化“文而不化”的难题，远东的做法是强调品牌文化的渗透力，就像水一样，渗透到企业员工的心中。远东推行“老板垂范”、“文化落地”活动，通过“文化下车间”、“文化到前线”，将企业文化渗透到每一个营销人员、车间工人心中。

远东倡导“和谐”和“真诚”的企业氛围，远东控股创始人蒋锡培身上有一种亲和力，他的办公室外，没有坐着秘书帮他挡掉来访者。这种风格传导到企业，就形成了“一握远东手，永远是朋友”的和谐客户文化，体现在远东每个员工的言行之中。

星巴克的品牌文化定位在打造介于“家”与“办公场所”之间的“第三空间”。在这个“空间”里，最为重要的因素就是员工为消费者创造的文化体验——星巴克特定氛围。

在“第三空间”里，咖啡只是承载着星巴克企业文化符号的物质载体。里面包含专属绿色商标、温馨灯光、流行音乐、欧美文化符号及特殊的咖啡味道等因素，互相搭配出充满人文情怀和都市感的休闲氛围。于是，星巴克的品牌文化和消费者的心理产生了交互体验，带给消费者特有的星巴克的品牌文化归属感。

在星巴克咖啡品牌文化的熏陶下，星巴克的每一位员工都自发肩负起“咖啡文化传教士”的使命——18 到 23 秒，不多一秒也不少一秒，星巴克员工对于时间的掌握保证了每杯浓缩咖啡都能煮出最佳口感；150℃而不超过 170℃，星巴克员工对于温度的把控实现了拿铁牛奶的最优呈现。

谈到星巴克员工的高度自觉性，正如星巴克老板舒尔茨所说，“我们的员工犹如咖啡迷一般，可以对顾客详细解说每一种咖啡的特性。通过一对一的方式，赢得信任与口碑。这是既经济又实惠的做法，也是星巴克的独到之处！”

星巴克对客户的关怀比较细致——当有一天你路过星巴克店，想进去休息片刻又不想喝咖啡时，你可以找服务员要上一杯白水，免费享受“第三空间”，星巴克仍然提供服务。

所以说，文化不是说教，而是一种服务、一种体验。把文化做好了，知行合一，品牌就变成了有情感性和自我表现价值的主体，品牌的美誉度也就上升了。

品牌指南

品牌文化应随风潜入夜，润物细无声。

SEPTEMBER 9月23日 接受员工的差异性

品牌感悟

一个尊重个体的企业文化才能创造出更加优秀的品牌,一个忽视个体的企业品牌会失去活力。品牌差异化来自于一个包容性强的企业文化,能够包容创新,容纳个性,形成一种尊重个体的企业文化。

品牌分析

一家动物园的饲养员很有爱心,也爱干净。他为了让自己饲养的小动物生活在一个干净的环境中,将它们的栖息地打扫得干干净净,不管是小动物的粪便还是枯枝落叶,他都一一扫除。

但结果往相反的方向发展。对这样辛勤的工作,小动物们并不领情,反而很多动物变得吃不好睡不着,萎靡不振,烦躁不安,甚至莫名其妙地死掉了。

后来,专家研究发现,每种动物都有自己不同的生活习性,有的看到自己的粪便才会感觉到安全,有的闻着浑浊的气味反而更能够健康成长。饲养员的统一清洁反而影响了动物的健康成长。看来,不同的动物天生有不同的生活习性,鹰击长空,鱼翔浅底,发挥各自的天性所长,就是保持各自的特色。

在企业中,管理者尊重员工的差异性也就是承认了员工的独一无二,认同了员工不同于他人的价值所在。这满足了员工被肯定、被尊重的心理,从而激发起员工的工作热情,为创造优秀的企业品牌打下基础。

麦当劳作风的七项原则之一是“寻求并利用差异与争论,去寻求整体和顾客的利益”。这种“接受差异性”的理念渗透在麦当劳作业流程的每一个环节。

首先体现在用人机制上。麦当劳在招聘员工的时候不以貌取人,不雇用靓女,接受人相貌的差异性。麦当劳不拒绝招聘“丑人”,更看重那些相貌平平但是吃苦耐劳、有创造性的员工。麦当劳不嫌弃“新人”,反而着力开发“新人”接受新事物快的能力,以此激发他们的工作热情。

麦当劳还坚持一贯的用人哲学:如果一个企业中,有两位主管的想法一致,那其中一名便是不必要的。麦当劳鼓励员工充分发挥自己的创意,表达自己的看法,而不是将员工们的意见"修剪"成一个样子。

其次体现在激励机制上。麦当劳根据不同员工的差异化个性特质,分配不同的岗位,设定不同的目标,一旦员工达成目标就会得到相应的奖励。

麦当劳的总裁克罗克在衣着方面具有自己独特的评判标准。对于那些衣着出位但是为麦当劳做出贡献的人,克罗克同样给予高度重视。比如"麦当劳叔叔"设计者克莱恩,作为公司的广告经理,他却可以留着引人注目的长头发,和总裁形成鲜明的对比。

品牌指南

尊重员工的差异化需求,建立包容的企业文化。

SEPTEMBER 9月24日 文化之美

品牌感悟

产品的背后是品牌,品牌的背后是情感,情感的背后是文化。品牌的美在于文化的美。企业品牌的大美源自其独特的文化表达,产品和服务只是诸多外在表现形式之一。

品牌分析

如果品牌没有独特的文化表达,在品牌海洋中,大家很难感觉到你的美。这种美更多的来源于企业文化的精髓和内涵,企业文化给品牌的差异性提供了丰富的营养。

远东品牌文化特质既承载中国传统精髓,也结合现代工业理念有所创新。在心理、情感层面上,仁爱、责任和感恩成为远东品牌文化中迷人的品质,慈善精神和社会责任成为企业和员工前进的精神源泉和推动力。

远东创始人蒋锡培在多个场合强调远东的慈善精神和责任,"和与灵"是品牌文化的支撑点,"爱念至关重要,决定了你的职业生涯能走多远","爱是被爱的理由”,“成功的真正意义在于爱的付出和爱的收获”,“当你站在成功的至高点上,应该想想,做了多少有爱的工作,没有爱的成功是一种苍白的成功”。

正是多年的文化建设,远东品牌文化中的仁爱与责任转化上升为远东人最宝贵的精神财富,转化成为品牌利益相关方心中最美的独特情愫。

企业文化如水,能融入和渗透到组织的各个角落。看不见摸不着,却真实地存在,无形甚于有形。远东“和与灵”的企业文化为企业品牌注入充满活力的DNA,赋予远东以人的“和”气和“灵”性,同时决定了远东人的行为、感知方式、思维模式和价值观,并无时无刻不在影响远东的战略、目标和运营模式。

从本质上说,品牌是相关利益方对企业的信任价值,这种信任价值越高,品牌的追随者越多。如何构建“和与灵”的企业文化内涵?远东营造和谐的内部关系,通过不断完善福利,设置有竞争力的薪酬待遇等方式,让员工分享企业发展成果;营造和睦的客户关系,“一握手,永远是朋友”;服务行业和社会,营造和谐的社会关系;秉持“和谐”理念,摒弃“同行是冤家”的俗套,在竞争中合作多赢。

多年来的企业文化建设,为远东品牌打上了“仁爱”、“和灵”的烙印,这为品牌差异提供丰富的营养,造就品牌大美。中国企业家协会副会长陈兰通高度评价道:“远东控股集团是我国民营企业百花园中最为绚丽的鲜花之一。”

2008年7月6日,对于远东控股集团的每一位员工来说是有纪念意义的日子。这一天,中国企业联合会、中国企业家协会授予了远东控股集团“全国企业文化示范基地”的荣誉称号。“全国企业文化示范基地”是我国企业文化建设领域的最高荣誉,入选企业必须具有独到经验及创新成果,远东当选开创了中国民营企业的先河。

品牌指南

品牌之美在于文化之美。

支撑品牌的是责任

承担多大的责任，就做多大的品牌。

SUN日	MON一	TUE二	WED三	THU四	FRI五	SAT六
		1 国庆节	2 廿八	3 廿九	4 三十	5 九月小
6 初二	7 初三	8 寒露	9 初五	10 初六	11 初七	12 初八
13 重阳节	14 初十	15 十一	16 十二	17 十三	18 十四	19 十五
20 十六	21 十七	22 十八	23 霜降	24 二十	25 廿一	26 廿二
27 廿三	28 廿四	29 廿五	30 廿六	31 万圣节		

10
October

OCTOBER 10月1日 茅台为何被贴上“腐败”标签

品牌感悟

中国白酒本来具有源远流长的文化,喝酒是一件很高雅的情感文化过程,但中国白酒现在还剩什么?商业化生产使内涵丰富的白酒品牌只剩下酒精、广告、造假和虚高。这是中国白酒品牌的悲哀,也是国酒茅台的悲哀。

品牌分析

一位朋友曾经赴某部门内部食堂的一个饭局,在一个包间里,高朋满座。菜品上来后,东道主支开了服务员,偷偷摸摸地从包里拿出两个普通酒壶,说里面装的是茅台,只能偷偷换着喝,引起满屋人大笑。

这就是曾经火极一时的茅台在今天的品牌认知印象——喝茅台竟然见不得人,见不得光。

2013 年 7 月,茅台宣布旗下子品牌价格大降 50%,开始断臂自救。同时 53 度飞天从 2000 多元腰斩一半,回落到千元以内。这表明白酒市场正在逆转,白酒业的高增长阶段已经结束,白酒去库存、去泡沫全面拉开序幕。

很多人都在等待茅台的供需平衡,认为这只是周期性的调整,等到居民收入上来了,茅台现在的价格和产能就能很快消化了。也有一部分人认为茅台的调整是结构性的,随着社会结构的变化,以及人们的生活方式和消费方式的变化,喝茅台的人只会越来越少。

我们倾向于后一种看法,茅台的问题不是利润问题,不是价格问题,不是增速问题,而是心智的问题——被消费者贴上了“腐败酒和特权酒”的标签。换句话说,人们对茅台的品牌认知和联想已经变坏了,这种形象的颠覆是不可修补的,需要一种全新的品牌再造和再定位。

现在,茅台实施的保价保量、更换经销商的做法似乎有点像盲人摸象,没有找准方向。他们并没有意识到品牌错位问题的严重性,也没有认识到消费者的真正诉求。

茅台品牌需要与“腐败”标签进行果断切割。白酒是一个暴利产业，茅台酒毛利率惊人地超过90%以上，茅台集团成为了纳税大户。从纳税的角度来说，按理说茅台是个好品牌，但为什么不受媒体和公众“待见”呢？

因为一直以来茅台定位官酒，价格虚高，没有几个老百姓喝得起茅台，成为一种特权酒。正所谓买茅台的人不喝茅台，喝茅台的人不买茅台。人们对于腐败的厌恶直接嫁接到茅台品牌身上，使消费者产生“茅台 = 官酒”、“官酒 = 腐败”的联想。让几千年来国宝级的茅台品牌美誉度受到如此玷污，殊为可惜。

在此基础上，茅台品牌应该重新定位消费群体，重建白酒消费文化，抛弃高高在上的官本位。茅台面临中长期问题是消费者断层，白酒文化的断层。“80后”、“90后”新生代群体集体排斥白酒品牌和白酒文化，转为更愿意接受洋酒品牌和洋酒文化。

中国白酒产业存在一个罕见的消费者认知和产值规模的背离——白酒产业越做越大，但是消费者越来越少，消费文化影响力越来越淡，成为中国经济的一大怪现象。这就是几十年所谓中国白酒产业发展的结果，作为行业龙头，茅台应该首先进行总结和反思，找到品牌症结所在。

品牌指南

履行责任，重建文化。

OCTOBER 10月2日 做一个令人尊敬的品牌

品牌感悟

做品牌为了什么？赚钱的品牌是一个好品牌吗？普通品牌与令人尊敬的品牌差异在哪儿？这些都需要一个清晰的界定。但可惜的是，许多企业的主要导向是做一个赚钱的品牌，而不是一个令人尊敬的品牌。

品牌分析

美国福特汽车公司董事长小威廉·克莱·福特说过：“好的企业与优秀的

企业之间有差别。一家好的企业可以提供优秀的产品和服务;一家优秀的企业也可以提供优秀的产品和服务,但他还要努力地让这个世界变得更美好。”

英特尔全球副总裁简睿杰也认为,“企业开展的公益活动与促销活动一般都会给社会带来利益。企业将自己一部分利益回馈社会开展各种公益活动,不仅满足了社会公益活动中对资金的需求,同时又将企业良好的企业道德伦理思想与观念带给了社会,提高了社会道德水平。”

一直以来,远东控股集团董事局主席蒋锡培在探索着一个问题,企业的发展壮大究竟是为了什么?1995年,远东在完成了股份制改革以后,企业开始进入高速发展时期,但这个时候的蒋锡培却困惑了,他不停地问自己:企业发展到今天究竟是为了什么呢?难道就是为了赚钱吗?

这个问题如果想不通,那么企业和品牌的定位、战略和发展都处于糊里糊涂之中。经过讨论和论证,远东最终提出“五个满意”:员工满意,客户满意,股东满意,政府满意,社会满意。这一年可以说是蒋锡培思想大解放的一年,也是远东发展历史上具有转折意义的一年,公司不仅建立了清晰的文化战略,而且建立了长久的整体发展战略目标。

在这一基础上,2010年下半年,远东再次组织公司进行了公司定位大讨论,以及历史上最大的一次战略制定和宣贯活动。在定位大讨论中,员工们提出了自己的真知灼见——远东的核心产业在国际上很有影响力,未来在市场上占有的份额要用数字来讲话,还有远东的慈善事业现在也像我们核心产业一样有影响,教育事业也要像国际上很多比较好的企业一样办得更好,把教育事业推到一定的高度,远东的精神能够继承下去;前面的20年是靠社会发展到今天,未来的20年应回报社会,前面20年我们远东离不开社会,后面20年社会离不开我们远东。

企业长青的一个前提是崇高的使命和责任。在凝聚了公司集体的智慧后,蒋锡培最后拍板,确定了远东未来十年的新定位和新使命——一家现代化的、国际化的、绿色化的、规模化的企业,一家让员工倍感自豪和热爱,并备受社会各界尊敬的企业。

品牌指南

树立崇高的理念和使命,做令人尊敬的品牌。

OCTOBER 10月3日 责任感提升美誉度

品牌感悟

责任与企业最终利益密切相关。责任感能有效提升企业品牌美誉度，美誉度的提升则能推升品牌溢价率。企业应该在提升品牌影响力中履行企业社会责任，在承担企业社会责任的过程中提升品牌影响力。

品牌分析

在产品趋于同质化的环境下，如何与竞争对手进行区分？良好的品牌责任形象是重要的差异化依据。

联想电脑的技术与方正、同方电脑的技术有差别吗？差别不大，他们都属于组装制造生产。然而，联想电脑的价格比对手要高，市场占有率也比对方高，这主要在于品牌的竞争力和差异性。

一直以来，联想的创始人柳传志被誉为中国企业的教父，联想被称为一个负责任的企业，其企业文化和价值观成为中国企业界学习的对象。

久而久之，联想品牌的美誉度不断提升。在购买过程中，消费者在潜意识中浮现——“联想是一家优秀的企业、负责任的企业，那么它的电脑也应该是很棒的，选择它没错！”

品牌营销的最高层次是文化和情感的营销。履行责任、慈善关怀和节能环保可以给品牌利益相关方带来精神上的认同和满足，使品牌直接进入利益相关方的心灵深处，对品牌产生情感上的认可，建立起美誉度和忠诚度。这是任何一个品牌都梦寐以求的目标。

2008年5月18日晚，汶川大地震后，在多个部委和央视联合举办的募捐晚会上，1亿元巨额捐款让“王老吉”的生产商——广东加多宝集团“一夜成名”。

“要捐就捐1个亿，要喝就喝王老吉！”，“中国人，只喝王老吉”等言论迅速得到众多网友追捧。在最短的时间里，在一个最佳的责任平台上，加多宝旗下的王老吉品牌的知名度和美誉度迅速上升。

经过商标战之后，广药集团收回王老吉商标，加多宝推出自有凉茶品牌——加多宝，继续推进品牌责任建设。

2013年4月26日，在雅安大地震后，加多宝再次宣布捐赠1亿元，支持灾区重建，加多宝成为芦山地震后捐赠数额最高的企业。加多宝1亿元的数字甚至逼近由茅台、五粮液等20多个企业组成的酒业捐款总和1.3亿元。不过，加多宝表示："捐款1元和1亿元并不重要，在灾难面前，爱心没有轻重之分，关键是大家要行动起来。"

品牌责任提升品牌美誉度和溢价率。良好的品牌责任形象深深植入消费者心智之中，消费者愿意为这一差异化埋单。

比较加多宝与广药王老吉品牌的茶饮料，从口感来说大同小异，但是品牌的差异化却显现出来，特别在品牌责任方面。这也影响了两者的销售和定价，加多宝凉茶的进货价是48元一箱，而王老吉是45元一箱，3元的差距很大程度在于品牌责任的差异上。

品牌指南

品牌责任感，提升美誉度和溢价率。

OCTOBER 10月4日 品牌不能"拜金"

品牌感悟

"三鹿奶粉事件"告诉我们，一个行业和品牌缺失信仰有多么可怕。企业品牌的伦理丧失让我们痛心。由于我们没有信仰，长期偏执物质主义，到最后就是拜金。

品牌分析

丹麦学者昆德在《公司宗教》中提出了"公司信仰"这个概念，在此基础上，我们现在提出"品牌信仰"概念，即一种能够和谐统一品牌利益相关方的精神和认知。

“任何一家企业为了谋求生存和获取成功，都必须拥有一套健全可靠的信念，并在此基础上，提出自己的各种策略和各项行动方案。在企业获取成功的过程中最为关键的一个因素就是，始终恪守这些信念。”IBM 董事长小托马斯·沃森这样形容卓越公司的公司信仰要求。

改革开放30多年，品牌无信仰被大众所诟病。品牌的价值判断标准发生了较大的变化，品牌价值主张出现多元化、变异化和混乱化。品牌判断失去了一个清晰的标准，基本价值和道德底线一次次被击破。

企业和品牌就剩下一个字：“钱”。金钱未必与罪恶画等号，只是品牌如果完全“利”字当头，就容易因利忘义，丧失伦理。品牌的变味和信仰的缺失，就会导致品牌的崩塌。在品牌信仰崩塌的背景下，如果一个品牌坚守责任和理想，坚守高品质和高质量，无疑是一种非常好的差异化品牌之路。

近几年来，光明牛奶一直走在快速扩张的道路上。在资本市场和市场份额的压力下，光明不断在各省扩张，不断爆出食品安全事件。如光明牛奶被检测出牛奶中细菌含量超标，又被曝光过期牛奶回收后做成奶粉再在市面上销售。这一系列的食品安全问题让光明品牌不断陷入争议和信任危机。

三元乳业的品牌发展与众不同。北京市国资委对三元的利润和规模要求不高，以保证食品安全和就业稳定为主。所以三元不求较快的增长速度，以严格控制质量和食品安全为第一原则。在发展过程中虽然屡屡亏损，但也能坚守质量，赢得了消费者的信任。

2006年底，在牛奶“三聚氰胺事件”爆发之前，本书作者曾到三元乳业考察。由于受到蒙牛、伊利和光明的冲击，三元乳业的市场份额不断下降，上市公司亏损，被ST特别处理。然而在考察过程中，三元厂区清洁卫生，人力资本素质较高，管理井井有条，让人难以相信这是一家亏损的公司。

由于业绩亏损，扩张较慢，三元公司高管受到了投资者的指责。不过，当时三元已经注意到行业中的质量隐患问题，顶住了压力，在安抚了投资者后，仍然强调奶源质量控制和品质问题。

这种对消费者负责的态度获得了回报，在2008年牛奶“三聚氰胺事件”爆发后，三元独善其身，美誉度大增，这是任何广告所难以创造的效果。

三元此战一举成名，似乎有点“歪打正着”的感觉，一直饱受批评的三元内部的管理人士有点不习惯外界的关注，对他们来说，“我们只是做了自己该做的，还有很多差距，为什么现在这么受大家的表扬？”

品牌指南

信仰之诚，品牌之成。

OCTOBER 10月8日 “快就是慢，慢就是快”

品牌感悟

市场占有率不等于品牌。因短期的规模和利润诱惑而盲目扩张，有可能过犹不及；而放慢脚步，稳扎稳打，用心服务消费者，反而是一种品牌的加速度。这就是所谓的“快就是慢，慢就是快”。

品牌分析

市场占有率并不等于品牌。市场占有率是指一个企业的销售额在同类产品中所占的比重，而品牌则是消费者、员工、社会和政府等多种利益相关方对品牌的认知。

一个企业通过扩张产能、广告促销等方式可以提高市场占有率；一个企业要想建立与品牌利益相关方的良好关系，持续提升美誉度，却是个慢活。

许多企业被市场份额的神话所吸引，他们疯狂地追求市场占有率，一切为了市场份额，这是品牌吗？一味追求市场占有率，只会让自己的品牌丧失魅力；放慢脚步，精心经营品牌，市场则会不请自来。

金融危机时期，不少汽车公司风雨飘摇，甚至变卖出售，大众汽车逆势增长，成功超越丰田坐上了世界汽车头把交椅。大众的逆袭绝非偶然，一直以来，大众品牌并不看重绝对销量，而是看重客户的满意度和感受。为此，大众不断开发运用新技术，提升消费者满意度，同时保持了品牌价格的稳定和销量的稳步增长。

与美国通用和日本丰田全面扩张相比，大众的战略更为严谨务实。大众并不是一味追求全球的第一位置，这反而使得大众在经济环境剧烈变化下，专注创新，张弛有度，夯实了自己的基础。

大众品牌的基础是科技创新，为此不遗余力地推行了电力驱动技术和深挖传统驱动技术并行的战略，以实现节能环保，如TSI涡轮增压汽油直喷、TDI涡轮增压柴油直喷以及Hybrid油电混合等技术。大众希望通过科技创新以及产品性能的提升来获取消费者的认可和信任，而不是依靠价格的下跌来提升销量。

在中国，大众品牌的汽车更为如此。大众品牌一手车价格相当稳定，这也提升了二手车的保值率。为了维护品牌的稳定性，大众新车的价格一直保持比较平稳的状态，这是其他日系品牌汽车不能够完成的任务。

一般来说，在新车推出之前，4S店会加价订车。新车推出之后的2个月内是订车不加钱，之后的日子则是按车商定价买车，最后，上市1年后才会出现部分降价优惠的促销措施。在推出两年左右的时间，才会有改款改型或者增加配置的措施。这一系列营销保证了品牌价格体系的相对稳定。

在中国，丰田品牌给消费者的印象就是不断地促销、不断降价，品牌不断下沉。丰田一味追求市场规模最大化，扩张市场占有率，轻视产品技术革新。后果是产能不断放大，终端价格不断下调。虽然市场占有率上升了，但是产品质量下降，用户满意度也出现下滑。

品牌指南

放慢脚步，实际上是品牌“加速度”。

OCTOBER 10月9日 强生应放慢脚步

品牌感悟

我们要反思如何从品牌之利回归到品牌之义。做品牌不能只为了赚取更多的利润，盲目地扩张市场规模，忘记了企业存在的根本意义是什么。品牌是价值,是承诺,更是责任。

品牌分析

企业责任是企业为改善利益相关方的生活质量而贡献于可持续发展的一种承诺。

尽管战略管理大师迈克尔·波特把企业社会责任领域比做“有太多的牧师的宗教”,但他还是明确提出:追求完全赢利战略的企业只有在非营利(如环境)上得到高分,才能获得“可持续的竞争优势”。

强生公司有着100多年历史,在财富杂志2013年世界500强排行榜中排名第132位。不过,这家公司近几年不断卷入产品“召回门”事件,公众和消费者对强生品牌的美誉度和信任度不断下滑。

早在1988年,强生公司海外子公司就涉嫌在希腊、波兰、罗马尼亚为医院官员以及医生提供金钱或旅游形式的贿赂,以换取对方与公司签订售药合同,为强生所产药品、医疗器械等“促销”。美国证券交易委员会执行部门负责人说:“强生公司为寻求利益放弃遵守法律,收购私人公司,使用虚假合同……以掩盖足迹。”

江山易改,本性难移。2013年6月5日,强生宣布召回3200万盒“Cilest”口服避孕药。在这一最新的全球大范围召回之前,2013年的前5个月内,强生已经在全球宣布了多项召回,包括162万瓶“泰诺止痛糖浆”和“儿童泰诺悬浊液”,200万台血糖检测仪以及2000支婴儿舒缓乳液和“舒日”、“亮眸”隐形眼镜。

奇怪的是,强生执行双重召回标准。在全球大规模召回的同时,很多却不涉及中国市场。据报道,2005年以来,强生旗下至少13家子公司及其至少27种产品发生了至少51次召回事件,其中有48次召回不涉及中国市场。

为此,2013年6月,国家食品药品监督管理总局约谈了强生公司,并表示,强生药品及健康相关产品频繁发生因质量原因的召回事件,说明强生公司的质量管理系统可能存在缺陷。凡在国外召回药品必须在华同步召回,对药品生产企业召回不报告、召回不及时,将采取严厉的监管措施,直至停止在华生产销售药品。

由于监管部门的约谈发话，以及媒体的大篇幅报道，强生在华苦心经营的品牌形象几天之内垮掉。

强生质量事件的根源在于责任战略的落空。为了保持增长，强生一直热衷于并购扩张，强调成为全球规模大的医疗卫生保健品及消费者护理产品公司，并把产品延伸到医疗器械、制药、个人护理等多个领域。强生公司引以为豪的是公司之大，可谓世界上唯一一家把医疗器材、药品和消费品结合的公司。

这种模式可以带来规模效应，也给质量和生产管理提出挑战。如果被并购进来的厂家，产品质量缺少管控，就可能出现大范围的质量事件。事实也是如此，强生三分之一的药品召回来自强生并购的欧洲工厂，正是由于这些公司的产品质量未达标，导致产品被召回。

品牌指南

品牌是价值，是承诺，更是责任。

OCTOBER 10月10日 打造利他品牌

品牌感悟

稻盛和夫提出，不只为自己，也为社会追求利润。利他的行为会让我们获得超越自己的伟大力量。品牌和人一样，要做品牌先讲责任，凝聚人心。

品牌分析

责任是企业的未来，利润是企业的现在。帮助别人，就是帮助自己，一个人如此，一个企业和品牌也是如此。

“企业要承担社会责任，企业家身上要流淌着道德的血液。”这句话至今提醒着企业家，在利润、道德和责任之间，品牌必须兼顾平衡三者之间的关系。得人心、讲责任的企业和品牌才能走得长远，那种追逐短期利润而无视道德风险的企业终将会失败。

《蒋锡培管理日志》描述了好时先生的一个责任案例——20世纪美国企业家好时先生被称为伟大企业家。当他15岁时，到兰开斯特的一家糖果店当学徒，19岁时得到姨妈的帮助，在费城做起糖果生意。

19世纪末，好时先生认为巧克力有更光明的前途，于是将焦糖生意以100万美元卖出，唯独保留下制作巧克力的技术和牌照。之后，他在宾州的德里镇买下了一个农场，建立起了自己的巧克力工厂。现在，好时巧克力工厂的规模和产量在同行业领先，出品项目70多种，年产量10亿磅以上，供应着三分之一的美国市场。

好时先生在20世纪30年代美国大萧条时期，发起的"大建设运动"一直为人所称道。20世纪30年代末，美国陷入经济不景气状态下长达10年。当时的社会经济萎缩，失业人多，只得减低生产。

面对这样的困境，好时先生不肯坐视自己的工人失业，发起"大建设运动"来留住所有员工。他拿出多年的积蓄用来建设社区医院、教堂、体育馆、剧场、博物馆，扩建学校和旅馆等场所，使本地继续维持繁荣。

这些措施非但没有成为包袱，反而提振了信心，刺激了需求，成功造就了一个包括好时酒店和好时剧院在内的企业集团。如今德里镇被世人习惯地称为好时镇，成为企业与城镇和谐共生的"代名词"，好时品牌也上升为一个著名的责任品牌。

远东控股集团董事局主席蒋锡培先生非常推崇好时先生。2008年金融危机堪比20世纪30年代的经济大萧条。紧缩企业预算和岗位，调低员工薪酬，也许是这个冬天里的很多企业作出的直接本能反应。面临金融危机，远东控股非但不裁一个员工，反而增加招聘。蒋锡培在业内号召，企业裁员无助于解决问题，反而会助长经济恐慌情绪的蔓延。

"我们需要重新想起好时这样在大萧条期间采取非常规举措的企业家精神，不光能够创造深受市场欢迎的产品，还应学会为员工、为社区乃至为整个经济复苏作出贡献。"蒋锡培说。

品牌指南

责任是企业的未来。

OCTOBER
10月11日

质量责任为首

品牌感悟

中国品牌为什么会落得粗制滥造的骂名，一切皆来自质量。质量安全是品牌的基础底线，如果这条底线被击穿，品牌会危机四伏。虽然这是品牌根本之道，但仍有很多著名品牌难以做到这一点，教训深刻。

品牌分析

品牌如何承担责任，远东品牌的五位责任体系值得借鉴。这一责任体系要求处理好品牌与消费者、员工、合作伙伴、投资者、社会的关系，履行好客户责任、经济责任、股东责任、员工责任和行业责任。在五位责任体系中，首要的是客户责任，保证产品和服务质量的安全底线。

尽管质量是责任体系中首要关注的问题，也是最起码的要求，但在企业的决策体系中，并没有得到足够的重视。这导致目前食品行业的质量安全问题屡屡爆出，以至于公众"谈食色变"！

"食品工业是道德工业"，食品安全必须建立在良好的道德基础之上。对于食品企业来说，打造一个食品安全品牌至关重要。有了食品安全责任和美誉度，成为一个负责任的食品安全品牌比所有广告都管用，这就是品牌责任的力量。

雨润作为肉制品行业的标杆企业，国内食品行业的"领头羊"，一直践行品牌安全责任。从2011年9月以来，雨润开始举办"消费者走进工厂"活动，目前累计共有近两万名消费者进入雨润工厂零距离体验肉制品屠宰、加工和生产过程。

2012年开始，雨润邀请消费者每周末到雨润位于南京的深加工工厂进行参观，零距离观看火腿是怎样制成的，并倾听工作人员现场讲解并教授食品安全常识，体验现代化食品企业的先进生产线。雨润敢于敞开大门，直面社会各界的监督，开创了食品行业的先河。

对消费者来说，食品安全是头等利益关注点。消费者并不知道自己每天所吃所喝的东西是怎么生产出来的，企业是如何保障“食品安全”的。企业要想得到消费者的完全信赖，就要和消费者互动起来，勇敢地邀请消费者走进工厂，走进企业。

百闻不如一见。让消费者亲自体验什么是无菌环境，什么是安全生产。使消费者认识到企业对食品安全的不懈努力，体会到产品安全共同见证的良苦用心。企业产品和服务的优良品质可以通过消费者的口口相传，形成良性互动，赢得消费者的信赖。

“品德优良的人生产优质产品，品德败坏的人生产劣质产品——品质代表素质”，这是雨润的质量理念。通过提高行业透明度，开放办厂，让媒体和消费者走进工厂，零距离体验屠宰、加工和生产，一起共同监管产品质量，雨润将优秀质量理念和形象植入消费者心智之中，这样的效果是任何广告无法做到的。

品牌指南

品德优良的人，生产优质优良的产品。

OCTOBER 10月15日 不幸福的富士康

品牌感悟

员工不幸福的企业是一个不幸福的品牌，也是一个不成功的品牌。我们很难想象，企业员工经常有抱怨、消极的情绪，怎么能给客户带来优质的服务和产品?

品牌分析

幸福与否，外在的条件并不最重要，最重要的是员工内在的幸福能力和幸福感受。就像幸福与金钱无关，但是与对待金钱的态度有关一样。

幸福品牌拥有良好的企业文化，尊重和保护员工权益，是具有社会责任、可持续发展的企业，同时能让员工获得良好的幸福感。

富士康是一个不幸福的品牌，一直被不幸福的员工“困扰”。富士康公司在

2010年经过员工"13连跳"的袭击后,2013年再次面临同样困境。在2013年5月的三周里,郑州富士康3名员工相继跳楼。

早在2012年3月30日,美国非营利机构公平劳工协会(FLA)发布报告称,富士康公司存在违反劳工权利的行为。主要表现在工作时间严重超过法定标准;拖欠加班工资;健康和安全问题突出。

经过近几年的工资上调后,与中国其他代工企业相比,富士康的工资水平在业内不低,硬性的福利费保障和培训也较多。但为什么员工跳楼仍然不绝呢?原因在于富士康没有认识到新一代员工的心理和情感需要,缺乏相应的沟通交流机构。情绪得不到释放,压力越积越大,就产生极端行为。

今天,新一代产业工人登上经济舞台,这一群体与他们的父辈相比,有着较大的不同。一是接受互联网,信息吸收量大;二是可塑性强,学历提高;三是抗外界压力能力相对来说减弱。

一线员工,特别是新一代产业工人属于弱势群体,工资待遇较低,保障体系不健全。同时更为令人担忧的是,这一群体没有话语权,与组织和社会缺乏沟通。经济、情感和心理诉求得不到有效解决,被称为一线沉默的声音,不断被边缘化。长此以往,这一群体的心理问题与矛盾会越来越多,难称幸福的群体。

富士康应该更深地理解这一群体的心理和情感,他们首先是一个人,而不是生产工具。富士康应该变被动为主动,把责任融入公司生产经营之中。这样不仅可以提升员工归属感与向心力,还能恢复品牌形象及声誉。

2013年5月,富士康国际改名为"富智康集团有限公司"。有观点认为,富士康国际改名主要与近几年不断曝出的跳楼事件有关,意在摆脱跳楼事件负面信息对公司形象和股价造成的影响。不管改名是否有此目的,如果真要摆脱负面的品牌形象,还是要从根本上保证员工权益,把员工当人看,让员工幸福起来。

品牌指南

构建品牌的幸福竞争力。

OCTOBER 10月16日 “不能吃饱了还骂娘”

品牌感悟

制度和责任,孰重孰轻?答案是后者更为重要。再如何设计一个完美的制度,如果大部分人不遵守也是空谈,所以非正式的制度因素非常重要。一个优秀的品牌应该承担更多的责任,感动社会、消费者,感动其他品牌。

品牌分析

菲利普·科特勒曾说过:“每个营销者在和消费者等利益相关方打交道时,都必须实践他们的社会良知。”品牌承担就是一种良知。

在2013年1月6日第十四届北大光华新年论坛上,北大光华管理学院蔡洪斌教授和华远地产股份有限公司董事长任志强曾经对企业责任进行过这样一段争论,发人深省。

任志强认为,如果不解决制度层面上的问题,不从根本上解决一个共识的问题,很难用社会责任的办法,或者说用潜意识的办法教会人们提高觉悟。而蔡洪斌教授认为,不可能存在完美的制度,企业还是应当承担更多的责任。

北京严重的堵车情况引来了严厉的交规,如闯黄灯扣6分。蔡洪斌以此为例说明非制度层面——文化和责任体系的重要性。

这个案例说明要建立一个责任共担的责任体系,政府承担政府的责任,企业要承担企业的责任。在整个社会共担的责任体系中间,优势阶层、精英阶层,特别是企业和品牌应该承担更大的责任。

中国房地产市场是一个不太透明的市场,利益相关方缺少责任。十几年前房地产改革的基调是市场化,把保障房推向市场,一切以市场为导向,直接推动了房地产市场的畸形发展。

在房地产逻辑链条中,地方政府抬高地价,房地产商通过各种方式提高楼盘销售价格,银行大量放贷,然后坐收大量利息,资本拥有者大量投资房地产市场,剩下的就是工薪阶层和农民工受苦,因为他们的收入远远赶不上房价上涨幅度。

在这样一个过度市场化的市场，房地产已经成为单纯的投资品，脱离消费品的属性。所以房地产企业的品牌战略较为单一，对于美誉度、责任和口碑，要求并不高，只需要大量投放广告即可，因为一切都是地段、地段，还是地段。

部分房地产商作为一个强势阶层在获得大量利益后，仍然不时激化矛盾。住建部的官员王珏林也对任志强提出了批评，“任志强就是敢说，但基本都是乱说。吃了肉还骂娘，挣了钱还不满意。”

中国的房地产业基本上脱离了全面品牌管理研究的范畴，因为我们的品牌模型和工具基本失效。在一个缺乏品牌基础的环境下，我们对中国房地产业的健康发展感到悲观，房地产不仅是一个经济问题，正在上升为社会问题和政治问题，如果解决不好，会极大地影响中国经济和社会的持续发展。

在这样的复杂背景下，房地产业企业家的责任感、企业价值观对于企业、产业和经济有着重要的影响。优秀企业应该在价值体系的重建中承担更多责任，而不是回避。这样不仅调节社会的矛盾，同时也会促使自身成为一个优秀的品牌。

当然，希望这些都不仅仅是一种希望。

品牌指南

讲责任，敢担当。

OCTOBER 10月17日 击垮葛兰素史克的“贿赂”门

品牌感悟

责任对品牌的作用越来越大。继资金、技术、人才之后，品牌责任正在成为品牌竞争的新要素。以企业社会责任为核心的品牌责任战略正在来临，责任已成为品牌的下一个竞争空间。

品牌分析

社会责任利益相关方简称“SPICE”——社会(society)、合伙人(partner)、投资者(investor)、消费者(customer)、员工(employee)。责任利益相关方与品牌利益相关方高度重合,这表明以企业责任履行为核心的责任品牌战略,正成为继资金、技术、人才之后的一个企业竞争新要素,社会责任已成为品牌竞争的下一个制高点。

企业责任体系中的第一条底线和原则是遵守法律、现存规则以及国际标准,防范腐败贿赂,包括道德行为准则问题。如果这条底线被击穿,品牌责任形象会被轻易击垮。

葛兰素史克是全球领先的、以研发为基础的药品和保健品公司。然而,2013年一场席卷葛兰素史克中国区的“贿赂”调查给这个全球品牌带来严重危机。

2013年6月17日,郑州警方按照公安部要求成立专案组,对葛兰素史克(中国)进行立案侦查。随后抓获了十多名葛兰素史克(中国)的相关高管和人员。

据报道,葛兰素史克(中国)的员工培训内容除了介绍所销售药品的性能、优点和治疗范围以外,重点是培训销售技巧和策略,核心是“客情维护”。通俗地说,就是维护与医生的关系。按照葛兰素史克(中国)的规定,销售人员可根据自己的销售业绩,以讲课费、餐费等形式报销销售额的7%~10%,用来行贿医生,达到让医生多开药的目的。

在行贿医生方面,葛兰素史克(中国)有一套完整的报销模式。医药代表根据公司提供的医生档案,按照不同区域“公关”医生。一旦医生就范,医药代表会建立医生的客户档案,根据医生开具药品的数量,向医生的个人账户打钱。

据报道,郑州一位葛兰素史克的医药代表说,在刚入职时,公司会先提供一万元现金供她使用。以后每个月,公司提供销售额的7%。这些费用被医药代表用来行贿医生,变成了请客送礼、旅游和洗浴按摩的费用,甚至找小姐的情色交易费用。

“葛兰素史克中国是双向贿赂链条，一边是以公司名义大肆行贿，一边是部分高管大肆受贿，涉及公司上上下下多个部门、多个环节。”公安机关人士表示。

葛兰素史克中国“贿赂”不是一两个人的问题，而是一种窝案，烂了一大片。这说明葛兰素史克的责任体系和战略的空白之大。

传统市场品牌战略强调，企业的一切品牌经营行为以满足市场的需要为出发点，实现企业利润最大化。葛兰素史克的品牌危机正是源自这一传统战略的极致追求，过于强调利润和增长，而忽视了责任战略。葛兰素史克应该建立现代责任体系，摆脱单纯的市场导向，切实履行企业社会责任，守住法律和道德底线。

品牌指南

无责任，无品牌。

OCTOBER 10月18日 打通公益和品牌任督二脉

品牌感悟

公益和品牌紧密相连。慈善和品牌的关系好像是任督二脉，打通后才能相得益彰。公益慈善活动的核心是提高品牌的忠诚度和信任度，最终建立品牌与消费者和公众的信任纽带。

品牌分析

社会责任活动和营销活动的有机结合，市场营销学称其为“公益营销”。企业进行公益慈善活动与商业利益无关，如果品牌积极承担社会责任，就容易在公众特别是消费者心中获得更高的信任度。

品牌信任度和忠诚度是品牌资产中的主要核心资产，可以降低营销和推广成本，留住老的消费者，吸引新的消费者。因此，公益慈善活动往往并不是单纯的慈善事业，公益慈善品牌应该进行专业化的设计和策划，让消费者在公益活动中感受到企业的品牌。

一份调查显示，超过50%的消费者表示会首选经常进行公益活动公司的产品，60%的人觉得与公益有关联的公司更可信，参与公益项目的90%的公司员工、经销商觉得为这样的品牌工作而感到骄傲。

日本一家烟草公司（JAPAN TOBACCO INC）曾经制作播放过一批精彩的禁烟广告，在全球引起了极大的关注，品牌知名度迅速上升。

烟草公司播放禁烟广告，看起来有些对立。这家烟草公司实际上是一种逆向思维，推出反其道而行之的公益营销方法，使消费者迅速认识这一品牌。同时，企业从公益角度出发塑造关爱消费者的企业公民形象，获得消费者的好感，提高了美誉度，可谓一举两得。

与很多企业做慈善不一样，远东的慈善行为从创业之初就开始了，责任理念完全融入远东企业的血液中。通过多年持之以恒的慈善行为和责任活动，远东控股被外界称为用责任衡量的品牌，其创始人蒋锡培因此获得CCTV十大经济年度人物。

远东控股自成立以来，集团先后安置了2000多名身障员工就业。2007年5月，远东还出资8296万元，发起成立了国内第一家定向资助残疾人就业培训的慈善基金会，为全国的残疾人点亮人生。

2010年4月16日，“中国科学院心理所·江苏北川震后心理援助中心”在绵阳北川正式成立，远东慈善基金会向该中心捐赠的180万元“爱心款”，帮助北川重建心灵家园。4月20日，远东为我国民间首个大学生综合发展基金出资550万元，用于资助残疾大学生的创业就业。

责任提升品牌价值。经过多年的责任建设，2013年远东品牌价值达到165亿元，连续多年位居同行业第一。远东电缆的产品质量之高在业界屈指可数，市场占用率和销售额也多年牢牢占据行业第一的位置。

国内领先的地板与家居产品解决方案供应商大自然地板认为，公益行为不等于一个活动、一次捐赠，而应成为企业的一种长期战略。2006年9月，大自然地板向中国绿化基金会捐款1000万元，用于支持西部绿化，开展“大自然中国绿色版图工程”。截至2013年，大自然已在山西、广东、山东、北京、湖北、上海、江苏等地建立了14个生态林；通过微博种树、网络种树等途径，吸引了近5亿

人次关注和支持环保事业

品牌指南

责任提升品牌价值。

OCTOBER 10月22日 大家一起做“好人”

品牌感悟

不出名做慈善也好,出名做慈善也罢,高调也好,低调也罢,只要你是做慈善,为社会谋得更多的福祉。愿意高调就高调,愿意低调就低调,这是个人选择的权利。慈善的方式方法过程都是一种形式,每个人都有选择过程的权利。

品牌分析

从“无车日砸宝马事件”到“回应比尔·盖茨裸捐事件”,再到“晒捐钱照片”,陈光标的行为都被贴上了“暴力慈善”的标签。

与中国古训“行善不为人知”的教导相反,陈光标的行善规则就是要让人知道。他做善事总要喊上媒体和当地政府,拍照、录像捐赠证书一个不能少。据陈光标介绍,他从事慈善事业以来,已获得了2300多本荣誉证书、3000多条锦旗、10000多条哈达。

陈光标慈善的舆论困境,是因为高调的个性冲犯了中国的中庸之道。甚至在一年“两会”期间,陈光标骑着自行车来开会,现场派环保袋等行为都招致一片骂声,可见社会舆论对高调的人是多么看不惯。

其实,只要是真行善,切实履行社会责任,即使在行善方式上出一点格,也应该得到宽容。一直以来,我们都批评中国人缺少个性,现在有一个人挺身而出,以自己的风格高调行善,大家又有些接受不了了。

尽管舆论骂声一片,但官方对他的行为进行了肯定。民政部部长李立国对陈光标高调行善行为给予了肯定:“行善的方式既有共同点,又有个性化,无论是高调行善,还是低调行善,都对慈善事业的发展有利。我认为他(陈光标)的慈善行为是好的,是具有倡导性和带动作用的。”

胡润百富榜中,陈光标个人财富排在406位,而在中国慈善排行榜中,他却以接近两亿元的捐款额位居榜首。截至2011年3月,陈光标共向社会捐款14.17亿元,帮助的贫困人口突破了70万人。这些善举给陈光标贴上“好人”的标签,成为全国道德模范。

我们认为,只要是做慈善,帮助了更多的人,就应该支持他。不管以什么形式,只要不犯法,愿意高调还是低调,这都是个人选择的权利。社会和舆论应该抱着一颗宽容包容的心去看待这些高调的慈善者。

“有人愿意炒作,你也就看看嘛!又没有伤到你,又不害别人,你管他呢?社会不够包容,又要别人捐钱,救死扶伤,还要人家不能出声,这就有点过分了,没必要。”

在拥有关注度后,陈光标开始进行品牌运营,开发“好人牌”系列产品。他最早开卖新鲜空气,2013年进军饮料市场,推出“陈光标好人凉茶”。

陈光标一再声称,自己的凉茶不做广告,每卖出一罐凉茶将捐两角钱给慈善事业。该饮品广告语是“大家一起做好人”。陈光标的“好人”凉茶的一半利润善款将全部用于新疆的教育、突发灾难、环境保护等。

一句话,求全责备,不如行动起来。

品牌指南

只要是真行善,高调应该被包容。

OCTOBER 10月23日 慈善和财富多少没有关系

品牌感悟

慈善和财富没有关系,行善最大的收获是自己。人生会因为慈善变得更加厚重。受助对象收获的是物质,而捐助者予人玫瑰,手留余香的时间会更长。做慈善获得的那份内心回报,远比用这笔钱去消费更加快乐和满足。

品牌分析

中华民族是一个乐善好施的民族，持有慈善的理念与信条，助人为乐，利人利己。

北魏时期的《魏书》中就有了对慈善的记载："光宽和慈善，不忤於物，进退沉浮，自得而已"。孔子也曾说："老者安之，朋友信之，少者怀之；老吾老以及人之老，幼吾幼以及人之幼。"

有的企业家表示现在赚的钱还不够多，需要赚更多的钱，这样可以做更多的慈善。这代表了一部分企业家的慈善逻辑，有一定的道理。不过，在积累财富的过程中，也有一些企业家把相当一部分时间和财富捐给社会和公众，这更值得尊敬。

曹德旺是中国的"玻璃大王"，也是一位令人尊敬的慈善家。20多年来，曹德旺不炒房地产，不搞多元化，专注聚集玻璃产业，实行可持续增长，创造了大量财富。

在创造财富的同时，他成为"中国股权捐赠第一人"，将曹氏家族持有的福耀玻璃股份的60%过户给以自己父亲名字命名的慈善基金会。2011年，曹德旺捐出价值35.49亿元的股份，成立河仁慈善基金会，成为中国捐赠数额最大的一位企业家，引发企业界的震惊。

面对曹德旺这一善举，大多数企业家选择沉默应对。近几年来，一些老板纷纷把财富转移至国外，问津慈善者少，这有许多原因，包括制度原因、环境原因等。

在王石看来，最起码在未来20年到30年之间，像曹德旺这样做慈善的民营企业家只是个别人。

做慈善，不在于钱多钱少，重要的是一份善心。品牌也是如此，"赠人玫瑰，手有余香"，做慈善获得的那份社会认同和价值，是任何物质财富难以比拟的。

远东控股是安置身障员工最多的中国民营企业，在20多年前远东创业时，蒋锡培等创始人就开始安置身障员工，这种慈善一做就是20多年，它不能用作秀来解释，完全是一种崇高的品质和责任使然。

正如蒋锡培所说，一个不懂感恩的人，是不可能有人信任你、帮助你的。民营企业作为党的改革开放政策的受益者，应当以感恩的心态回报社会，做到先富帮后富，关注弱势群体，向弱势群体伸出热情的援助之手，为构建和谐社会作贡献，使这个世界变得更加美好。

“个人富不算富，大家富才算富；现在富不算富，将来永远富才算富。让我们共同打造这样的局面，这样才更有竞争力，老百姓更有幸福感，这才是最重要的。”蒋锡培说。

品牌指南

用心行善，收获快乐。

OCTOBER 10月24日 慈善需要专业化

品牌感悟

做慈善就是做品牌，中国的公益慈善事业需要专业的团队和力量，走品牌化道路。否则，体制不清晰，运营不规范，最终影响的是自身品牌。

品牌分析

“郭美美事件”引发的红十字会品牌困境至今仍未根除。公众对红十字会的质疑不断，根本原因在于红十字会定位模糊，所谓官不官，民不民，与公益慈善品牌的专业形象相去甚远。

在当年“郭美美事件”爆发后，红十字会公布的信息模糊，没有尊重和保护公众的知情权。尤其是商业系统红十字会在不具备资质的情况下，没有经过民政部登记注册，为何能开展相关业务？这一切都是个谜，至今公众都不能解开。

尽管红十字总会切割了与商业系统红十字会的关系，但商业系统红十字会存在十年时间，受红十字总会的业务指导。这暴露了慈善管理的缺位，甚至有利益输送的嫌疑。

为重新赢得公众对红十字会的信任，2012 年 7 月 10 日，国家提出《关于促进红十字事业发展的意见》,指出“红十字会要建立社会监督委员会,对捐赠款物的管理、使用情况进行监督”。

2012年12月7日,中国红十字会社会监督委员会(简称“红监会”)成立。红监会通过了内部章程,明确了相关职责。如以第三方身份对中国红十字会有关工作进行监督,征集并转达社会公众对红十字会工作的意见和建议,对中国红十字会的行动战略和工作计划提出建议等。

然而,目前公众并没有完全认可红监会。16位红监会委员的遴选一直受到公众质疑,这16人都是被红会邀请,也没有公示;同时,红监会的工作经费由红总会负责,能否做到独立监督要打一个问号。

红监会现在的权限仅仅是红会执委会下设的一个委员会,不是监事会。而执委会是理事会的一个执行机构,红监会不能像监事会那样去监督理事会。它只有建议权,没有法律授权的调查权。如此这般,这样的监督机构能够保证红十字会的公开、透明管理运作吗?

“郭美美事件”告诉我们,公益慈善事业应该走品牌化道路,高度专业化。第一,体制健全,管理规范,公开透明。要在慈善与商业之间树立起厚厚的防火墙,摆脱商业利益的干扰,经得起外界的监督和考问。

第二,慈善品牌必须有专业的团队维护和打造。包括品牌定位和传播,专业的新闻发布机制。特别是在重大灾难事件中,如何统一对外口径,如何传播慈善品牌理念,都需要专业团队管理,而不是一个人说了算。

品牌指南

体制清晰,专业管理。

当危机来临之时

危机无处不在，学会理解它、预防它、化解它。

SUN日	MON一	TUE二	WED三	THU四	FRI五	SAT六
					1 廿八	2 廿九
3 10月大	4 初二	5 初三	6 初四	7 立冬	8 初六	9 初七
10 初八	11 初九	12 初十	13 十一	14 十二	15 十三	16 十四
17 十五	18 十六	19 十七	20 十八	21 十九	22 小雪	23 廿一
24 廿二	25 廿三	26 廿四	27 廿五	28 廿六	29 廿七	30 廿八

11

November

NOVEMBER 11月1日 下一个倒下的是不是你

品牌感悟

就品牌危机而言,一年四季都是冬天。建立品牌危机的预警机制非常重要,最好的危机公关就是把危机“扼杀在摇篮中”。须知,危机预防不在于能够增加多少知名度,而在于避免多少品牌损失。

品牌分析

下一个倒下的是不是你的品牌?很多企业因为忽视危机苗头,缺乏相应的预警、干预和处理机制,任其发展,从而酿成危机事件。

全面的危机意识才是企业危机防范中最坚固的防线。从经济学的角度说,企业预防危机所付出的成本要远小于控制和消除危机所付出的成本。明智的企业会提前建立危机预警机制,通过舆情监控和媒体沟通,及时发现品牌危机征兆,迅速处理,第一时间将危机“扼杀在摇篮当中”。

2013年中央电视台(简称“央视”)的“3·15”晚会把目光转向了如日中天的苹果公司。央视“3·15”晚会质疑苹果公司的售后服务问题不断:“整机交换”维修方式名不符实,更换iPhone时并不更换后盖;更换产品保修期并不顺延,违反《移动电话商品修理退还责任规定》;多款产品违反国家三包规定,iPad保修规则并不按照3C认证时笔记本的三包政策;诸多售后服务中外有别,中国服务明显逊于海外。

凭借强劲的需求和较为完美的产品,苹果一直受到中国消费者的追捧。2012财年苹果在大中华区的营收已经达到了238亿美元,占总营收的15%。中国市场成为仅次于美国的第二大市场。

与销售火爆相比,苹果的高傲以及对中国市场用户的双重标准在业界早已不是什么新闻。苹果一直高高在上,没有一个说法,对外界的批评毫不在意。苹果固执地认为自己是强势品牌,必须按照自己的规则来提供服务,消费者也一定会理解。

在央视的强力曝光后，苹果中国只做出了简单回应："苹果公司致力于生产世界一流的产品，并为所在市场的消费者提供无与伦比的用户体验。这也是为什么我们在每一家苹果零售店的 Genius Bar 天才吧提供深受消费者喜爱的面对面支持。我们也与全国 270 多个城市的超过 500 个授权服务点密切合作。我们的团队一直努力超越消费者的期望，并高度重视每一位消费者的意见和建议。"

这段回应让人觉得答非所问，还觉得自己有理。投诉是公司改善产品和提升服务最好的机会，按道理说，苹果应该虚心接受投诉，根据消费者需求，不断完善改进，获得消费者、媒体、公众等多个利益相关方的理解。

由于苹果缺乏品牌危机意识，发布前不能预防，发布后没有一个诚恳的回应说法，导致上演了苹果自成立以来大中华区的最大品牌危机事件。最后不得已，苹果 CEO 库克出场安抚中国消费者，被迫改变了维修政策。

品牌指南

不要等到下雨天才想起买伞。

NOVEMBER 11月2日 一次遗憾的危机公关

品牌感悟

危机公关事件处理是一个系统工程。危机公关有"5S"原则，违背任何一个"S"原则都会影响其他原则的执行，甚至波及整个危机事件的处理。

品牌分析

危机公关的"5S"原则是指承担责任原则（Shoulder）、真诚沟通原则（Sincerity）、速度第一原则（Speed）、系统运行原则（System）和权威证实原则（Standard）。作为环环相扣的五个部分，五大原则各司其职，相互补充。如果不遵循"5S"原则，就会加大危机事件的处理难度，使企业陷入危机泥沼。

2013 年 4 月，农大山泉和《京华时报》上演了一场"战争"。在北京市场上，农夫山泉桶装水下架,引发了农夫山泉的品牌危机。先不论这一事件的复杂起因,农夫山泉在这次品牌危机事件的处理上,可以说是给中国企业上了一堂令人遗憾的危机公关课。

首先,农夫山泉没有遵守速度第一的原则。《京华时报》对农夫山泉的第一篇报道发表在2013年4月10日。在4月9日,《京华时报》记者已经和农夫山泉进行了采访沟通,并按照农夫山泉的要求发去了采访提纲,而且采访提纲针对性较强。农夫山泉品牌部门可以预测出《京华时报》报道后的严重后果。可惜的是,农夫山泉并没有从源头上引起高度重视,错过了最好的处理时机。

4月10日《京华时报》发表"农夫山泉标准被指不如自来水"一文,引发网络媒体大量转载,农夫山泉随之进入舆论风暴中心。按照常理,农夫山泉应该第一时间和媒体进行沟通,防止事态进一步恶化,预防后续负面报道。

然而,农夫山泉的处理较为滞后,一直到4月10日下午5点30分,公关员工才给《京华时报》记者发出短信,说有个声明发给记者。随后,4月11日早上8点50分,才发出一个针对此次负面报道的声明,距离报道发表长达28小时,错过了控制危机的最佳时机,事态进一步恶化。

在最后的新闻发布会上,农夫山泉及场上工作人员的表现较为不冷静,指责竞争对手陷害,以此切割摆脱责任,使其和《京华时报》记者发生冲突的新闻占据了媒体报道的重要版面,违反了真诚沟通的原则和承担责任的原则。

最后,农夫山泉还违反了系统运行原则。农夫山泉危机管理系统较为分散凌乱,效率不高。农夫山泉作为一个成熟品牌,而非新兴品牌,在危机公关中对消费者诉求理解不清,令人遗憾。

在危机中,消费者的核心关注点是水质是否安全、健康、达标,以及农夫山泉的标准到底有没有问题,而不是农夫山泉与媒体打架,是否遭到竞争对手的陷害。

一系列令人遗憾的危机公关行为导致农夫山泉在整个危机公关过程中,带有浓厚的个人较真的色彩,只有口水战。农夫山泉的水到底有没有质量问题,消费者仍然处于云里雾里。如果是以此提高农夫山泉的曝光率,提高知名度,那么子弹就是打偏了。

事实也是如此,受该事件影响,农夫山泉的市场销量受到较大冲击。

品牌指南

执行“5S”原则，控制和消除危机。

NOVEMBER 11月3日 危机不相信廉价的眼泪

品牌感悟

危机本身并不可怕，可怕的是危机管理机制和系统的缺位。从日本丰田章男悔恨的泪水到达芬奇品牌潘庄秀华的“眼泪公关”，许多危机都是由于缺乏危机管理而酿成的。然而商场如战场，它不相信廉价的眼泪。

品牌分析

全面品牌管理理论下，危机管理必须落实到全人员、全链条和全过程，上升到全面危机管理。

危机管理从事前预防阶段开始，企业要建立危机预警体系。对各个环节进行危机测评和分析。同时制定相应的应急计划，成立相关的危机管理委员会，成为危机管理的领导核心。

危机发生的时候，迅速启动危机应急预案，调动之前搭建的危机处理关系网，建立有效的信息传播系统，并且调动专项人力和财力来进行危机公关事件的处理。

在危机结束以后，则要处理好善后事务，做好形象修复工作。要听取各方意见，形成最终的事件报告，建立危机评估系统，测评本次危机公关事件各个利益主体的具体情况。

丰田集团就是因为没有把危机管理上升到战略高度，从而上演了丰田章男被美媒羞辱，泪洒现场的闹剧。

2009年，丰田汽车因为质量问题先后在全球范围内召回多款车型，开始时，丰田汽车自认为是全球汽车老大，不把危机事件当回事。

一直以来，丰田公司在危机公关事件上惯用的方法是拖延战术，寄希望于危机自动化解，不了了之。

比如2007年，丰田公司就曾与美国运输委员会协调，避免了大约5万辆丰田车大规模的召回事件，此举为丰田节省了1亿美元的召回费用。

尽管这一次的召回事件已经把丰田推到了风口浪尖，丰田依然消极如初，麻痹大意。他们认为美国人不会来真的，危机只是暂时的，只是媒体炒作而已。

不过，此一时，彼一时，金融危机后，这次美国政府是铁了心要“治”丰田。

由于丰田公司的管理层级严密，最新危机的信息无法第一时间上报给决策人，这导致丰田高层误判了危机的严重性。

由于形势误判，丰田公司并没有采取积极有效的措施予以回应，而是启动了令人大跌眼镜的遮掩计划，试图误导美国政府和消费者。

在一次说明会上，丰田章男甚至为了躲开一名电视记者的注意，乘坐一辆奥迪车逃离现场，将这场闹剧推至了高潮，充分表现了丰田公司危机管理的慌张和无序。

随着危机事态进一步发酵，到了迫不得已的时候，丰田章男不堪美国媒体的炮轰，终于出面道歉，宣布大规模的召回，最后泪洒现场，但为时晚矣！

此次召回事件导致丰田在全球范围内召回合计850万辆，超过丰田2008年全球总销量，形成一次整体性的品牌危机事故，伤了丰田的元气。

丰田此次陷入危机旋涡，质量瑕疵是根本，危机管理的失败则是关键。企业若是没有在战略和执行上将危机管理落到实处的话，其后果不是用眼泪来收尾，而是要付出更多的代价。

品牌指南

危机本身并不可怕，可怕的是危机管理机制的缺位。

NOVEMBER 11月4日 溃坝定律

品牌感悟

要伤害一个品牌只需一次巨大的溃坝。日渐累积式的小漏洞会形成一次巨大的溃坝,系统性风险也将扑面而来,我们将其总结为危机公关的“溃坝定律”。

品牌分析

“溃坝定律”恰如其分地说明了危机公关事件的产生、反馈、放大及危害过程,如果企业与媒体之间沟通阻塞,负面新闻将会随之而来,企业品牌形象将出现“溃坝”风险。

媒企关系堪称防护堤坝,负面新闻和传闻是上游的洪水。两岸的良田是企业苦心经营的品牌知名度、美誉度和忠诚度。很多时候,品牌危机突然到来,看似由于不可预测的急性事件瞬间引爆,但是根源在于媒企关系中的多个小漏洞。

“冷暴力”是媒企关系巨大的破坏力因素。企业不理会或者疏于经营维护与媒体之间的关系,就是对媒企关系最大的伤害。

正所谓“千里之堤,毁于蚁穴”,如果企业平时处理与媒体的公共关系,不注意去修补“蚁穴”、加固“大堤”的话,危机事件迟早要冲垮脆弱的媒企关系大坝。

2013年6月13日,媒体报道了国家药监局有关负责人约谈强生公司的事件,这是国家药监局首次因质量召回问题约谈国外企业。对于此次被约谈的原因,国家药监局网站显示是因为4月23日和5月3日强生召回韩国药品的事件。

国家药监局有关负责人指出,强生公司药品及健康相关产品频繁发生因质量原因的召回事件,说明强生公司的质量管理系统可能存在缺陷。并要求强生,凡是出现产品缺陷或质量问题都必须采取召回措施,必须向药品监管部门报告，必须主动向公众披露信息，凡在国外召回药品必须在华同步召回。

国外召回是什么原因？国内为何不召回？媒体对此会有什么反应？在约谈前后，“召回”必将成为一次品牌危机事件。然而，强生公司并没有预判到这一点，媒体的沟通和公关也就无从谈起，主动公开信息就更无从谈起。

事件发生后，强生只是在官网发出声明表示，强生在中国执行的质量管理体系和产品召回制度，与其他国家或地区完全一样。某些境外的产品召回不涉及中国市场，主要是因为该产品从未在中国注册上市，或生产厂家、批号不同。

作为全球500强企业之一的强生，短短7年时间，产品召回就高达51次，而其中48次召回与中国无缘。这种召回早已被国人诟病，强生公司不可能不知道。不过，在一次又一次的召回中，强生一次又一次地放弃了与媒体的沟通和解释。

在最后一次召回中，媒体穷追不舍，引发公众对强生“内外标准”不一的质疑。最终，国家部门出面施压，国家药监局约谈强生成为压倒骆驼的最后一根稻草，强生品牌在中国遇到了前所未有的危机，出现“大溃坝”。

品牌指南

加强媒体关系，高筑危机防护坝。

NOVEMBER 11月8日 说出去的话和泼出去的水

品牌感悟

品牌公关传播领域中存在广泛的“蝴蝶效应”（The Butterfly Effect）。品牌危机事件看起来多是偶发事件，但有其深刻的必然性。企业要建立起完整的危机管理体系和机制，在危机还未产生之前，危机管理系统已经开始运转。

品牌分析

“一只南美洲亚马孙河流域热带雨林中的蝴蝶，偶尔扇动几下翅膀，可以在两周以后引起美国德克萨斯州的一场龙卷风。”这就是生态学中的“蝴蝶效应”。

“蝴蝶效应”也适用品牌公关领域。细微的品牌非正面事件悄然发生，会导致品牌周边的系统环境发生变化，并产生非正面的微弱气流。这种微弱气流又会引起四周系统的气候变化，一旦出现催化剂，将引发连锁反应，最终导致整个品牌系统气候出现巨大变化。

2013 年 8 月，某著名民企的接班人说了一句“要把企业迁到国外”，就引发了一场企业品牌的危机。

这位企业接班人在接受媒体采访时表示，让其倍感头疼的是要花费太多精力去“跟政府打交道”。该接班人表示，“我觉得政府需要面对我们这一代，我们这一代永远不可能像我老爸那一代一样”。

当媒体问及“难道要把企业整个搬到国外去吗?”这位接班人反问:“真是有可能，你知道李嘉诚都已经搬出去了，为什么我以后不可能搬出去呢?”

如果还原媒体当时的采访全景，她很可能非常蒙圈地掉进了记者的陷阱里。不幸的是，陷阱里还埋了一颗“政商关系”的超级地雷，然后引发媒体舆论爆炸式讨论，同时引发了品牌界专家的几个疑问:一是“搬出去”话题符合这个企业的利益吗? 这有利于聚集和传播企业品牌的价值观和核心联想吗? 二是这一议题有利于消费者多买企业的一份产品吗? 三是企业的首席品牌官和企业新闻发言人都缺失了吗? 四是公关团队难道没有发现这个巨大的陷阱和地雷吗?

也许，这位企业接班人的话语是想继续利用被逼宫的窘境，引发网友声讨企业的营商环境，从而使自己成为弱势民营企业的代言人，最后成为网民的同情对象。但事实上，事情的效果可能恰恰适得其反。

在 2013 年的全国两会上，这家著名民营企业的创始人还极力反对精英移民，他说:“我没有外国国籍，也没有外国的绿卡，今后也不会移民到国外。在国内生活得很好，我的事业也在这里。”此言使他俨然成为中国民营企业富豪的爱国代表，品牌责任形象大幅提升。

但可惜的是，不管有意还是无意，接班人的言论与其父辈的言论形成了巨大的反差，这撕裂了公众对该企业品牌价值观和责任观的认知，也暴露出了家族企业传承的矛盾。企业掌门人的每一个举动，都需要谨言慎行，否则就好似泼出去的水，导致覆水难收。可能一句不经意的话，就会引发一场舆论风暴，甚至严重伤及企业品牌的美誉度，影响消费者、公众、合作伙伴和社会等各方对该企业品牌的传统认知印象，需要反思。同时，可见"蝴蝶效应"之威力巨大。

品牌指南

谨言慎行，小心踩雷。

NOVEMBER 11月9日 拒绝做"沉默的羔羊"

品牌感悟

一旦危机发生，第一个24小时非常重要。若企业发言人的信息发布不及时，小道消息或者其他损害企业声誉的传言就会乘虚而入，因此危机时刻要确保信息的时效性，遵循速度第一的原则。

品牌分析

"当真理还在穿鞋的时候，谣言已经跑遍全世界。"从危机事件发生的那一秒开始，很多对企业不利的负面消息报道已经闪电般地占据了诸多媒体的头版。因此，速度原则当仁不让地成为了危机公关的第一原则。

以最快的速度预防、应对危机非常必要。波特—诺维例公关公司(Porter Novelli)的调查显示，超过65%的公众(美国)听到"无可奉告"这句话时，会将这句话被视为默认有罪。企业在危机事件发生的时候，要拒绝做"沉默的羔羊"。

2013年3月15日，央视"3·15"晚会集中曝光了大众DSG的安全隐患，这一曝光使得一直以来在中国口碑不错的大众汽车遭遇空前的品牌危机。央视"3·15"曝光前后，大众汽车对危机预判迟缓，反应速度较慢，应对措施不力，直接影响到终端市场。甚至连大众中国总裁海兹曼也说，DSG问题确实让大众遭遇空前的市场压力。

DSG是双离合变速箱的简称，与TSI发动机一起被称为大众汽车的"黄金动力”总成。这一组合是被大众寄予厚望的革新性产品，也是大众品牌科技创新的体现，大众汽车在中国销售的大部分车型均搭载 DSG 变速箱。

由于动力的提升，产品的升级，“黄金动力”极大地影响了中国汽车消费习惯和消费市场，使本来在中国市场占有领先地位的大众品牌，进一步扩大了领先优势。

但是，这款变速箱在实际运行中出现了一些故障投诉纠纷。从 2009 年开始，大众就被迫在北美、欧洲地区大范围召回搭载 DSG 变速箱的车型。大众汽车台湾总代理也召回过搭载了 DSG 变速器的汽车。

对于中国市场，起初大众中国一直对召回未置可否，只是宣布在 2012 年 12 月 31 日之前生产的 6 速和 7 速双离合变速箱质保期延长至 10 年或 16 万公里，而这只是软件升级和延长质保期的补救措施。大众中国担忧如果在中国大规模的召回，会影响大众品牌的技术形象，导致销售受压。因而一直采取拖延战术，极力回避“召回”措辞，以淡化 DSG 变速箱故障。

随着事件进一步升级，2013 年央视“3·15”晚会全面曝光，大众中国才迫于空前的舆论压力和市场压力，提出彻底的解决方案：从 4 月 2 日起，在中国市场召回共计 384181 辆配备七速双离合变速箱（DQ200）的车辆。

平心而论，大众在中国市场的本土化比较成功，市场占有率和品牌影响力处于前列，但是，DSG 危机事件重创了大众品牌，而且这一影响至今仍在。

这一事件给了大众一个深刻的教训，在人命关天的汽车质量故障问题上，危机的反应和应对速度多么重要，被逼召回还不如早召回，以此掌握主动权。如果在央视“3·15”曝光之前，大众主动正面提出召回措施，还会给品牌加分。消费者会认为大众品牌是一个负责任的品牌，从而淡化舆论压力和技术故障，更加相信大众品牌。

品牌指南

与危机赛跑，跑赢危机。

NOVEMBER
11月10日

“酒鬼酒”里有“鬼”吗?

品牌感悟

品牌唯有保护好消费者的知情权,才能树立公信力,掌握话语权,最终在危机公关的舆论上取得主动地位。试图隐瞒真相蒙蔽大众的行为风险极大,后果是被消费者和公众的“吐槽”淹没,给品牌造成二次伤害。

品牌分析

在传统媒体时代,作为信息的被动接受者,消费者往往处于信息鸿沟的底端,无法接近事实的真相,知情权也被漠视。

在移动互联网时代,知情权开始回归消费者和公众。这要求品牌公开透明发布信息,与公众正面对话,尊重并保护公众的知情权。

当下自媒体助推了这一趋势。微博、微信、新闻端等各种传播工具大范围普及,每一个个体都能成为自媒体,发表个体意见,进行诉求表达。当企业品牌危机事件发生之后,信息“个体”将汇集成信息“海洋”,可以将品牌这条大船轻易漂起并且覆没。

酒鬼酒“塑化剂事件”值得思考。2012年11月19日,酒鬼酒被媒体披露酒中塑化剂含量超标260%。这个消息迅速激起舆论千层浪,上市公司股价大跌。

“塑化剂风波”爆发之后,酒鬼酒一直对此问题进行否认,几天后才发表声明道歉,但不认错。面对汹涌的舆论指责,酒鬼酒发表第二次道歉,提出整改方案。不过,每一次回应非但无法平息舆论,反而激起新一波的舆论讨伐。原因何在?

在危机公关时,酒鬼酒的隐瞒态度引发了公众的反感。酒鬼酒先是矢口否认,被确定存在问题后,又急于撇清责任。虽然酒鬼酒在国家质检总局通报监测结果超标之后两度致歉,但仍称塑化剂含量并不超标,并且转移矛盾,责怪白酒行业没有专门标准。甚至可笑地发布信息:每天饮酒1斤不会造成伤害。

酒鬼酒的危机公关可以总结为一个套路——一直为自己辩解,酒鬼酒也是受害者,公司不应该承担责任。

这种行为丧失了人心。企业提供的信息要和目标受众的需求相匹配,提供他们想了解的信息,以增强事件处理透明度。相反,一味试图敷衍了之,漠视消费者知情权,会招致更大的舆论压力。

说到底,消费者要知道真相。“酒鬼酒”含有多少塑化剂,对身体是否有伤害,酒鬼酒应该第一时间回应消费者的关切并承担责任。酒鬼酒没有关切到公众利益核心,“道歉而不认错”,拒不召回的态度以及不提对消费者补偿措施的做法,没有显示出酒鬼酒应有的诚意。

我们认为,酒鬼酒在危机事件发生之后,应该尽快查明危机根源,将最新情况和原因告诉公众。并且邀请技术权威机构介入,对危机事件真相进行调查与论证,提高信息的可信度,从而减少谣传。

历史不可以改写!酒鬼酒塑化剂危机是该品牌发展的一个重大转折点,也是白酒行业的转折点。由于酒鬼酒及其他白酒企业对此都采取回避的态度,无法赢得公众的认可,引发了消费群体对白酒质量安全信心动摇。随后,白酒行业销售开始回落,价格不断下降。

品牌指南

保障消费者的知情权,消除舆论压力。

NOVEMBER 11月11日 打一招“太极拳”

品牌感悟

乘之为机,失之无机。无论是机会的创造,还是危机的转移,都要学会太极“借力”这一招。在危机公关中,面对外界强行袭来的蛮力,要学会因势利导,借力打力。

品牌分析

危机公关该如何借力?或许从中国传统的太极拳中能得到一些启发。太极拳的原理是“化”“发”合一。“化”是通过手臂判断对方的力量和重心分布，牵引对方的力量，化解攻击；“发”是造成对方失衡，然后给对方以打击。正所谓借力打力，以柔克刚。

危机公关也要打一招“太极拳”，四两拨千斤。首先要找到危机来自何处，然后借助对方之力或者其他力量来化解对方的招数，为自己解围。因此，当企业处在舆论中心的时候，不要慌张，要学会借助他人之嘴，抒发自我之言。

2012年，青岛啤酒（简称“青啤”）“换帅”事件引得媒体纷纷关注。为何要换帅？是否经营上出现了变故？一时间坊间传闻四起。

有媒体对新华都董事长陈发树通过大宗交易，大幅减持青岛啤酒H股3200万股，套现约15.5亿港元的投资行为提出质疑。陈发树在金志国离职前这个时点大幅减持，这种巧合一度引发市场对陈发树内幕交易的猜测。

外界的质疑之声影响到了青岛啤酒的正常运营，并且造成股价的下跌。在军心动摇之际，青岛啤酒打了一招太极拳，借用媒体之力，顺势办了一场欢送前任功臣金志国的新闻发布会。

2008年6月10日，金志国正式出任青岛啤酒集团的董事长，并于2011年6月16日再次当选。按照合约，金志国到2014年6月16日才任职到期，为何要提前交棒？这是媒体关注的要点。

在发布会上，金志国解释了换帅的原因。一是目前青岛啤酒具备了完善的法人治理结构，离开了明星企业家，照样也能健康持续发展；二是“自己的身体问题，这几年透支了体力和精力”，接下来将以观察员和预报员的身份继续为青岛啤酒服务，他也会及时给青啤提供信息的预报。

金志国还表示，“以往是不到年龄不下，不到正式换届不下，今天我就要创造一个非常态。”“看见企业离开了一个英雄，有无数英雄出现的时候是最开心的。”

在发布会上，金志国深情地表达了对青啤的感情，并且信心满满地向蜂拥而至的媒体介绍新上任的团队，强调了青啤精神和文化的传承，展现了青啤现代管理体系及未来愿景和规划。这些信息及时地向媒体展示了青啤高层平稳正常过渡，增加了品牌利益相关方对于青啤的信心。

值得注意的是，青啤发布会当天正值“2012中国500最具价值品牌榜”发布，青岛啤酒以631.68亿元品牌价值，再次蝉联中国啤酒第一品牌。面对危机，青啤借助媒体之力，使得“青啤平稳交棒”与“青啤蝉联中国啤酒第一品牌”的消息占据了各大媒体的版面，形成强大的传播合力，一举击退了之前的多种传闻。

品牌指南

因势利导，以柔克刚。

NOVEMBER 11月15日 让谣言不攻自破

品牌感悟

坦诚、诚信是品牌的守护神。尤其当品牌面临危机事件冲击的时候，诚信会体现出强大的道德感召力，它会从心理层面安抚民众情绪，缓解舆论压力，增加正面效应。

品牌分析

无论品牌大小、强弱，消费者永远都是上帝。品牌一定要以最大的坦诚和诚意面对消费者，以真诚的态度、踏实的举措来树立品牌诚信形象。这是危机公关的天条。

“谣言不止于智者，而是止于下一个谣言”，这是已经被拘捕的网络推手“立二拆四”的信条。这说明网络杀伤力之大。

一个优秀的个人品牌必须要有承受力，接受舆论的监督，经得起质疑，甚至能够在谣言中前行。从来就没有不被质疑的品牌，只有面对质疑不回应、不作为、不辟谣的品牌。

2013年春节期间，微博上演了一出“各路诸侯大战潘任美”跨年口水戏。“潘任美”指的是华远地产的任志强、SOHO中国的潘石屹和张欣夫妇三大巨头。舆论对“潘任美”的系列责难源于此前曝光的“房姐龚爱爱事件”。

有网友微博爆料称，陕西神木县“房姐”龚爱爱在北京的大部分房产，均来自SOHO中国旗下的三里屯SOHO项目，并列出相关房源信息，质疑SOHO中国涉嫌大面积帮贪官洗钱。

早在之前，司马南在微博上发表了2009年法学教授陈界融等14人的《任志强潘石屹涉嫌非法交易》的“举报信”。信中提及“2007年，任志强在缴纳了土地使用权出让金后，立刻将拿到手的北京民源大厦项目用地，即现在的光华路SOHO转让给潘石屹，而潘石屹则从交易中获取约50亿的土地利润等”。

由于涉及多位明星级别的企业家，“潘任美”事件在网络上被疯狂转发。“潘任美”分别被网民质疑“涉嫌利益输送”、“涉嫌国有资产流失”、“涉嫌洗钱”等，当事人则通过微博回应的方式进行了多次澄清说明。舆论双方针锋相对，互不相让。

其中，任志强的回应较为坦诚有力。他首先调侃了一下，“司马南用涉嫌非法交易罪名的大棒想忽悠不明真相的网友，称我‘摊上大事了’。”

随后，任志强在微博上“打扫卫生”，并连发4个长微博，回应“潘任美”事件。任志强的回应数据详尽、分析全面，让批评者无话可说，最后此事不了了之。

坦诚、诚信是品牌应对危机事件必备的态度。尽管这一事件对多位企业家个人品牌的影响较大，但是，当事人能够在强烈的质疑声中勇敢地站出来澄清，保证了公众的知情权，没有不回应、不作为，既是对其多年维系的品牌负责，也给了大众一个交代。所以经过这一事件后，他们的个人品牌根基没有动摇。

品牌指南

真实和坦诚，最终必然能赢得公众的信任。

NOVEMBER 11月16日 黄鸣如何打响反危机第一枪

品牌感悟

危机无情但人有情。当然危机来临时，用情待人，以情动人，可以起到四两拨千斤的作用,通过情感牌向品牌利益相关方柔性回应解释,可以在危机中摆脱被动。

品牌分析

在一个道德底线受到挑战的商业社会里,情感正成为一种奢侈品。情感就像危机公关时的“温柔一刀”,打开消费者的心门,获得他们的支持,化解舆论的冲击。

消费者是具有特定喜好和情感需求的偏好群体,他们以此来选择和评价信息内容。公众的情感需求包括亲情、爱情、友情等基本情感,以及其他主流价值观情感。

因此,在危机公关中提供符合公众心理期待的情感素材,可以满足他们的情感需求,使之达到情感的满足和平衡,柔性协调危机冲突和矛盾。

2012年上半年的皇明危机公关事件是一起经典的案例。当皇明太阳能深陷“黄胜案”、“IPO折戟”等泥沼时,负面报道随之而来。当时的皇明集团和黄鸣还抱有侥幸心理,认为媒体报道是一阵风,于是采取“冰冻”战术。

他们认为,一两周过后舆论会自动转到其他热点。然而,负面报道并没有自动“冰冻”,反而泛滥成灾。他们调查发现,有竞争对手在有计划地组织这一危机事件。随后,皇明董事长黄鸣开始绝地反击。

如何打响反危机第一枪?当时皇明集团内部有不同意见,一是正式召开新闻发布会,澄清传闻;二是直接PK《南方周末》,因为这家媒体的报道软肋较多,同时颇负盛名。经过讨论后,黄鸣决定采取柔性策略,首先在博客上发布“一封写给女儿的信”,澄清“儿女”亲家传闻,打响了反危机的第一枪。

黄鸣在其博客上发布了一封写给女儿的信,瞬间激发了网民的泪腺,引得网民纷纷转帖留言,表示同情支持黄鸣。黄鸣这封信的逻辑是:“你们陷害我可以,把脏水泼给我可以,你们为什么不放过一个无辜的女儿。”

在信中,黄鸣深情地写道“当如今你妈妈笑我因不停地念叨你而证明我近年老时,我怅然当年不能和你有更多的时间享受天伦之乐。”他还讲述了从小和女儿相处时的心路历程,无不让广大网民为之动容。在此后的记者见面会上,黄鸣在念致女儿的一封信时，更是数度哽咽，频频擦泪，一时间成为了各大媒体关注的焦点。

当危机四起时，黄鸣没有直面回击泼来的"脏水"，而是迂回地放低姿态，以真情实感讲述父女之情，唤起了公众的心理共鸣，取得了舆论和民意的支持，从而占据主动权。

黄鸣"写给女儿的一封信"建立在主流价值观基础之上，越过了人们坚如磐石的"心防"。公众认为，一个对家庭负责、对女儿负责的企业家也应当对消费者和公众负责，对企业持续健康发展负责。此信一出，黄鸣迅速站在情感的至高点上，皇明危机格局的被动局面实际上已经被打破。

品牌指南

危机无情人有情。

NOVEMBER 11月17日 借势引火

品牌感悟

危机事件就像一场大火，品牌管理者经常像一个消防员一样四处灭火，不过火势越扑越大。高明的方法是，在一场危机的大火到来之时，找到火源，顺势助推，将大火引致其他的热点区域，适时地转移危机。

品牌分析

媒体连篇累牍的报道，社会舆论的压力，企业自身的困难处境……危机事件如同一场来势汹汹的火灾，品牌管理者不得不像一个消防员一样四处灭火。

有些小火可以扑灭，但是大火难以控制。如果硬碰硬的话，容易造成更大的人员伤亡和财产损失。与其如此，还不如找明火源，顺势转移到其他区域。

灭火如同危机公关，企业在应对危机事件的时候，不能被舆论或者相关力量牵着鼻子走；而要主动地设置话题，转移危机，跳出大坑，化被动为主动。

在转移危机的过程中，要进行议程设置和话题设置，通过媒体发布有利于转移危机事件的相关信息,挑起一场更大的火。在话题的设置上,寻找新的有利关注点,并逐步实现对原有新闻焦点的稀释。

转移危机的一个经典案例仍然是2012年皇明危机公关事件。面对外界对黄鸣的各种揣测和负面报道,皇明董事长黄鸣似乎不急于灭火,表现出任人评说的态度。当火势越烧越大时,似乎不可控制时,黄鸣发出了惊人之语,再添了一把大火,烧向整个太阳能产业——

"太阳能这个行业已经病入膏肓,为了消费者,为了质量安全,我要做行业的叛徒,揭露行业潜规则,曝潜强标!"随后,黄鸣开始曝光太阳能潜规则,一把火把太阳能行业全部烧了个遍。

在外界来看,这是黄鸣的无奈之举,在四面楚歌之时,与其成为众矢之的,不如通过制造一些新闻点来转移媒体的焦点,为企业减压。

但是,此举是危机公关的关键一步:设置话题,借势引火。为此,黄鸣在短短一两个月时间内,创纪录地多次召开新闻发布会,高调地向媒体曝光行业潜规则,指出"全行业为了利益变得没有原则,没有底线,缺失了基本的工业精神和商业道德"。

当时,皇明集团绝大多数高层反对黄鸣曝光潜规则,因为得罪的人和部门太多。但黄鸣依然不惜以极端的方式引起公众的关注,唤醒行业的良心。通过这些话题的设置,黄鸣将行业潜规则推向公众,使媒体、公众注意的焦点转移到太阳能行业的潜规则和质量安全上,获得了消费者和公众的同情和支持。

皇明能够成功设置话题,转移危机的原因在于,一是皇明原有的负面新闻,如主动中止上市、土地传闻等均属于公司事件,在2012年经济下滑态势下,企业盈利下降是一个常态,因而传播力持续衰落。

二是黄鸣设置的"太阳能潜规则"话题,切中了行业和企业要害,与消费者息息相关,公众和舆论更为关注。这一把大火一烧,使得黄鸣始终站在责任和安全的高点,在不同舆论力量的博弈下,皇明的危机公关已经牢牢地占据了主动权,从守势转向攻势。

品牌指南

因势利导,转移危机。

NOVEMBER 11月18日 一直处于战备状态

品牌感悟

丰田的质量事故危机、苹果霸王售后的曝光、一汽大众DSG的召回，这些显示，我们生活在一个品牌危机四伏的年代。在危机面前稍有不慎，不管是百年老店还是时代先驱，都在劫难逃。

品牌分析

媒体对负面事件有着天然敏感性。随着个人媒体时代的来到，媒体传播的杠杆效应会越来越大，危机事件将呈现几何级数增长，危机公关的常态化已经无法回避。

统计表明，目前搜索次数累计上亿次，围观乃至评论人数超过数百万人的品牌危机事件，正在以平均每两天一次的速度爆发。留给危机旋涡中的企业做出反应的时间越来越短。

在个人媒体时代，品牌经常四面楚歌，但是不知道“敌人”在哪儿，如何办？很多企业无可奈何，选择了被动挨打，甚至“装死”。这也是无奈之举，因为火情太多太大，灭了一处，又冒出另外一处。

企业应该重新审视并评估风险环境。互联网传媒时代下，所有品牌公关传播活动均含有风险，品牌管理的过程也是风险管理的过程，品牌被各种风险包围着。这要求企业将危机理念贯穿到每一个管理环节之中。

“北京奥运圣火传递”和“汶川地震”，这两个看起来似乎不搭的事件却相继成为法国在华最大的零售商JLF危机公关的两个拐点事件。

2008年北京奥运圣火在法国巴黎传递期间，受到“藏独”分子的严重干扰。一系列事件伤害了中国人民的感情，各地网友纷纷组织大规模的抵制某法国品牌活动，在JLF店前举行示威。JLF品牌面临着进入中国市场以来最为严重的危机事件。

在抵制活动一开始，JLF的高层迅速做出反应，否认公司支持“藏独”。在

“抵制事件”发生后，JLF没有放弃每一个可能需要进行危机公关的机会。

在“汶川大地震”突然来临时，JLF果断做出反应，向地震灾区捐款达2300万元，使其成为在华法资企业中捐款额最多的公司。此举一出，许多网友对JLF的捐赠活动表示支持。通过这次“捐赠事件”，公司高层频频接受媒体访问，再三重申，“对奥运火炬在巴黎遭到攻击表示愤怒，并强调自始至终支持北京奥运”。多管齐下，不断平息这一危机事件。

台上十分钟，台下十年功。看似两个偶然的事件，JLF把两者结合在起，有效地化解了危机。这一功力在跨国公司中较为少见，可见该公司在中国市场浸淫多年，对中国市场、媒体和社会了解之深。

面对危机事件，JLF一直积极主动寻找化解危机的方法和时机，并在第一时间对舆论进行引导，才不会错过翻身的机会。

事实上，JLF在日常的媒体沟通采访中，注重保持足够的沟通和预防机制，媒体采访需要报批，并且JLF人员全程陪同，以收集最新的媒体信息。

我们曾与该公司的品牌人员交流，他们坦言，时刻保持着紧张的神经，一直处于战备状态，因为危机会随时而来。

品牌指南

危机常在，枕戈待旦。

NOVEMBER 11月22日 “让美国继续转动起来”

品牌感悟

如果能处理好品牌危机的话，消费者不仅不会远离企业；相反，他们会认为这是一家负责任且值得信赖的企业，他们会选择继续支持这一品牌。

品牌分析

祸兮福之所倚，福兮祸之所伏。危与机，两者相生相伴，互相转化。就像危机管理专家奥古斯丁所说：“每一次危机的本身既包含导致失败的根源，也孕育着成功的种子。发现、培育以便收获这个潜在的成功机会就是危机公关的精髓。”

在危机事件冲击下，如果能巧妙地利用危机的轰动效应，采取积极有效的危机公关策略，“危机”也会转变为“契机”。企业必须学会“危中求机”，并且努力“转危为机”，扭转颓势，获得主动，这是优秀品牌管理者应该具备的公关水准。

“9·11”恐怖事件发生后，使得美国社会笼罩在一片悲伤与恐慌的情绪之中，大家对未来感到无望，公众和消费者信心倍受打击。消费者和公众对经济和未来预期下降，随之而来的是投资、生产和销售下滑。

在这一突发的外界恐怖事件的冲击下，美国通用汽车公司遭受到了沉重打击，北美地区通用汽车的销售额一度下挫40%。在灾难发生地纽约，一段时间内竟出现了无一人购车的窘境。

原来，在灾难面前，消费者认为购买新车有一种负罪感，潜意识中觉得自己在别人遭难时花钱享受，甚至觉得购买新车消费是一种不道德的行为。

面对这一紧急危机事件，通用汽车在危机关头看到了背后的商机，开始进行了全面的危机公关。主要逻辑是“9·11”事件过后，虽然公众和消费者信心下降，但是美国民众激发出了一股空前高涨的爱国热情，如何将这股爱国热情转化为购买热情，这成为危机公关的关键。

为此，通用汽车把品牌精神与美国大环境及美国人的心理结合在一起，不失时机地提出了“让美国继续转动起来”这一富有浓厚爱国主义感情色彩的口号，并在媒体上大做广告。

一是鼓励和提升美国民众信心，牢牢地把通用品牌与自强不息的美国精神结合在一起，让此时脆弱的美国人想到了美国精神和通用品牌；二是鼓励美国人消费，摆脱人们的负罪感，通过购买通用汽车，来度过经济难关，提振美国经济。

与此同时，通用汽车根据灾难后特殊时期的特殊情况制定了新的促销方案，对通用所有车型实施贷款购车零利息的优惠，从情感和价格两方面感染和调动消费者。

随着一系列危机公关措施推出，通用汽车销售量很快恢复增长，最终带动美国汽车工业在2001年第四季度增长了14.4%，成为“转危为机”的一个经典案例。

品牌指南

发挥主观能动性，转危为机。

NOVEMBER 11月23日 媒体是把双刃剑

品牌感悟

媒体是典型的双刃剑，挥舞得好，可以击退危机的侵袭；挥舞不好，则会伤害自身，陷入更深的危机。所以，中国企业对媒体有一种又爱又恨的感觉。

品牌分析

用“两分法”来看待媒体是一种合理的公关态度。没有永远的朋友，只有永远的利益，这句话在公共关系领域里同样适用。作为一枚硬币的两面，企业和媒体各执商业利益与公共利益的一端。

一方面，作为利益相关方，企业与媒体休戚相关。没有企业的广告投放，媒体难以发展；没有媒体的造势，企业也难创牌。同时，媒体还是进行危机公关的强大武器，可以消除负面信息，发布真相。媒体是危机爆发的重要渠道，同时也是危机控制的关键。

另一方面，品牌管理者需要深刻理解，媒体是社会公器。他站在公众利益基础之上，一旦发现相关企业行为和商业行为触犯公众利益，媒体会迅速作出反应，放大传播，一夜之间将品牌从天上跌落到深渊。

2008年“三鹿奶粉事件”被媒体曝光后，质检总局紧急开展了液态奶三聚氰胺专项检查，结果显示，蒙牛、伊利、光明生产的液态奶也被检测出含有三聚氰胺。

一时间，三聚氰胺成为全行业的潜规则事件，引发全行业地震。经过媒体追踪报道后，三鹿品牌被摧垮，蒙牛等品牌美誉度迅速下滑，直到今日，还没有恢复到鼎盛时期。

很多企业对媒体有一种冤气，认为他们不断“找事”，无非想捞点广告。确实，当前的媒体环境秩序有点乱。很多媒体机构政企不分，运作不畅。这些媒体进入变革期，财政补贴减少，需要广告经营补贴。经营压力导致部分媒体为了经济利益，进行带有倾向的报道。甚至过度运用话语权，瞬间将企业打进舆论危机，品牌形象严重受损，市场份额缩水。

曾经在1996年以3.2亿元人民币的“天价”，买下中央电视台黄金时间段广告而再度成为“标王”的秦池酒厂，就是因为卷入媒体舆论旋涡后，在媒体各种负面报道下渐失人心，品牌形象不断下滑，最终一蹶不振。

在白酒行业一直处于强劲的增长周期的背景下，央视标王不会无缘无故地倒掉。在“秦池事件”中，不排除媒体被一些机构和人士利用，借媒体之利刃来“斩杀”当时风头正劲的秦池。

商海茫茫，“刀剑”无情。存在的就是合理的。由于媒体改革推进较为迟缓，所以这种媒体环境具有长期性。品牌应该主动适应而不是埋怨。品牌要谨慎使用媒介这把“双刃剑”，学会与媒体打交道，学会借助媒体的力量来树立企业品牌形象，扩大知名度。

同时，企业要学会用这把“双刃剑”自卫，在不公平的舆论竞争环境下，通过媒体揭露真相，赢得消费者和社会公众的支持。

品牌指南

“刀剑”无情，正确挥舞。

NOVEMBER 11月24日 刺猬法则

品牌感悟

企业与媒体的关系微妙，就像冬天寒冷时两只相互依偎取暖的刺猬，远离时太冷，靠近时互相伤害。经过协调磨合，两只刺猬终于找到一个合适的距离，既能取暖，又能不被扎，这就是媒企关系的刺猬法则。

品牌分析

经过调研大量企业后发现，企业在媒体关系中常出现两种倾向。一是距离太近。认为公关无所不能，从上到下投入大量资源来维护媒体关系，试图控制媒体。

这种强势公关看似高效，但不可持续，并存在法律和道德风险。须知，媒体和新闻并不能控制，只能被影响。媒体是社会公器，属于第三方力量，任何试图控制媒体和新闻的公关都难以持续，可能会付出代价。

二是距离太远。企业对媒体不重视、不沟通，认为现在媒体不负责任，消极对待媒企关系。几个著名企业家曾经因负面报道而伤心表示：不再接近媒体。

企业应该学会站在媒体的立场上思考问题。媒体没有义务按照企业的理解和希望去确定报道角度或重点。沟通不畅双方都有原因，但从媒企关系来看，首先要从企业找责任。

在新的媒体环境下，媒体应当以真实性为基本原则，保持公正客观立场；企业应该与媒体主动保持互动沟通，让公众和社会更了解企业。在这两种互动中，企业应该更加主动积极，处理好双方的关系和距离。

远东控股营造了一种和谐真诚的媒企关系。“远东发展到今天，与各届媒体的长期支持和关爱是分不开的，特别是远东品牌的成长。作为董事局主席，我每年有三分之一的时间放在公共关系及学习充电上，我们要求对于媒体，无论大小，我们都要以诚相待，拿出自己的真实的一面。”远东控股集团董事局主席蒋锡培说。

蒋锡培认为，企业的生存发展离不开媒介的扶持和宣传，同样，媒体也离不开企业，企业走的是市场化道路，媒体也是一样，在求真求实的基础上，媒体和企业理应同呼吸共命运。媒体是社会正义的倡导者，企业是社会责任的履行者；同时，媒体为企业发展推波助澜，为企业投资牵线搭桥，发挥经济媒介作用。而企业为媒体的发展贡献力量，并拓展无限空间。媒体与企业彼此信任，相互促进，建立一种媒体与企业间建立新关系。

蒋锡培高度重视与媒体的关系，他一向尊重媒体，无论媒体大小，都是表现出真心的坦诚和亲和。这与蒋锡培本人的风格有关，他热爱学习，尊重知识，尊重专业人才，他认为与媒体界交流沟通，也是一种学习，也是一种政策信息的收集。

远东控股集团与中国主流财经媒体形成了长期的友好关系，在“中国传媒大会 2008 年会”上，远东被评为 2008 中国最受媒体尊敬的品牌企业，蒋锡培获得“2008 中国最受媒体尊敬的企业家”荣誉称号。

现在，许多媒体都要举办各自的论坛和年会，蒋锡培会接到许多邀请函，作为他本人来说，不管再忙，他也非常愿意出席这些论坛，与各届交流探讨学习，积极维护积极公共关系。

品牌指南

企业应积极地处理好与媒体的关系和距离。

人人都能成品牌

学习柳传志品牌三要素，像奥巴马那样打造个人品牌，人人都能成品牌。

12

December

SUN日	MON一	TUE二	WED三	THU四	FRI五	SAT六
1 廿九	2 三十	3 11月小	4 初二	5 初三	6 初四	7 大雪
8 初六	9 初七	10 初八	11 初九	12 初十	13 十一	14 十二
15 十三	16 十四	17 十五	18 十六	19 十七	20 十八	21 冬至
22 二十	23 廿一	24 平安夜	25 圣诞节	26 廿四	27 廿五	28 廿六
29 廿七	30 廿八	31 廿九				

DECEMBER 12月1日 柳传志品牌三要素

品牌感悟

产品品牌的重要已为共知，殊不知，企业家品牌也能营销。企业品牌往往建立在企业家个人品牌之上，企业家的一言一行都彰显着企业的形象，传播着企业的信息，个人魅力也会给企业带来稳固的品牌效应。

品牌分析

我们的品牌研究发现，在品牌创建过程中，企业家品牌、企业品牌和产品品牌呈现出相互促进的关系，这一“三品共进模型”正成为许多优秀大型企业的品牌模型。

相对产品品牌和企业品牌来说，企业家品牌战略是对企业家个人品牌进行品牌定位、包装和传播，如个人价值观、管理细节的展现，以此塑造个人品牌形象。

强势的企业家品牌可信度高，投入回报性价比高，同时可以构建广泛高端的人脉，带动企业品牌和产品品牌。企业家应不断提升个人品牌，以提升企业品牌和产品品牌的影响力。

事实上，伴随着一家家著名企业共同发展起来的是一个个耳熟能详的名字——联想的柳传志、万科的王石、远东的蒋锡培，等等。我们很难分辨清楚，是企业的辉煌成就了企业家的功名，还是企业家的优秀促成了企业的兴盛。

2009年，在联想集团连续亏损后，柳传志复出的消息让联想股票增值33亿港元。媒体当时评论：柳传志个人品牌价值33亿港元。柳传志被称为中国企业家“教父”，他个人品牌的成功，将无形资产转换成了真金白银，强有力地提升了品牌相关方，如投资者、消费者等对联想企业品牌和产品品牌的信心，对后者进行了强有力的担保。

我们总结柳传志个人品牌的塑造有三个要素，即创价值、建理论和有魅力。

第一，创价值。柳传志带领联想团队，从中科院的一间小平房起步创业，发展成为巨型中国民营企业，主导联想并购IBM个人电脑业务，到2013年成为全球最大的电脑企业，这些业绩令人信服。

第二，建理论。作为民营企业领袖，柳传志系统地总结了联想的价值观和文化，成为其他许多民营企业学习的对象。柳传志的管理理论很朴素，实用且自成一体。他把管理总结为三要素：建班子，定战略，带队伍。西方管理学者反对企业多元化，但柳传志在实践中提出中国多元化论——“吃着碗里的，看着锅里的”，这个理论普遍流行于中国企业，生命力极强。

第三，有魅力。作为企业家，柳传志较好地平衡了与品牌利益相关方的关系。在企业内部，推行“说到做到”、“以身作则”的强势文化；对外部，他显得比较柔性平和，处理好了与媒体、政府等方面的关系，为企业发展创造了一个湿润的环境。

2013年，柳传志提出“不谈政治”，被企业界炒翻了天，实际上柳传志看到了环境的复杂性，意在保护民营企业家，最后还是赢得了企业家的尊敬。

品牌指南

企业家个人品牌，有效推动企业品牌发展。

DECEMBER 12月2日 被“贴到墙上”的王石

品牌感悟

个人品牌以个人为传播载体。成功的个人品牌个体要具有鲜明的个性和独特的情感特征，具有引领式的核心价值观和文化，引领大众的价值需求。以此推动美誉度不断上升，形成持续的影响力。

品牌分析

王石属于职业经理人，个人财富与那些房地产大佬不在一个级别上。但是，王石是中国房地产群体中阳光式的领袖人物，被媒体称为地产界的“教父”。

王石个人品牌之强大令人感叹，主要原因在于王石个人品牌的核心价值观和文化的差异化。任志强、潘石屹在民间的影响也很大,知名度很高,但是从美誉度和影响力上来讲,与王石的个人品牌还有一定的差距。

王石个人品牌的成功不仅在于万科的成功,更在于价值观和文化的成功。王石本人的价值理念和风格与万科的价值观念和文化紧密结合——坚持阳光式的房地产发展理念和模式,这与其他房地产商形成鲜明的对比。

房地产领域有许多灰色地带,包括拿地、规划、监理等环节,房地产商心照不宣。王石是一个特例,他宣布万科推行阳光体制,拿地不行贿,所以万科在城市黄金地段总是拿不到地。在房价快速上涨的过程中,其他房地产商高价拿地,王石一直按着万科,不当“地王”,超过25%的利润不做。

“别人都样做,我偏不这样做。”王石的理念和口号具有差异化,虽然拿不到地王,但是得到了消费者和公众的好感,迎合了大众需求,迅速建立了个人品牌。

更重要的是,王石是一个有传奇故事的人。他用自己的生命实践来创建个人理念和价值观,这与其他个人品牌完全不一样。

1997年7月,王石拖着一条病腿,约了几个山友,登上了西藏的第一座雪山。这一旅程改变了王石的后半生。随后,他制订了自己的登山计划,一发不可收。

2006年之前,王石完成了个人登山计划:“7+2”,即七大洲的最高峰,加上南极点和北极点。房地产商的时间就像金钱,王石每年用一半的时间来冒险登山,让富裕的企业家阶层不断考虑人生的意义和生活方式。

王石登山开创了一种企业家阶层具有挑战性但富有品位的生活方式。“其实登山就是在平凡的、平淡的生活当中创造一种局部环境的痛苦,让人去感受,痛苦经历与平淡都是生命的一部分。”

企业家人生的意义究竟是什么?王石用攀登去寻找和理解,帮助了这一阶层进行生命的参悟——挑战高度,敬畏自然,学会选择,超越自我。

王石的个人品牌历程,由创业者、经理人、企业家、社会企业家再到企业思想家的一个完整过程组成。万通集团董事局主席冯仑开玩笑说:“再往下发展,王石基本上只有一个前途,那就是贴墙上了。”所谓贴墙上就是说成神了,接近完美。

品牌指南

感悟生命,建立个人品牌。

DECEMBER 12月3日 像奥巴马那样包装自己

品牌感悟

拥有优秀个人品牌令人印象深刻、与众不同,他们成功地留给外界一个清晰的印象:他们真实的自我是什么样,他们看重什么,他们如何始终如一地贯彻着自己的承诺,他们怎样赢得信任和信赖。

品牌分析

美国《外交政策》杂志的报道称,在2009年"国家品牌指数"排名中,"美国品牌价值"一年内增长了2万亿美元,并从2005年的第七位一跃至榜首。

这意味着美国在其他国家公民眼中的形象快速提高改善,在国际上依然具有较大的竞争优势。美国能够吸引更多的人才、游客、投资者进入美国,促进美国从金融危机海啸中复苏。

为何在全球经济衰退时期,美国国家品牌指数仍能逆势而上,独占鳌头?幕后功臣非总统奥巴马莫属,奥巴马强大的个人品牌魅力,提振了美国人的信心,对整个国家经济和社会都产生了影响力。

准确的个人品牌定位是奥巴马成功的第一步。奥巴马竞选总统时,正值美国次贷危机,股市大跌,失业增加,那时美国民众对生活失去希望,对政府失去信心。谁能给他们带来变革,谁能给他们带来希望,谁就是他们的上帝。

作为美国历史上第一个黑人总统,奥巴马的品牌定位是"变革"。在竞选过程中,奥巴马一直在指责上任总统把国家带进了灾难,而他将要变革,给美国带来真正的希望。

定位之后是包装。包装就是要成功地展现品牌个性的特色,让别人充分地认识到自己的价值。奥巴马的成功当选,离不开他善于通过多种方式推销自己,“网”络民心,占据信息的制高点与控制权。

奥巴马的前任小布什也很有魅力,属于传统亲和型。小布什团队把小布什包装成德克萨斯牛仔形象,是一个国民好男人,真诚诚实,值得依赖,对家庭负责,这与前任总统克林顿的性丑闻形象形成鲜明对比。

而奥巴马团队死死咬定,小布什虽然传统亲和,是一个好父亲和好丈夫,但不是一位合格的美国总统。小布什带领美国进行几场毫无意义的战争,走上了经济危机,使得员工失业,人们找不到方向。

因而,专业团队将奥巴马包装成有朝气、有活力、有见地的个人形象,擅长演讲,能力过人,给人们以新的希望。事实上,奥巴马上台后,充分利用了个人品牌的号召力,实现美国再工业化,增加就业,率先从经济危机中复苏。

从奥巴马的个人品牌推动“美国品牌”价值一年增长2万亿美元的案例可以看出,个人品牌的威力是多么强大。强大的个人品牌可以影响产品品牌、组织品牌,甚至国家品牌。

这也给政治家和企业家一个较好的启示——分析经济社会背景,找准定位,精心包装,完全可以发挥个人品牌的杠杆作用,促进企业和组织品牌的前进。

品牌指南

懂得你所要面对的人,是打造个人品牌的第一步。

DECEMBER 12月4日 个人品牌最输不起的是诚信

品牌感悟

在诚信危机和道德下滑的时代,人品上的缺失会给个人品牌造成巨大的损失。一个有信誉的个人品牌更受到人们的尊重和喜爱,诚信是最宝贵的个人品质,个人品牌最输不起的就是诚信。

品牌分析

塑造个人职业品牌的第一步是建立人品和信誉。在职场中，人品成了考量一个人的基本标准，“做事先做人”也就是这个道理。个人品牌一定要体现诚信的人品，有人品的人，人家才愿意与你交往，才信任你、喜爱你、尊敬你。

史玉柱是中国个人品牌界的一个典型案例。作为一个企业家，史玉柱认为，没有什么比信誉更重要，信誉甚至重于生命。

史玉柱靠桌面中文电脑软件起家，1991 年创立了巨人公司。1993 年，巨人公司成为当时中国第二大民营高科技企业。他本人在 1994 年当选中国十大改革风云人物，可谓年少成名。

随后，巨人集团在珠海获得了 9 万平方米土地，由于好大喜功，争做中国第一高楼，史玉柱的欲望不断膨胀。巨人大厦初始设计从 18 层最后加码到 78 层。

1997 年初，巨人大厦没有按期完工，购楼花者天天上门要求退款。巨人集团资金不堪承受之重，不久巨人大厦停工，成为中国最著名的烂尾楼之一，史玉柱的个人品牌遭遇到了的空前的危机。

不过，在这种情况下，史玉柱并没有申请破产以独善其身，一走了之。史玉柱回忆说：“申请破产会涉及信誉，一旦信誉没了，以后也就无法在江湖上混了。”

为了还债，1998 年史玉柱二次创业，开始做脑白金。他以 50 万元资金启动，在短短两三年内一跃而成为中国保健品行业的领军企业。随后，史玉柱一发而不可收，在获得保健品和网游市场的巨大成功后，将目光转向金融投资，投资银行股获得成功。

史玉柱为什么能够东山再起？原因在于人品和信誉。失去所有的财富，成为中国欠债最多的人，这都不要紧，只要信誉还在。史玉柱对负债人说：“欠你们每个人的钱，我史玉柱今生今世全部还给你们，你们的借条全部有效。”

就是凭借这样的信誉，史玉柱有了东山再起的基础。在个人品牌的塑造和经营中，再困难也不能丢失信誉，这是个人品牌最宝贵和最稀缺的元素。

与史玉柱有着异曲同工之妙的是另一位著名企业家——远东控股集团董事局主席蒋锡培。在20世纪80年代末期,蒋锡培创办了一家为大钟表厂生产零配件的仪器仪表厂。然而一年后,这家工厂由于多种原因而亏损100多万元,蒋锡培的第一次创业以失败而告终。

当时蒋锡培负债累累,但是他的人品和信誉有目共睹。在日后进军电线电缆产业中,亲戚朋友们向已经负债30多万元的蒋锡培再次借出了数十万元,帮助他开设了一家电线电缆经销部。正是这笔资金的投入,使得蒋锡培重新进入创业快车道。

品牌指南

最值钱的不是钱,是可以被信任的人品。

DECEMBER 12月8日 专注做一件事

品牌感悟

个人品牌的塑造要从认识自己、认清自己开始。认识与认清自己的根本目的是要确定个人品牌的核心位置与核心价值——你应该成为什么?你能成为什么?这是创建个人品牌核心价值的关键。

品牌分析

个人品牌清晰定位很重要,不做自己不能做的事情。有的个人品牌在自己领域内取得了一些成就,容易高估自己的能力,并进行延伸,尝试进入超出自己能力范围的领域。这反而模糊了原来的个人品牌整体形象。

曾经闻名全国、被评为十大笑星之一的某著名相声演员就是这样一个定位缺失的例子。过去我们可以说他是文艺工作者、相声演员,现在却无法对他有清晰的定位。

他不仅是相声演员,还是摄影家、杂志编辑、某胶囊的品牌形象代言人、某牛肉品牌的形象代言人,并且担任过某县的副县长。那么,他到底是干什么的?

受众恐怕只能用“社会活动家”来描述他的身份了。

从市场营销学的角度讲,他带给受众的困惑就是品牌形象定位模糊。一个成功的个人品牌应该具备一个清晰的品牌形象,反映出品牌的个性、特质、功能和归属。

个人品牌需要聚焦专注,最高效的方法是持续专注地做一件事,做好做精,始终如一,品牌影响力才会不请自来。模糊的品牌定位,会直接影响品牌的竞争力。身份越复杂,他所代表的品牌形象就会稀释得越多,品牌联想就会越弱,甚至会形成错位。

再举一个定位清晰而且专注的个人品牌案例——陈道明。很长时间,人们对陈道明有多种评价,第一,演技好,敬业,他的表演受到业内和观众的肯定;第二,他本人充满神秘感,埋头在家读书,不接受采访,很少参加商业活动;第三,他是中国最大也是最难以合作的“戏霸”,是一个清高得只肯在戏里低头的人。

陈道明接戏很挑,不好合作。陈道明一直喜欢刘邦这个人物,对当时的历史和故事非常熟悉,七年前曾经自己出钱找编剧写了《刘邦传》剧本。在筹备《楚汉传奇》时,导演高希希邀请陈道明演戏时也有些担忧,怕不好合作。但最后经过沟通交流,才知道陈道明对刘邦的理解非常深,是一个为戏而生的人,非常专业而且敬业。

不管外界议论如何,陈道明依然我行我素。他坚持自己的风格,做一个纯粹的电影演员,对表演精益求精,仅此而已。这种专注聚焦的风格,使得他从较早之前的《围城》,到中期的《康熙大帝》,到2013年热播的《楚汉传奇》,几乎创造了中国电影明星中零烂片的纪录。

不靠炒作,但是观众口碑不断积累提升,个人品牌价值高居一线明星前列。他也成为中国少有的一个拒绝炒作、回避外界,而知名度和美誉度不断上升的明星。

品牌指南

一群人,一辈子,才能做好一件事。

DECEMBER 12月9日 明星投资为何屡屡亏损

品牌感悟

当个人品牌建立起来后，如何进行品牌资产运营，如何进行商业变现是一个难题。脱离个人品牌的定位和形象，进行无关的投资理财，风险巨大。

品牌分析

国内演艺圈的明星经商下海的人数不在少数，但是成功者少。影星李成儒曾经坦白，自己投资580万元的饭店被折腾得心力交瘁，只能以100万元低价出售，堪称下海"血泪史"。香港天王刘德华的名气可谓够大，但开电影公司也曾亏了几千万元，不得以拍戏还债。

总体来说，早期明星投资比较盲目，为赚钱而赚钱。如投资普通餐饮、鞋帽等大众消费品，利润率较低，缺乏规模化和专业化，许多人以亏损告终。

这些失败的案例基本上脱离了个人品牌的基本商业模式，超出自己的能力，完全转行下海，做自己不擅长的事，不亏才怪。

吃一堑，长一智。很多明星开始反省，投资有风险，还是辛苦演戏、代言、参加商演赚的钱踏实，扎实做好个人品牌再说。

痛定思痛，明星们也开始琢磨个人品牌的运营模式和增值路径，设计可行的个人品牌商业模式，进行品牌变现。近几年来，国内明星姚明、赵薇、黄晓明等开始扎堆进军葡萄酒产业，进行个人品牌延伸，纷纷收购酒庄，投资葡萄酒。如在退役之际，姚明在2011年末成立了姚家族葡萄酒酒业公司，向外正式推出个人品牌葡萄酒。以个人品牌背书，期望拉动终端市场。

与之前明星的投资选择比较，他们这次选择葡萄酒作为品牌延伸的方向更为正确。一直以来，葡萄酒与明星关系紧密。很多好莱坞明星都是葡萄酒的粉丝，电影《教父》的导演Francis Ford Coppola在1970年买下了Rubicon酒庄，麦当娜的密歇根州酒厂Ciccone成立于1996年，中国电影《将爱情进行到底》的拍摄地选在了高奈酒庄。

葡萄酒与明星的品牌形象和影响力比较匹配。红酒代表健康、高端和国际化,这与姚明的气质比较吻合,这一结合远胜于与白酒结合。虽然中国酒文化以白酒文化为主,历史悠长,但是现在的“80后”、“90后”等新生代对白酒文化兴趣下降,取而代之的是葡萄酒等洋酒文化,消费潜力巨大。

同时,高档红酒具有收藏价值,姚明品牌在高端受众有着较大的影响力,他的粉丝们愿意为此埋单收藏。在市场渠道方面,“姚明”红酒遵循了高档红酒的营销规律,不进入传统流通渠道销售,保持其高端稀缺的特质,这与姚明国际巨星的身份吻合。

品牌指南

选好商业模式,进行品牌变现。

DECEMBER 12月10日 学习保鲜

品牌感悟

个人品牌的最大对手是“时间”。如何保持个人品牌的新鲜度,穿越周期?这要求持久地学习。今天的市场和环境变化非常快,不学习就意味着落后,个人品牌也就难以维持。

品牌分析

时间能消磨一切,也能消磨一个人的光彩和名气。吃青春饭的偶像非常怕老,因为容颜不在,个人品牌就会迅速衰减。

个人品牌如何“保鲜”,学习是独一无二的法门。只有持续学习,给个人品牌注入新的DNA,个人品牌才能持续充满生命力,影响力才会不断提升。

学习型组织是美国学者彼得·圣吉在1990年出版的《第五项修炼》一书中提出学习型组织概念。我们认为,知识管理是企业品牌建设的重要手段之一,同时也是个人品牌建设的关键。建立学习型品牌是通往成功个人品牌的关键。

《蒋锡培管理日志》描写了中国著名企业家蒋锡培的学习案例。在蒋锡培看来，建设学习型个人品牌，态度是关键。

蒋锡培高考落榜后开始创业，尽管如此，他身上一直保持着强烈的学习精神。在接受记者采访时，被问到“性格中的哪些特点对你成功起到了非常大的作用”时，蒋锡培回答说：“我觉得我很好学，对什么东西都非常有激情，非常有新鲜感，都希望能够多了解一点。”

作为一名事务繁杂的企业掌门人，工作之余，他坚持每天花一个小时学习，看看书、资料或者新闻。此外，他还抽空参加各种培训班和论坛，积累知识和经验。作为企业领导人，他非常支持和鼓励员工学习，大力营造企业的学习氛围，帮助员工加强学习和培训。

“我们可以没有学历，但是我们绝对不能停止学习。学什么呢？其实每一个人都有值得你学习的地方。向你的前辈，可以学习经验智慧；向你的同辈，可以学习激情向上；向你的后辈，可以学习理想创新。”蒋锡培说。

正是因为持续的学习，蒋锡培个人品牌不断发展提升，荣获全国劳动模范、中国青年五四奖章和 CCTV 中国十大经济年度人物等荣誉称号，品牌的知名度和美誉不断提升，受到外界的关注。

本书的作者之一徐浩然博士是一位终身学习者，在他与朋友交流的过程中，小到企业品牌营销和传播，大到国际国内经济政策，都是在一种愉快的学习交流氛围中进行的。2004 年，徐浩然也因为学习而成为公众人物。在这一年的 8 月 31 日，南京市委市政府举行了隆重的“学习之星”表彰大会暨南京市第三届学习节开幕式，当时在南京航空航天大学就读博士、全国十佳“金话筒”主持人的他当选为南京市首届“学习之星”，成为被政府表彰的最爱学习的人之一，读了四个大学和四个不同的专业的他，其热爱学习的精神不断感染着身边的人。

品牌指南

持续不断的学习，能令个人品牌保鲜。

DECEMBER 12月11日 赢在最后一公里

品牌感悟

个人品牌存在“最后一公里”的现象。在建立个人品牌的10公里长跑比赛中，很多人艰难地跑完了前面9公里，以为万事大吉。糟糕的是在最后一公里放弃出局，导致个人品牌衰退贬值，甚至毁于一旦！

品牌分析

这是一个品牌危机四伏的年代，随着移动互联网时代的到来，打造一个品牌很艰难，但是毁掉一个品牌却很容易。

塑造个人品牌的最后一步是用心维护和危机公关。在个人品牌的非常时刻，要进行危机管理和危机公关，努力避免或减少危机产生的危害。并将危机转化为机遇，“跑完最后一公里”。

曾经在富豪榜上的名人Y，就是输在个人品牌创建的最后一公里上。某建设集团董事局主席Y曾在《胡润2005百富榜》上排第二名，从黑马到富豪，迅速引发媒体关注。然而，他在之后的一系列危机事件中快速消失。

Y的个人品牌创建分为三个阶段。第一个阶段是他个人品牌造名阶段。“胡润2005百富榜”上显示，Y以总财富125亿元排在百富榜第二名。由于陌生，这一跳升引起了民众的好奇和关注。

此时，Y迅速成为媒体追逐的对象。他充分利用了这个机会，在各大电视、网络、平面媒体免费展现其个人品牌和公司品牌，将富豪榜的新闻热点引导至其个人品牌上——价值观、管理方法、创业传奇，甚至包括其传奇色彩的武术——“轻功”。

Y滔滔不绝的口才及犀利的观点为其品牌创建增色不少。他以一种爆炸式的速度建立起了全国知名的个人品牌，然而，长跑比赛才刚刚开始。

第二个阶段是个人品牌怀疑阶段。由于Y的个人财富增长了逾7倍，成为财富成长最快的人，引发媒体跟进挖掘其财富来源和商业模式，此时危机隐患已经出现。

有媒体报道，湖南长沙的包工头因为Y旗下的公司欠债不还而不得以自杀，外界更加关注Y财富到底是否有水分，个人品牌报道已经转为质疑阶段，危机随时可能爆发。

然而面对媒体的质疑，此时Y还在侃侃而谈其人生传奇、管理思想和创业之道理，没有及时地通过媒体进行危机公关，说明其商业模式和经营情况。这给媒体和公众留下了更多的想象空间，媒体对Y的质疑之声再次四起。

人们很难相信，富豪榜第二位的富翁连100多万元都拿不出来，也无法想象一个在媒体前大谈社会责任的企业家竟然对小合作伙伴不闻不问。

第三个阶段是个人品牌衰退阶段。媒体爆出Y旗下公司欠巨债，Y由于无法马上偿还，向当地政府和银行申请给以理解和援助。随后司法介入，Y被南京法院限制出境。Y个人品牌如此快速地衰退令人扼腕叹息。

品牌指南

个人品牌的塌陷比个人品牌的建立更容易。

DECEMBER 12月15日 1%的差错会导致100%的损失

品牌感悟

名人品牌的道德成本非常高。在个人品牌塑造过程中，不要轻易犯错，即使是1%的差错也会造成巨大的影响。违反法律、背离道德的行为是塑造个人品牌美誉度的最大忌讳。

品牌分析

2013年8月29日，《新闻联播》罕见地用3分钟播出微博大V“薛某某”嫖娼被抓的事件，令人惊讶。这一品牌事件的原因和背景较为复杂。“薛某某”事件不但是一个品牌事件和媒体事件，而且还上升为社会事件和司法事件。

单从个人品牌的角度来讲，只要道德上有1%的错误，就会带来100%的损失，这是个人品牌输不起来的地方。一个人的公众地位越高，个人品牌的道德损耗成本就越高。个人品牌如果陷入道德泥沼，这种污点就很难被洗刷。

在这一点上，个人品牌与产品、组织品牌完全不同。市场上如果某个产品出了问题，还可以东山再起。或者换一个品牌继续经营发展，企业、组织也可以重建、重组。一个人的“道德长城”推倒后却很难再建一次，难以再次赢得信任和尊重。

老虎泰格·伍兹是一个典型的个人品牌犯错案例。作为世界首位身价过十亿美元、拥有“世界体坛吸金第一人”称号的高尔夫球名将老虎伍兹，自从2009年11月27日的一场离奇车祸后，便牵扯出了多桩桃色绯闻。

随着“虎女郎”如雨后春笋般一个接一个地不断冒出，公众骂声一片，一些商业合作被终止，老虎伍兹的个人品牌也进入了空前的危机。

老虎伍兹事件告诉我们，一个知名度大的公众人物需要严格要求自己的一言一行。一旦有瑕疵，就会被放大曝光。须知，公众和媒体永远只会用放大镜看待公众人物和品牌公司。特别是在自媒体时代，个人品牌享有的影响力与承担的责任成正相关关系。

从老虎伍兹事件的经验判断，加上此次多种原因掺杂在一起，“薛某某”个人品牌也将会面临信誉危机，美誉度将会大幅缩水。但是，危中也有机，其个人知名度将呈几何倍数放大。关键是如何转危为机？

我们总结了老虎伍兹事件中危机公关的步骤，可供化解“薛某某”个人品牌危机借鉴。

首先，承担责任和错误，向公众和粉丝道歉，向家庭忏悔和道歉。品牌危机时刻，一定要以最大的坦诚和诚意面对受众，这是危机公关的天条。

老虎伍兹事件后，他作出了“我错了，我很愚蠢”的公开道歉。他说：“我伤害了我的妻子、孩子、妈妈、我妻子的家庭、我的朋友、我的基金会和全世界崇拜我的孩子。”

其次，进行强力切割。名人也是人，也有犯错的时候。有时也会穿越道德与法律底线，但是个体原因是什么？包括生理原因和心理原因等。这是危机公关的重点。老虎伍兹团队把“桃色事件”归结为一种病：“性瘾”。

最后，宣布退出，进行封闭治疗。这是危机公关的关键。老虎伍兹在密西西比的松林诊所接受了6个星期的治疗，最后与家人团聚，以此逐步恢复公众和媒体对他的信心。

品牌指南

公众人物，更要注重自己的一言一行。

DECEMBER 12月16日 不该出的名千万别出

品牌感悟

知名度的基础是美誉度，不该出的名千万别出。许多人对获取知名度有着较强的冲动，为了出名不择手段，这种知名度不可持续。名声必须符合社会价值观和道德观，与你承担的责任紧密联系在一起。

品牌分析

在个人品牌时代到来之时，大多数人并没有做好充分的准备。很多人认为，个人品牌就是炒作，要名不要脸，不炒白不炒，只要能吸引公众的注意力就行。这势必陷入个人品牌的误区。

个人品牌的重点与其说是打造品牌，不如说是维护品牌，即维护和提升个人品牌的美誉度。品牌最稀缺、最溢价的是美誉度。事实上，在信息化社会，炒作个人品牌并不难，难的是品牌美誉度的提升和维护。

打造品牌知名度的成本是过去的1%，但是美誉度的提升和维护成本可能是过去的100倍以上。在知名度和美誉度的权衡下，一定要在美誉度的基础上提升知名度，而不是一味无底限地哗众取宠。

2011年10月，苹果教父乔布斯因病逝世后，全球果粉及各界名流都纷纷悼念追思。一直被乔布斯嘲讽的微软董事长比尔·盖茨亲自发表悼词悼念——

“对于史蒂夫·乔布斯的逝世我真的感到非常难过，梅琳达和我在此向其家人和朋友，以及所有被他的作品所感动过的人致以诚挚的慰问。

“乔布斯和我第一次见面到现在已经有30年，我们曾当了半辈子的同事、竞争对手和朋友。

“世界上很少能看到有如史蒂夫·乔布斯这样影响世世代代的人物，我们有幸与他一起工作，为他的疯狂而感到钦佩，深刻悼念乔布斯。”

一直以来，乔布斯视微软为竞争对手，对比尔·盖茨进行了不遗余力的攻击。但是，最后一刻，比尔·盖茨的表态令人尊敬，甚至感动了竞争对手的粉丝，进一步提升了其个人品牌的美誉度。

但是，中国一位地产商P先生在微博中表示：“苹果董事会应该马上做出决定，生产1000块钱以下的iPhone和iPad，让更多的人用上苹果的产品，这实际上就是对乔布斯最好的纪念。”

此语一出，顿时遭到苹果粉丝的“板砖”。网友评论说，“P总哪天要也去世了，也请贵公司推出1000元一平方米的房子吧，十几亿人民都会纪念您。”随后，网友纷纷转发予以支持，一时间评论无数，这位开发商也被网友戏称为“P一千”。

尽管在接下来的微博中，P先生作了弥补。但是网友不依不饶，在网上借题发挥，一位网友竟然设计了一种新的计量单位和新的货币：一个P。

P先生是中国个人品牌知名度较高的企业家，这次陷入“乔布斯门”事件，非常遗憾。这个案例告诉我们，责任是个人品牌的基石。牺牲美誉度，换取知名度并不可取。单纯为了吸引关注，不惜哗众取宠，盲目追求知名度。那么即使出名了也是臭名，会被大家恶搞，降低美誉度。

品牌指南

“知名”诚可贵，“美誉”价更高！

DECEMBER 12月17日 大V，一个时代的离去

品牌感悟

2013年,几个大V正在度过个人品牌的关键期,这可能是他们个人品牌的顶峰,也可能是中国大V时代的结束。未来,想必他们会重新评估自己的个人影响力,重新思考过去的个人品牌增长模式,并探索他们个人品牌的未来发展模式。

品牌分析

2013年9月11日,新闻联播播出对大V潘石屹的采访。潘石屹说,粉丝量比较高的人,应该更加严格地要求自己,要是特别随意的话,造成的社会影响和危害就会比较大。

新闻联播正在史无前例地关注报道大V们,这可以告诉我们很多信息和道理,以及一个趋势——大V时代的结束。所有个人品牌的建设者应该注意到这个趋势。

"一只南美洲亚马孙河流域热带雨林中的蝴蝶,偶尔扇动几下翅膀,可以在两周以后引起美国德克萨斯州的一场龙卷风。"在个人媒体时代,传播领域中存在广泛的"蝴蝶效应"(The Butterfly Effect)。

"蝴蝶效应"也适用于社会管理领域。细微的非正面事件悄然发生,会导致周边的系统环境发生变化,并产生非正面的微弱气流,而这种微弱气流又会引起四周系统的气候变化。一旦出现催化剂,将引发连锁反应,最终导致整个社会系统的气候出现巨大变化。

以2013年6月的一次股市暴跌为例,事实上企业盈利和经济增速比较平稳,外界条件也还可以。但是,一旦经济危机预期形成,舆论和自媒体便争相报道和转发。

在这种环境下,理性人也变得盲从,形成"羊群效应",形成既成现实的"危机"。这使得公众和企业信心低落,股市大跌,并把矛盾和情绪指向宏观调控,

引发两者的对立。

在这个过程中，经济决策者和管理者很受伤。调控是为了经济更持续的发展，为什么投资者和市场反应会这么大？投资者也很受伤，为什么政策不给力？

问题出在哪儿？原来是互联网舆论引导和推动下的预期的突然改变。这在以前根本难以想象。如果一旦重大公共决策受到连锁式的舆论影响并造成误判，舆论的管制和收缩就要到来。

从本质来说，舆论也是一种资源，体现的是话语权。现代社会，人们可以通过互联网、手机传播更多的反映民意的观点和呼声，形成一种舆论影响，推动舆论的自媒体化和平民化。

这改变了过去的严格管制舆论的特点，使得平民阶层能够更多地分享社会舆论所带来的权益。如苹果售后服务事件，正是媒体进行了大量报道，才推动全社会形成一种舆论潮流，对苹果施压，使得苹果进行自我矫正，负起更多责任。如苹果首次在中国召开新品发布会，也算是一种改正错误。

舆论的自媒体化和平民化带来传播的放大效应。互联网讲究的是点击率和传播性，如果将一个事件放大三倍，能带来十倍的点击率和三倍的广告投放，那么互联网会极为轻松地作出有利于自己点击率和广告额的选择，而较少关注事件的真伪及事件传播后所产生的舆论影响和后果。大V们正是在这种传播逻辑下迅速膨胀壮大起来，这种传播逻辑未来将会有所修正。

品牌指南

有多大影响力，承担多大的责任。

DECEMBER 12月18日 明星如何摆脱“花瓶”角色

品牌感悟

知名度高的明星是一种稀缺资源，明星必须通过专业化运作，在目标受众中提高个人品牌的知名度和美誉度，牢牢占领目标受众的心智，让目标受众认可你、喜欢你。

品牌分析

自有名人出现，个人品牌的影响力便已存在，名人的社会关注度和大众影响力极易引导大众消费。据说陕西贵妃墓上的土可以美容，村妇们便捧回去抹脸，一个大土堆最后几乎变成平地，足见个人品牌影响力之大。

多年前，提起范冰冰，大家会认为她很漂亮，是一个花瓶，仅此而已。但是现在，范冰冰成为一个影响力较大的个人品牌。

现在提起范冰冰，大家认为她是中国一流明星，漂亮而且有魅力，拥有无数的粉丝。很多外国人甚至认为她是中国电影明星的No. 1，经常把其他明星错认为范冰冰，可见其影响力之大。

细心数一数，范冰冰有什么代表作，哪些作品获得国际大奖，实在找不到。搞得有同行嘲讽地说，从来没有得过国际大奖，就看见她忙着走秀。

这令很多业内同行羡慕嫉妒恨，范冰冰没有拍过几部大片，也没获什么有分量的奖，演技平平，为什么品牌知名度这么高，商业价值这么大？

许多中国女星属于“花瓶”角色，演而优则嫁，成名后便息影、相夫教子，以前建立的个人品牌基础白白浪费，甚为可惜。范冰冰可谓是第一个改变中国女星花瓶角色的女星，演而优则立品牌，不断做大做强品牌资产，然后通过各种方式变现。看来，个人品牌不仅要戏演得好，还要定位得好，传播得好。

2007年，范冰冰决定脱离华谊，自立门户，创办范冰冰工作室，走上个人品牌化的道路，开创了国内艺人个人工作室的先河。当时，大家很惊奇，范冰冰出走华谊，炒了娱乐圈大佬的鱿鱼，可谓业界第一例。

从拍戏到戛纳走秀，再到封面人物曝光，范冰冰一直在摆脱“花瓶”角色，一路走得很辛苦。在创建品牌的过程中，不断成为媒体关注的焦点，实现了演艺、时尚与品牌三线并举。

范冰冰工作室一直在有意识地打造个人品牌。一些实力派明星钻进戏里面出不来，而范冰冰钻进戏里面，还能跳出来与市场结合，整合意识较强。

范冰冰工作室对打造个人品牌的每一步都有清醒的认识和明确的规划，一直很清楚范冰冰的品牌定位，找准受众人群，形成“冰冰棒”粉丝群。

特别需要指出，与其他电影科班出身的女星不一样，范冰冰对公众、舆论评价的承受力相当之强。由于以前的“花瓶”定位，网民经常吐槽范冰冰，可谓骂声一片，有的时候甚至不堪入耳。面对这种压力，她竟然能淡然处之，表示作为公众人物必须面对这种评价，可见其心态之成熟。

品牌指南

不仅要戏演得好，还要传播得好。

DECEMBER 12月22日 范冰冰应该加盟好声音

品牌感悟

个人品牌的影响力和受众毕竟有限，同时资源也有限，需要借助整合营销扩大个人品牌影响力。虽然说整合没有边界，但前提是定位要精准，才能事半功倍。

品牌分析

2013年第二季《中国好声音》、《快乐男声》成为最火爆的音乐节目。范冰冰加盟选秀节目《快乐男声》，成为该节目的V神，代表场外观众发声。

说穿了，范冰冰与《快乐男声》如何进行合作，属于一种整合营销。但是，如果从定位和受众角度分析，范冰冰应该加盟《中国好声音》，而不是《快乐男声》。

首先，在情感定位上，相比于《快乐男声》，范冰冰个人品牌情感定位更贴近《中国好声音》。

《中国好声音》实际上述说的是屌丝梦想。好声音的选手年龄跨度大，每个人的经历和故事不同，但反映了一个共同情感点——梦想。面对这样一个时代，台上的这些“中低层”歌手有着自己的梦想；尽管残酷，但仍然坚持。台上的四大评委也是坚信梦想的人——那英的爱情梦想，汪峰和哈林的摇滚梦想，阿妹的青春梦想。

范冰冰也是一个有梦想的人。以前大家总认为她是一个花瓶，事实上范冰冰的梦想之旅也是一部“血泪史”，从屌丝到影视明星，范冰冰也是奋斗之人。2007年，范冰冰决定离开老东家华谊单飞，当时大家很惊讶。如果没有自己的梦想，绝不会走上这一步。

而《快乐男声》是一个单纯的选秀节目，打造阳光活力的青春偶像。节目情感较单纯，同时，《快乐男声》的情感诉求分散，有时想表达梦想，有时想表达快乐。虽然主打快乐，但不能与受众形成共鸣，这是一个软肋。

有梦想的人令人尊敬，也有共同语言、共同的氛围和共同的感动。从这点上来看，范冰冰的梦想可以与好声音对接。

此外，在受众定位上，范冰冰更适合《中国好声音》。好声音的受众属于大众化，从“70后”、“80后”到“90后”，以“屌丝粉”居多。节目反映了没有背景、没有靠山、怀抱梦想的屌丝们如何成功逆袭高富帅，是一种大时代的情怀。

《快乐男声》属于窄众化，受者为“95后”，而且可能以“95后”的小女生为主。反映的是无忧无虑的小女生看着台上的“花瓶”，幻想着内心的白马王子，属于小时代的心情。

范冰冰的受众应该是大众化的观众，与好声音更为重合。范冰冰表演过许多经典的屌丝角色，如《手机》中被感情折磨但最后反击成功的小三，《苹果》中被强暴的洗脚女。但奇怪的是，范冰冰个人品牌定位不够清晰，一直受到“花瓶”的困扰。所以她不断拍电影、投资电影，力图淡化“花瓶”，成为“范爷”。在《泰囧》中，范冰冰成为“屌丝女皇”，一举洗刷了多年的“花瓶”之冤。

如果范冰冰加盟《中国好声音》，将进一步抹掉“花瓶”痕迹，进一步清晰聚集个人品牌定位——“屌丝女皇”。

品牌指南

精准定位，整合营销。

DECEMBER 12月23日

一个“野鸡大学”害了一个品牌

品牌感悟

有效包装有利于个人事业和职业的长久发展。个人品牌包装应建立在真实和诚信的基础之上,其对立面是“野鸡”包装,这是一种虚假包装,可以随时成为个人品牌的定时炸弹。

品牌分析

塑造个人品牌的临门一脚是包装与推销,让品牌利益相关方充分地认识到你的价值。

“包装”要准确反映个人品牌的特色和内涵,确保给目标群体留下的印象与利益相关方的期望一致。针对别人对你产生印象的每个要素制订完善的方案,包括个人的面部表情、手势、眼神以及个人学历、工作经历等。

不过,包装要以诚信为基准,适度为宜。过分的包装及偏离主流价值观的包装会对个人品牌产生负面影响。掺杂了虚假信息的包装是“野鸡包装”,相当于埋下了一颗个人品牌的地雷。

微软前中国总裁唐骏曾经是中国最成功的职业经理人之一,曾留学日本和美国,有“打工皇帝”之称。2004年,唐骏以微软中国终身荣誉总裁身份从微软退休,出任盛大集团总裁;2008年,唐骏以10亿元身价跳槽至新华都集团。

客观地说,唐骏是中国职业经理人中个人品牌建设的开创性人物。自有唐骏始,中国的职业经理人才知道自己也有个人品牌,还要学会包装和推销自己。

唐骏在个人品牌经营上的很多做法,都是现在很多人难以学会的。唐骏非常喜欢和媒体记者打交道,比较尊重记者。据说,唐骏与记者交换过名片后,都会将记者的信息存入手机通讯录中。即使很长时间之后,记者打电话过去,唐骏会主动地叫出对方的名字,这让记者感到被尊重。

不幸的是,个人品牌的巨人唐骏最后踩到了“野鸡包装”这颗地雷上。2010年,打假专家方舟子爆料唐骏学历造假,使得唐骏卷入假学历事件,方舟子通过一系列证据表明唐骏获得的文凭学历为美国“野鸡大学文凭”。

美国华人和网友也在调查中发现唐骏的履历和个人经历多处造假，公众对唐骏的假文凭进行了激烈的讨论。事后唐骏选择沉默，希望不了了之，舆论反而炒得更厉害。唐骏事件给个人品牌界带来深刻反思，同时也给自己苦心经营的个人品牌打上了一个问号。

一个成功的职业经理人，一个有着诸多荣誉的个人品牌界明星，为何在一纸“野鸡大学文凭”前黯然失色。这说明了一个深刻的道理，诚信的个人品牌的包装和推销非常重要，特别是对于金字塔尖的个人品牌名人来说，一旦包装和推销不符合事实，便会陷入被动，个人品牌必然受到影响。

当然，在哪里跌倒还可以在那里爬起来。“学历门”已过去3年之后，2013年9月，唐骏的新自传《我还年轻，我还可以重新出发》正式出版发行了，而且在书中大胆地披露了这一事件的前因后果。他说，过去对待媒体，他会掩饰自己，塑造自己的完美。现在他明白，其实没有一个人是完美的。自己只是一个普通人。在媒体面前，唐骏选择展现更真实的自己，告诉大家自己也会犯错。这种以负责任的态度，坦诚说明原因，公开认错，依然会赢得粉丝们的理解和尊重。

品牌指南

抛弃“虚伪包装”，展现真实自我。

DECEMBER 12月24日 学会讲故事

品牌感悟

企业家、职业经理人主要靠语言来进行管理，无论是谈判、激励，还是传播其个人观点和思想，都需要用嘴表达。因此，好的观点，好的口才，好的表达能力，是建立个人品牌的重要一环。

品牌分析

卡纳基在研究美国一万多名成功人士后总结到，一个人的成功，15%归结于他的专业知识，还有85%归结于他表达思想、领导他人及呼唤他人热情的能力。

因此，企业家、职业经理人要学会讲故事，不断学习，打造自己的演讲风格。用坚定的信念和饱满的热情不断影响他人，形成正能量源。要让受众感受到你的力量和激情，受到启发，形成共鸣。这样你的粉丝会越来越多，紧紧地团结在你的周围。

远东控股集团董事局主席蒋锡培刚创业时，是一个并不擅长演讲的年轻人。第一次参加论坛演讲时，他紧张得出汗，硬着头皮讲完。

随后，蒋锡培主动学习，不断培养提升演讲能力。经过十几年的学习和训练，今天的蒋锡培已经成为CCTV十大经济年度人物，是中国企业联合会、中国企业家协会副会长，成为企业界的知名个人品牌。现在，蒋锡培对各种论坛游刃有余，演讲逻辑严密，观点清晰，充满正能量，形成独特的个人魅力。

被称为任大炮的任志强，也是一个例子。抛开他的观点对错与否不论，从个人品牌的角度来看是值得研究的。任志强爱说，他以说闻名，许多的房地产会议总能看到他的身影。没有任志强参加的房地产会议，一定少一些热闹。任志强的个人品牌魅力来自于他的个人风格和多年积累。

其一，任志强的演讲风格是中国企业界的一大"奇葩"，百年一遇。通俗地说，其他企业家属于"高富帅企业家"，讲话留有余地，比较温和，不得罪人；任志强属于"屌丝企业家"的代表，天不怕，地不怕，一定要辩清楚。发言不说假大空，观点鲜明，从不拖泥带水。

任志强的辩才无碍，发言时逻辑严密，想要驳倒他很难。他的演讲如洪水一样奔涌而下，对政策和数据的调查下了工夫。虽然有时观点霸道，但是最后往往能自圆其说。

其二，任志强爱学习，是一个学者型企业家，喜欢看书，写文章。记者去采访他的时候，经常看到他伏案疾书，办公室里放着许多摊开的书。任志强的专业功底和学习强度，与其他房地产开发商的花拳绣腿相比，着实高出一大截。

现在，任志强基本上成了房地产调控政策的企业界主要解读人。遇到国家或北京市出台相关的房地产政策时，任志强还要捋起胳膊，写下少则数千字、动辄万言的分析文章，不由他人代笔。虽然“苦逼”，但是敬业而且专业。

其三，任志强是语不惊人死不休，观点不向权威低头。以前一句“房子是卖给富人的”，非常直白，太过残酷，不仅惹怒了公众、购房者，还得罪了政府。但是他一不认错，二不道歉，依然抱着这个观点坚持到底。到了最后，看着房价越涨越高，大家终于明白了残酷的现实，任大炮说的没错，反而纷纷成为任志强的粉丝。

品牌指南

打造个人品牌，要有鲜明的个性化观点。

中国策划协会、《首席品牌官日志》编委会、中国经济出版社、中国品牌学习俱乐部、江苏品牌学会、重庆品牌学会、北京品牌协会、全国品牌社团组织等十家部门联合推荐

2016 年度十大商业财经微信公众号

（排名不分先后）

沃顿商业(ID：WhatonBusiness)

为高端商业财富群体提供商业财经资讯、洞察、趋势和思想

华尔街投资圈(ID：wallstreetcom)

顶级投资人的圈子

曼哈顿金融圈(ID：manhattancom)

全球金融资讯精选

商业 MBA(ID：bizMBA)

一座没有围墙的商学院，传播商业智慧，分享商业案例，创新商业模式

21 商业(ID：bizmoney21)

有用、有趣、有料的商业财经资讯

中国策划协会、《首席品牌官日志》编委会、中国经济出版社、中国品牌学习俱乐部、江苏品牌学会、重庆品牌学会、北京品牌协会、全国品牌社团组织等十家部门联合推荐

2016 年度十大商业财经微信公众号

（排名不分先后）

沃顿商业评论（ID：WhartonBusiness1）

全球视野，高端思维。高端移动商业财富思想案例库

房地产投资融资俱乐部（ID：fdctz888）

由资深投资人士打造，定位于地产资讯、财经政策解读分析、投融资与并购合作，以及线下社群交流与合作

华尔街洞察（ID：wallstmoney）

最大的投资人社群，分享、交流、价值

徐浩然（ID：xhrvip）

著名品牌管理专家，分享理念，传播品牌，建立关系，整合资源

牛视联播（ID：bullvideo）

最牛的商业财经视频

2016 年度优秀企业公众号

太平人寿（ID：tprs95589）

浦发银行（ID：WE95528）